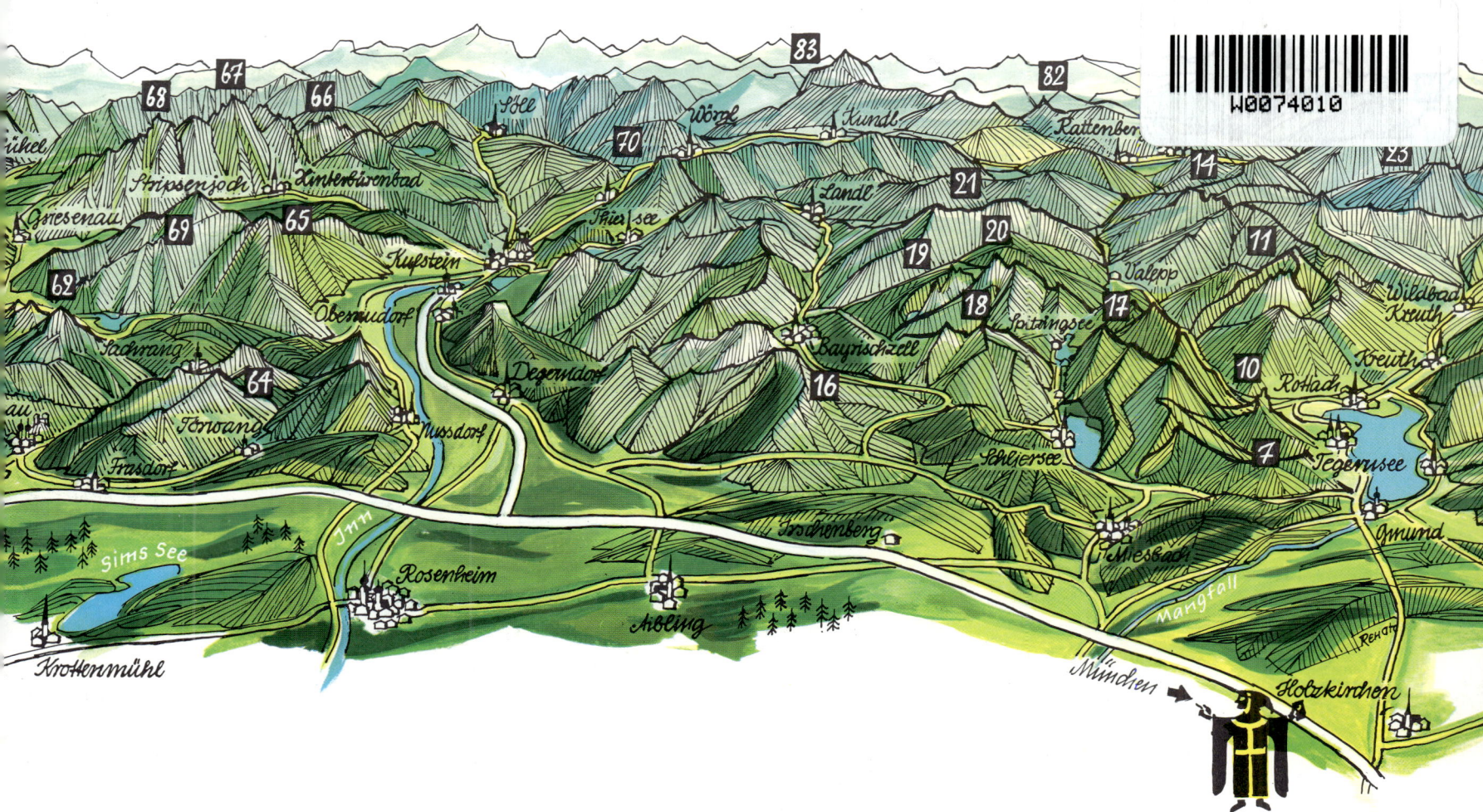

W0074010

Rings um die Zugspitze

42 Alpspitze
43 Zugspitze
44 Kl. Waxenstein
45 Riffelscharte
46 Schachen
47 Hoher Gaif
48 Kramer
49 Arnspitze
50 Daniel
51 Hohe Munde
52 Hochwannig
53 Wamp. Schrofen

Zwischen Ammer und Lech

54 Notkarspitze
55 Kreuzspitze
56 Klammspitze
57 Hochplatte
58 Geiselstein
59 Frieder
60 Thaneller

Chiemgau und Wilder Kaiser

61 Hochgern
62 Geigelstein
63 Hochplatte
64 Hochries
65 Pyramidenspitze
66 Scheffauer
67 Ellmauer Halt
68 Goinger Halt
69 Stripsenkcpf
70 Pendling

Weit hint' im fernen Osten

71 Hochkalter
72 Hoher Göll
73 Watzmann

Südlich des Inn

74 Breiter Grieskogel
75 Pirchkogel
76 Nockspitze
77 Lisenser Fernerkogel
78 Hoher Burgstall
79 Habicht
80 Serles
81 Ahornspitze
82 Gratlspitz
83 Wildkarspitze
84 Wiesbachhorn

Von Walter Pause im BLV:

Berg Heil – 100 schöne Bergtouren in den Alpen
Von Hütte zu Hütte – 100 alpine Höhenwege und Übergänge
Klassische Alpengipfel – 100 Touren in Eis und Urgestein
Im Kalkfels der Alpen – 100 klassische Gipfeltouren in den Kalkalpen
Im leichten Fels – 100 einfache Kletterführen in den Alpen
Im schweren Fels – 100 Genußkletttereien in den Alpen
Im extremen Fels – 100 Kletterführen in den Alpen
Wandern bergab – 100 schöne Abstiegswege in den Alpen
Ski Heil – Die 100 schönster Skipisten der Alpen
Abseits der Piste – 100 stille Skitouren in den Alpen

Walter Pause

Münchner Hausberge

Vierzehnte, neubearbeitete Auflage

BLV Verlagsgesellschaft
München Bern Wien

Weil's wahr is'

. . . muß ich gestehen, daß an diesem Buch der »Münchner Hausberge« meine Kinder
Max, Martina, Andrea und Markus, dazu meine liebe Frau Rosmarie mitgeholfen haben.
Was mir in über 40 Bergwanderjahren vertraut geworden war, mußte nochmals
wandernd recherchiert werden. Das geschah im heißen Sommer 1964 und im nassen
Sommer 1965. Dabei haben besonnene Einwände meiner verstandestüchtigen Kinder
manches vorschnelle Urteil des Hauptautors aufgewertet. Ganz besonderen Dank
schulde ich Frau Renate Maier-Rothe: sie hat nicht nur die 999 Berge der beiden
Vorsatzkarten gezeichnet, sondern auch noch die nicht ganz witzlosen 84 Routen-
karten.
Die hier vorliegende Neuauflage 1978 ist genau überarbeitet worden. Von den 84
Bergfotos der früheren Auflagen wurden in der Neuauflage 33 Bilder gegen bessere
ausgetauscht!

Walter Pause

CIP-Kurztitelaufnahme der Deutschen Bibliothek

Pause, Walter:
Münchner Hausberge. – 14., neubearb. Aufl. –
München: BLV Verlagsgesellschaft, 1978. –
 ISBN 3-405-12019-5

Schriftliche und bildliche Darstellungen des Werkes erfolgen nach bestem Wissen und Gewissen
des Autors. Die Begehung der Routen nach diesen Vorschlägen geschieht auf eigene Gefahr. Eine
Haftung kann nicht übernommen werden.

Alle Rechte der Vervielfältigung und Verbreitung einschließlich Film, Funk und Fernsehen sowie
der Fotokopie und des auszugsweisen Nachdrucks vorbehalten · © BLV Verlagsgesellschaft mbH,
München, 1978 · Illustrationen, Titelbild und Vorsatzzeichnung: Renate Maier-Rothe · Gesamt-
herstellung: Druckerei Ludwig Auer, Donauwörth · Printed in Germany · ISBN 3-405-12019-5

*Wer nicht geschunden wird,
wird nicht erzogen.* Menander

Da legst di' nieder!

werden sich viele Münchner Bergfreunde denken, und »Wat' denn! Wat' denn!« zahlreiche Sommergäste Oberbayerns und Tirols, wenn sie dieses Buch zur Hand nehmen. »Münchner Hausberge«, wird es heißen, das sind doch reichlich hausbackene Ziele im Zeitalter des Allerweltsautos, mit dem heute jedermann zum Matterhorn und zu den Drei Zinnen fährt! Dazu kann ich freilich nur sagen: Oha! . . . Ich komme ja viel herum in der alpinen Bergwelt und gehe trotzdem immer wieder und – weil ich ein moderner Mensch bin – sogar immer öfter auf unsere Münchner Hausberge. Früher mit den Kindern, heute mit der Frau. Denn »modern«, das heißt heutzutage, dem beginnenden Alpenrummel geschickt auszuweichen, und dorthin zu zielen, wo es noch wirklich staad ist, still, relativ einsam, und wo man nicht auf die Matratzenlager geschichtet wird wie in der und jener Hütte der Zentralalpen . . . Dieses Buch stellt 84 Hausberge zwischen Salzach und Lech vor. Davon zählen 72 Gipfel zu den klassischen Münchner Sonntags- und Wochenendtouren, die schon unsere Eltern und Voreltern regelmäßig ausgeführt haben. Dazu kommen 12 Gipfel dicht südlich des Tiroler Inns, deren Talort man in nicht viel mehr als höchstens zwei Autostunden erreichen kann: das sind also einige »neue« Münchner Hausberge, die wir dem Auto, den neuen guten Straßen und dem verlängerten Wochenende zu verdanken haben (obwohl ich behaupten darf, daß sie alle miteinander schon im Zeitalter des obligaten Samstag-Mittag-Büroschlusses von Münchner Bergsteigern oft gemacht wurden).
Von diesen 84 Hausbergen zählen 78 zu den Kalkalpen und nur 6 zum Urgestein. Ich unterscheide nach Schwierigkeit und Charakter: 18 einfache leichte Bergwanderungen, 22 größere leichte Bergwanderungen, 10 leichte Bergtouren, 22 mäßig schwierige Bergtouren (mit stellenweise markierten und drahtseilgesicherten Felssteigen, oder mit wenig ausgesetzter Schrofenkletterei, oder leichter Felskletterei, I), 7 leichten bis mäßig schwierigen Klettertouren, 3 leichten Urgesteinstouren mit einfachen kurzen Gletscherbegehungen, und 2 mäßig schwierigen Urgesteinstouren mit größeren Gletscherbegehungen. Das Hauptgewicht liegt also auf den unschwierigen Wanderungen und Gipfeltouren und im Bereich der nahen Kalkberge zwischen Mangfall, Isar und Loisach, im Karwendel und Wetterstein, in den Mieminger und Ammergauer Bergen, im Wilden Kaiser und Chiemgau.
Was die Wertungen »leicht«, »mäßig schwierig« und ähnliche betrifft, so müssen diese immer relativ und im strengen alpinistischen Verstande aufgefaßt werden. Der nasse und schneereiche Sommer 1965 (wahrhaftig ein milder Winter) hat uns Münchner Bergfreunde deutlich gelehrt, wie schnell »leichte« und »einfache« oder »mäßig schwierige« Touren zu gefährlichen Unternehmungen werden, wenn Neuschnee, eisiger Regen, Nebel, Sturm, vor allem aber alte (meist harte) Firnschneereste auftreten. Deshalb bitte ich meine Leser ausdrücklich: San's gscheit! Denken Sie beim Aufbruch nie daran, welches Wetter am »Stachus«, sondern welches Wetter in 2000 oder 2500 m Höhe unterm Gipfel herrscht! Auch der erfahrenste Bergsteiger irrt da gerne, spart leichtsinnig an Ausrüstung und Rucksackgewicht – und muß dann im letzten Augenblick von den lieben Kindern daran erinnert werden, daß man beim letzten Mal den Anorak vermißt hat, und ein Reepschnürl, und einen dünnen leichten Wollpullover! Lesen Sie, auch wenn es ein bisserl Zeit kostet, die am Ende dieses Buches stehenden »Ratschläge für Münchner Bergwanderer«! Im Zeitalter des beginnenden Massen-Alpinismus haben Leichtsinn, Überheblichkeit und Ahnungslosigkeit schon viele Opfer gefordert – sehen Sie zu, daß Sie nicht dazu gehören!

Walter Pause

Inhaltsverzeichnis

1 Blomberg und Zwiesel

Schön staad auf dreierlei Wegen

Der unserer bayerischen Haupt- und Bierstadt am nächsten gelegene Alpenberg heißt Blomberg. Er hat einen dichten Waldpelz, ist lächerliche 1237 m hoch und auf dreierlei Wegen bequem zu ersteigen. Dieser Musterberg hat für wanderlustige Münchner Familien mit Kindern dieselbe Bedeutung wie der Nockherberg über Giesing für trinklustige Spießer: er ist ein ernsthaftes Sonntagsziel. Man fährt gute 40 km vom Stachus nach Bad Tölz: nicht über die Holzkirchner Autobahn, sondern gemütlich über Grünwald–Egling–Ascholding. Dabei streift man zwischen Einöd und Walgerfranz viermal das (vom Wagen kaum zu entdeckende) Isarufer, kann freibaden und mit Flachkieseln platteln, und könnte sogar noch an den blanken Ahorntischen vom Tölzer Kolberbräu Brotzeit machen: direkt am herrlichen Oberen Markt, der jetzt kein Parkplatz mehr ist . . . Dann geht es über die Brücke und: 1. die neue Straße vom Badeteil in Richtung Bichl bis kurz vor den Stallauer Weiher (3 km) rechts, wo links die Talstation des Sessellifts steht: hier parken und dann 1¹/₂ Std. gemütlich im kühlen Waldschatten die »Rodelbahn« hinaufgegangen zum Blomberghaus, 1203 m; – oder 2. vom Tölzer Badeteil links ab zum Sauersberg, 705 m, hinaufgefahren und weiter zum Wirtshaus Sudhaus (Parken); hier beginnt, steiler als an der Rodelbahn, der mittenwegs manchmal feuchte »Gustavssteig«, ebenfalls durch schattigen Hochwald führend, und nach 1¹/₄ bis 1¹/₂ Std. am baumfreien Blomberg-Gipfel, 1237 m, endend; – 3. man fährt am Isar-Westufer über Wackersberg (747 m, 3 km) und Pestkapelle zur Waldherralm (850 m, Parken) oder bis zur Brücke über den Steinbach: ab hier steigt man nördlich einen Steig an den Süd- und Westhängen des bewaldeten Heigelkopfes zum Blomberghaus (gute 1¹/₂–2 Std., selten begangen) . . . Alle drei Wege führen zum Blomberghaus, wo man eine einfache Brotzeit veranstaltet. Die Aussicht vom Blomberg ist für einen Münchner so schön wie der Blick vom Pilatus für einen Schweizer: Benediktenwand und Brauneck stehen im Spätherbst wie mit scharfen Tinten gemalt gerad gegenüber, und darüber und daneben drängt sich überall lichtblaues Gewänd von Karwendel, Wetterstein und Tegernseer Gebirg an den Himmel . . . das ist schön, und wie ein Gedanke erst durch Übertreibung groß wird, so hier der stille schöne Ausblick erst durch Bier wahrhaft beglückend . . . Nichts für ungut! Die Kinder kriegen eine Radlermaß! Es gibt drei Abstiege: 1. wer den Wagen an der Blockhütte hat, steigt die Rodelbahn ab; 2. wer den Wagen am Sudhaus geparkt hat, bummelt zum Blomberggipfel zurück und nimmt den Gustavssteig, 3. wer den Wagen bei der Waldherralm oder am Steinbach stehen hat, der kann zwei Wege gehen – vom Gipfel des Zwiesel, 1348 m, südöstlich den freien Rücken über die Schnaiter Alm (Bild) in den Wald und, zuletzt manchmal etwas feucht auf Moosböden, zur Baum-Alm und zum Steinbach; – oder, schöner, vom Gipfel direkt südlich auf Punkt 1233 hinab, dann scharf östlich, immer am Rücken bleibend, zur Gassenhofer und Moar-Alm (einmal vor der Moar-Alm im Wald scharf nach links halten), dann zur Steinbach-Brücke bzw. zum Parkplatz. – (Unten an der Wackersberg-Lenggrieser Straße erreicht man auch den Tölzer Bus . . .)

TALORT   Bad Tölz, 659 m. – Wirtschaft Blockhaus, 700 m (an der Straße nach Bad Heilbrunn). Daneben wartet der Sessellift, für uns nichts als eine Charakterfrage! – Evtl. Wirtschaft Sudhaus am Sauersberg, 750 m. – Evtl. Waldherralm am Steinbach, 840 m (6 km).

CHARAKTER   Einfache Bergwanderung ohne jede Schwierigkeit. Die drei erwähnten Aufstiege beanspruchen jeweils 1¹/₂ bis höchstens 2 Std. (Heigelkopf), die Abstiege 1 Std. bis 2¹/₂ Std. (Blomberg–Zwiesel–Steinbach/Waldherralm). Ausrüstung A! Am schönsten: im Mai, und dann im September und Oktober! Der Ostanstieg am »Gustavssteig« ist nach Regentagen feucht.

FÜHRER UND KARTEN nicht nötig, höchstens die schöne Topograph. Wanderkarte 1:50 000, Blatt L 8334 Bad Tölz. Diese Karte weist noch einen besonders stillen schönen Auf- und Abstiegsweg aus: Blomberg–Zwiesel–Stallauer Eck–Bad Heilbrunn!

BILD   Blick aus dem Flugzeug auf Blomberghaus, Zwiesel und Benedikenwand. Ganz rechts oben am Bildrand der Rabenkopf. Am grünen Ostgrat des Zwiesel die Schnaiter Almen (links oben).

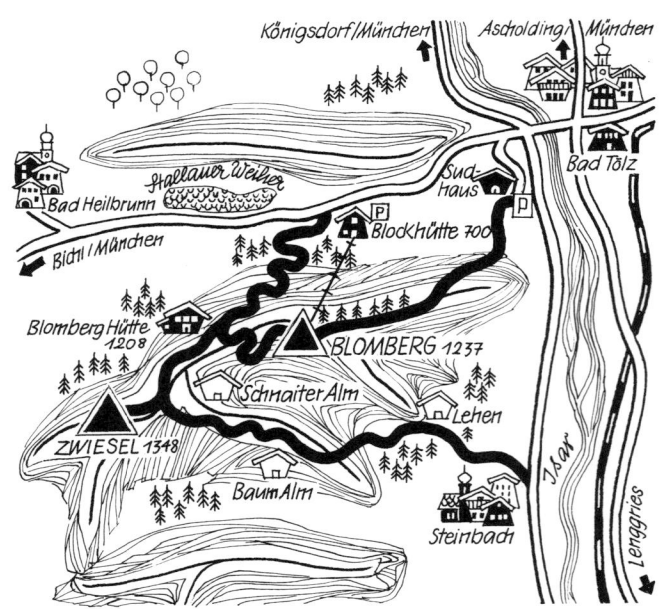

2 Auf den Jochberg

und nach Sachenbach am Walchensee

1 Tag   Anfahrt 73 km   Kinder ab 8 J.   Wanderung

Was eine rechte Münchner Familie ist, die wandert mit ihren Kindern jedes Jahr einmal auf den Jochberg über der Kesselbergstraße: Ende Mai nach der letzten Skitour, oder noch schöner Ende Oktober, wenn das Karwendel gegenüber schon überzuckert ist und das ganze Gebirg still und leer. Alle Münchner Kinder fangen am Jochberg das Bergsteigen an. Auch die unseren haben es getan, vor 10 Jahren haben wir den letzten von sechs hinaufgeführt. Wir fahren immer das Isartal hinaus über Königsdorf und Benediktbeuren, schlängeln uns dann den Kesselberg hinauf, die Kinder zählen die Kurven, und 100 Meter hinterm 858 Meter hohen Joch stellen wir den Wagen auf den kleinen Parkplatz. Zweihundert Meter weiter stünde das Goethe-Denkmal, man könnte aus der »Italienischen Reise« zitieren, aber die Kinder sind taub und sehen nur das felsige Steigerl, das gegenüber dem Herzogstandweg östlich in den schattigen Bergwald zielt, hinauf zum Jochberg. Es windet sich in vielen Serpentinen bergan, man diszipliniert sich zum rhythmischen Steigen, die Kinder verstummen. Am ersten freien Schlag schimmert ein tiefblaues Tuch zwischen den Buchenstämmen, es ist Corinths Walchensee, und gleich daneben wachsen Herzogstand und Fahrenbergkopf aus dem Dunst: der erste Juhschrei der Kinder . . . Nach einer Gehstunde wird der schöne Wald immer lichter, plötzlich tritt man nach links auf eine helle grüne Kanzel über der Jochberg-Nordflanke, und schon eine Viertelstunde weiter abermals, da hat man die letzten Krüppelfichten unter sich, steht an der Kante der felsigen Nordwand und schaut gerührt um sich: weiß und blau dehnt sich Oberbayern ins Grenzenlose, die steinerne »Benewand« präsentiert sich als harmloser Grasberg, der silbern schmelzende Walchensee öffnet seine geheimen Buchten. Das Gipfelkreuz wird über den Grat gestürmt, dann liegen wir 1567 Meter hoch auf den Graspolstern und sagen uns die Gipfel her: von Karwendel, Wetterstein, Stubai. – Zwei bis drei Stunden steigt man vom Joch zum Gipfel auf. Wir brauchen immer drei, weil wir beim Gratbeginn immer einen »Hungerspinat« kriegen und Brotzeit machen müssen. Am liebsten gehen wir auf den Jochberg, wenn es überm Loisachtal nebelt. Dann warten wir die zwei Stunden im dicken Nebelbrei gespannt auf den Augenblick, in dem wir ins himmlische Licht treten und über goldenen Wolkenmeeren rasten dürfen. – Nie steigen wir am Anstiegswege ab. Wir springen den steilen Südhang zur Jocher Alm (1382 m) hinunter – im letzten Jahr fuhren die Kinder bäuchlings auf gefrorenem Novemberschnee ab – und dann laufen wir südwestlich den überwachsenen Weg nach Sachenbach hinunter. Dieser Weg ist schön, selten begangen, nach allerlei überraschenden Wendungen steht man eine knappe Stunde später vor dem Jörglbauernhof, der schon seit 1446 der Familie Merz gehört, dem alten Jägergeschlecht des Klosters Benediktbeuren: ein Adelssitz sozusagen. Von Sachenbach aus kann man in vierzig Minuten auf der für Autos verbotenen Uferstraße nach Urfeld laufen; aber wir gehen meistens ans Südufer der nahen Halbinsel und flacken uns auf die Uferfelsen, um zur Insel Sassau hinüber zu träumen – den Lieblingsplatz von Max II. und diversen Liebespaaren . . .

TALORT   Urfeld am Walchensee, 803 m (Parkplatz am Kesselberg, 100 m südlich des Joches, 858 m, und am See-Ufer).

CHARAKTER   Unschwierig bei gutem Wetter. Vorsicht am oberen Grat, nicht zu nahe an den Abbruch der Nordwand treten! Aufstieg 2–3 Std. Abstieg nach Sachenbach 1–1½ Std. (+ ¾ Std. Weg Uferstraße nach Urfeld). – Wer gerne mehr unternimmt, kann 1. von der Jocher Alm nordöstlich nach Kochel absteigen (2 Std.) oder 2. östlich weiterwandern, Rabenkopf und Glaswand südlich umgehen und zur Benediktenwand oder Tutzinger Hütte laufen (ab Jocher Alm etwa 3–4 Std.) Ausrüstung A: Wetterschutz, gute Leichtbergschuhe, Proviant. – Beste Zeit: Am schönsten von Ende Mai bis Ende Juli, dann September, Oktober und bis Mitte November (je nach Schnee- und Wetterlage).

KARTEN   FB-Wanderkarte, Bl. 34, Wetterstein, oder Topogr. Karte, L 8334 Bad Tölz.

Rückblick vom Westgrat unterm Jochberggipfel gegen Walchensee und Karwendelgebirge. Unten links die Jocher Alm, auf
der man im Hochsommer Milch bekommen
kann. Rechts von der Alm sieht man den im
Haupttext erwähnten – NICHT mit dem Aufstiegsweg identischen – Steig südwärts
nach Sacherbach in den Wald ziehen. In
Bildmitte die kleine Insel Sassau, die einzige des Walchensees, einst ein Lieblingsaufenthalt des Bayernkönigs Max II. nach
Jagden. Die Insel war auch oft Fluchtort
der Benediktbeurer Mönche, etwa im Drei
ßigjährigen Krieg und im Jahre 1703. Oben
die Soierngruppe, dahinter die erste Karwendelkette mit (ganz rechts oben) Westlicher Karwendelspitze und (nach links) Drei
Kirchln, Lärchfleckspitze, Tiefkarspitze
und Wörner. Ganz links oben Seekar- und
Marxenkarspitze am Horizont.

3 Die Benediktenwand

Große Landschaft zwischen Loisach und Isar

1 oder 2 Tage   Anfahrt 56 km   Für Kinder ab 12 J.
Bergwanderung

Welchen Münchner von Herz und Verstand »packt« es nicht immer wieder von neuem, wenn er von Starnberg oder von der Walchstädter Höhe aus seine »Benewand« sieht, dieses mächtige, stumpfe, violettgraue Gemäuer über Moosböden, Blumenwiesen und Waldkuppen . . . wie herrisch reckt sich diese Kalkwand auf, wie theatralisch, und hat doch – echt bayrisch – hinten nichts als einen grünen Latschenrücken, Kulisse! Aber im Ernst: nie ist das Gebirge schöner als von der Ebene her, die Benediktenwand beweist es. Denn Gebirge an sich, das ist immer nur Chaos, aber Gebirge vom flachen Land her verwirklicht den Begriff »Berg«, schafft erst die große Spannung, das ist Bewegung und Ruhe in einem. Einige Münchner Bergmaler haben das genau gewußt, ein Kobell und der Spitzweg zum Beispiel . . . Am bequemsten besteigt man die Benediktenwand, indem man als rechtes Kind seiner Zeit mit der Brauneckgondel auf genau 1555 m Höhe auffährt und hier zu wandern beginnt: In 4 Std. über Stangeneck, 1648 m, Latschenkopf, 1712 m, Achselköpfe, 1701 m, zum weitgezogenen Gipfelgrat und zum Kreuz, 1803 m. Da stakelt man gemütlich über Oberbayern dahin, und wer Augen hat, sieht allerhand. – Am schönsten aber ist der altmodische Aufstieg von Benediktbeuern oder von Ried, 630 m: da geht man zuerst 3 Std. bis zur Tutzinger-Hütte, 1327 m, – Stunden im Forstschweigen, eingeschlossen in stilles Behagen bis zum grünen Eibelsfleck, von dem ein paar steile Serpentinen zum Hüttenboden leiten. Welche Erinnerung für den, der hier als Siebzehnjähriger bergan stapfte wie ich, mit allerlei verborgenen Ängsten vor dem Kletter-Abenteuer des folgenden Morgens, und mit den nicht minder großen Ängsten eines verliebten Buben, neben dem das hübsche junge Ding ahnungslos und tapfer ausschritt . . . unvergeßliche Zeit! Wir sind damals rechts der Gipfellinie auf der »Maximiliansstraße« durch die Wand gestiegen, dem einfachsten Kletteranstieg, durch reichlich viel Schrofen, über Grasbänder hin und her, im abgegriffenen Fels durch einen »echten« Kamin, und haben dann alle ausgestandenen Ängste auf dem Gipfel abgeladen. Gute 20 Jahre später, 1946, wanderten wir auf dem Westweg zum Gipfel und stiegen dann vom Schartel vor der Glaswand südwärts in die Jachenau ab, in Gumpen badend, im Heu nächtigend, ohne Proviant, – aber glücklich. – Der Westweg zum Gipfel verlangt nur 1–2 Std. Gehzeit, und wer will, kann die Überraschung fortsetzen, indem er nach Osten absteigt und vor den Achselköpfen nach links zurück zur Tutzinger-Hütte abbiegt (die Überschreitung ist für trittsichere Geher eine einfache Bergwanderung). Wer sich auslaufen will und einsame Stille nicht scheut, der steige vom Gipfel der »Benewand« westwärts um Glaswand und Rabenkopf herum zum Jochberg und fahre von Kochel aus nach München (5–7 Std., bezeichnete Wege). – Für Kletterer zeigt der kleine Voralpen-Kletterführer nicht weniger als 17 Führen an – von mäßig schwierig bis äußerst schwierig. Das heißt, daß die Nordwand nur von Kletterern begangen werden darf, die ausgebildet sind oder, als Lernende und Anfänger, auf jeden Fall am Seil des erfahrenen Mannes ansteigen. Dies gilt auch schon für die »Maximiliansstraße«!

TALORTE Benediktbeuern, 617 m. – Ried, 630 m. – Lenggries, 679 m. Nächtigung: Tutzinger-Hütte, 1327 m (3 Std. Anstieg).

CHARAKTER Die aussichtsreiche Benediktenwand wird entweder auf einfachen Wandersteigen (Ostweg und Westweg) erstiegen oder auf in jedem Falle gefährlichen Kletterführen durch die Nordwand. Der Anstieg vom Brauneck her ist schön, aber lang, der alte Normalanstieg von Ried oder Benediktbeuern über die Tutzinger-Hütte (hier am besten Nächtigung) hat den Vorteil, recht wenig begangen zu sein. Für alle Kletterführen, auch für die einfachste, ist der Kletterführer zuständig. Beste Zeit: Juni bis Ende Oktober. Ausrüstung A für die Bergwanderung!

FÜHRER/KARTEN Topogr. Karte 1: 50 000 Blatt L 8334 Bad Tölz (sehr gut). Oder FB-Wanderkarte, Blatt 32 Karwendelgebirge. – Für Kletterer: Kleiner Voralpen-Kletterführer von Dr. Helmut Zebhauser (Rother).

BILD Ausblick von der Tutzinger-Hütte des Alpenvereins gegen die östliche Hälfte der Benediktenwand – einer für die stadtnahe Situation bereits eindrucksvollen Nordwand. Links oben der Übergang zu Achselköpfen und Brauneck.

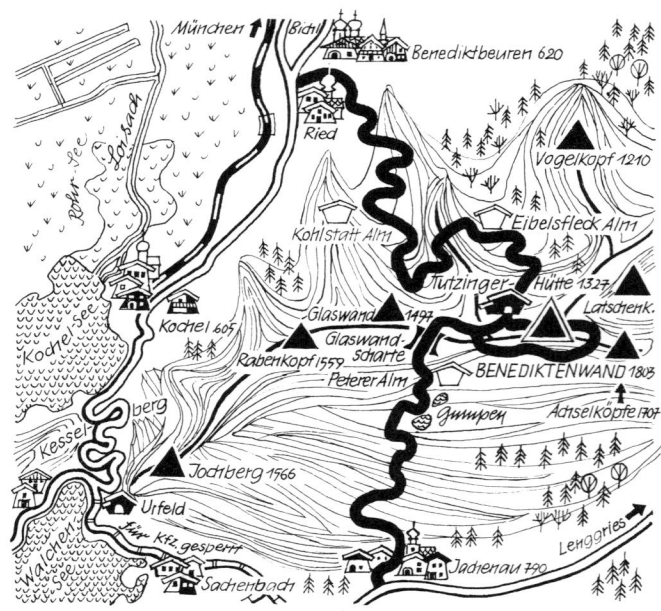

4 Hinterm Wank der Krottenkopf

Stille Platzerl zwischen Wetterstein und Karwendel

1 oder 2 Tage   Anfahrt 90 km   Mit Kindern ab 10 J.
Bergwanderung

Wer will schon laut den Krottenkopf loben, 2086 m hoch, unförmig, vom Latschenpelz umwachsen, – wenn gegenüber die elegante, 2628 m hohe Alpspitze aufragt, der imposante Waxensteinkamm, der wuchtige Blassenkamm, die monumentale Dreitorspitzgruppe: alles blanker Kletterkalk, wie ihn sich der Bergsteiger erträumt! Die Wahrheit ist, daß der Krottenkopf samt Bischof und Hoher Kiste drei Ränge unter jener Werdenfelser Prominenz rangiert, und daß, wer diese Gruppe aufsucht, anderes sein muß als Gipfelstürmer. Ich bin einmal im Mai das steile Archkar von der Hohen Kiste nach Eschenlohe abgefahren und einmal im Herbst vom Krottenkopf das Finzbachtal nach Krün hinausgelaufen: beides waren starke Erlebnisse. Aber ginge ich heute nochmals auf den Krottenkopf, dann nur mit Kindern und guten Karten, um mich zehn Mal auf den hohen Gipfelkamm über der Loisach zu setzen und Unterricht zu halten und zu empfangen – denn schöner und kurzweiliger ist das Ammergauer Gewimmel an Vorbergen kaum zu studieren als von der Hohen Kiste her, und das Vordere Karwendel zeigt vom Krottenkopfgipfel her auch vielerlei An- und Einsichten, die überraschen. Nicht zu reden vom Studium der nahen Gruppe selbst, dieser merkwürdig geballten Gipfelsammlung, die zum Loisachufer hinab eine so auffallend breite Schrofenmauer entsendet ... man macht da stille Wege aus, leere Worte und Namen füllen sich mit Anschauung, und plötzlich erkennt man neue Wanderziele: eben das Finzbachtal, den Wildseegraben ans Walchenseeufer, die Pustertalgrube zur Eschenlaine hinab. Am allerschönsten aber ist das Studium von Oberbayern, draußen vorm Gebirg: der unermeßliche Murnauer Moosboden mit seinen Köchelkuppen, der Endmoränenzug quer vorm Staffelsee ... Man fährt mit der Gondelbahn auf den Wank, also von 710 m Talhöhe auf 1780 m, das sind mehr als 1000 Höhenmeter! Dann geht man den Sonnenanbetern aus dem Wege und trabt rechts über den Roßwank oder links über den Ameisberg zur Esterberg-Alm auf 1262 m Höhe hinab: schenkt also wieder 500 Höhenmeter her! Aber dafür handelt man eine Eintagestour ein. Denn nun ist es leicht, aus dem Esterbergboden in guten 2 Std. über den alten Jagdsteig, den Ostabfall des Bischof langsam umrundend, in den Bischofsgraben und aus ihm durch Latschengärten steil zum Krottenkopf-Schutzhaus auf 1985 m Höhe zu steigen, und in weiteren 20 Minuten auf den Krottenkopf-Gipfel, 2086 m. Wer seinen Wagen in Eschenlohe stehen ließ oder wer ohne Wagen ist, der mache nun auf jeden Fall die Überschreitung nach Norden über Oberen Rißkopf, dann unter Archtalkopf und Hoher Kiste hindurch zum Sattel, von dem es sehr steil in den wunderschönen Boden der Pustertalalm geht und weiter abwärts zur Eschenlaine und nach Eschenlohe: Gehzeit Krottenkopfhütte–Eschenlohe gute drei Std., mit Kindern mehr! Ein schöner Weg führt aber auch nach Partenkirchen zurück, nämlich nach dem Abstieg zur Esterberg-Alm direkt südwärts durch den Kaltwassergraben und Häuslboden zum Gschwandtnerbauern, zu den Höfen von Schlattan und nach Partenkirchen: das ist schöner als der Normalweg Esterbergboden-Daxkapelle–St. Anton! Und einsamer.

TALORTE Garmisch-Partenkirchen, 710 m. – Eschenlohe, 660 m. – Krün, 875 m. – Obernach, 830 m. – Für die 1-Tagestour empfiehlt sich die Benützung der Wank-Bahn ab Partenkirchen. Bei der 2-Tagestour kann man auch über die Daxkapelle und den Esterberg-Bauer zur Krottenkopf-Hütte des AV aufsteigen. Gesamtzeit 3½–4½ Std. (ab Wank nur 2½ Std.), und dort nächtigen, um den Sonnenaufgang vom Gipfel zu erleben.

CHARAKTER Die Besteigung des Krottenkopf wie die Überschreitung der Kette mit Abstieg nach Eschenlohe ist eine Bergwanderung ohne Schwierigkeiten für trittsichere Geher! Kinder müssen am bezeichneten Weg bleiben! Unerwartet schöne Aussicht bis Starnberg und München, vor allem aber in die Oberammergauer Berge, ins Wetterstein und Karwendel. Beste Zeit: Juni, dann September, Oktober! Ausrüstung A! Vorsicht bei Wetterstürzen in der Höhe des Gipfelkammes! Mit Kindern ab 10 Jahren nur, wenn im Gehen und Steigen erfahren!

KARTEN Topogr. Karte L 8532, 1:50 000. – Oder FB-Wanderkarte, Blatt 34 Wettersteingebirge. – Für Liebhaber evtl. auch die Topogr. Karte 8433 Eschenlohe, 1:25 000!

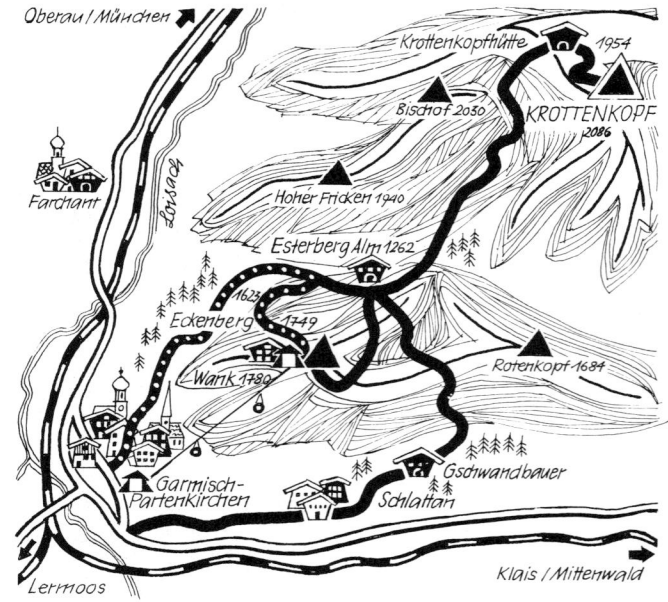

Rückblick vom Anstieg zum Krottenkopf auf den Wank über der Esterberg-Alm (in Bildmitte). Man sieht den Ostanstieg vom Wank über den fast baumfreien Roßwank (links vom Wank), und den Abstieg zum Esterbergboden über den Ameisberg (rechts ausgeschlagene Skiabfahrt). Links unten das Finzbachtal, das nach Krün an der Isar führt. Im Hintergrund oben (von rechts) Zugspitze, Höllentalspitzenkamm (Jubiläumsweg), Alpspitze und Blasserkamm, Klein- und Hochwanner, Teufelsgrat.

5 Das Brauneck

Sonntagsfreuden zwischen Jachenau und Längental

Ein merkwürdiger Münchner Hausberg! Es ist gar kein richtiger Berg, hat keinen markanten Gipfel, ist nichts weiter als der bucklige Auslauf der Benediktenwand. Man sieht es auf nebenstehendem Bilde: ohne »Benewand« ist das Brauneck kaum zu fotografieren. Aber es wird geliebt, und das nicht nur von den Münchner Vorstädtern, und nicht nur im Winter. Ich kenne gar nicht wenige Münchner, die die Tauern durchstreift haben, die Ötztaler Berge, Wallis und Dauphiné, und doch immer wieder von Arzbach aus ins Längental hineinlaufen, von Lenggries aus über die Reiseralm und den Garlandkessel, von Wegscheid aus über die Kreinbauernalm, Kotalm und Brauneckalm, – im Herbst, wenn es ruhig geworden ist am Brauneckkamm, wenn das Isarrieß unter dünnen Nebelflören liegt und das nahe Karwendel im stillen Licht des späten Jahres. – Wer mit dem eigenen Wagen kommt, hat drei interessante Ausgangspunkte: 1. er läßt den Wagen an der Talstation der Bergbahn und steigt knapp 2½ Std. den sehr schönen Weg über die Reiseralm und durch die beiden Garlandkessel zum Gipfel auf (Gipfelhöhe 1556 m) – oder 2. er läßt den Wagen bei Wegscheid stehen und geht über die Kreinbauernalm zur Kotalm – oder, viel interessanter, von der Kreinbauernalm rechts weglos hinauf zum Waxenstein, 1310 m, einem schmalen schrofigen Kamm, und auf diesem Kamm lustig und ab und zu ein bisserl ausgesetzt zum Gipfel, – oder 3. er läßt den Wagen südlich von Arzbach stehen und wandert den stillsten aller Brauneckwege, am Arzbach entlang, zur Kirchsteinhütte (auf 1040 m Höhe, meist von einer braven Wirtin geführt) und weiter in den großartigen Talschluß unter der Propstenwand, und hinauf zwischen Wasserfällen, Ahornen und Felsschrofen, Propstenwand rechts und Kirchstein links, zum Latschenkopf – oder, von der Kirchsteinhütte nur bis zur Längentalalm, von hier östlich ansteigend zum Tiefengraben, weiter zum Wasserboden, zur Loghamalm und zum Sattel am Stangeneck, 1646 m! Alle Anstiege verlangen 3 bis 4 Std. Aufstiegsmühe, alle enden am Brauneckkamm zwischen Latschenkopf, 1712 m, und Brauneck, 1556 m, und in jedem Falle bietet sich die Überwanderung des Gipfelkammes als Höhepunkt des Tages an. Dann geht, wer von Lenggries über den Garlandkessel gekommen ist, eben durch den Propstenkessel und das Längental zurück – oder ab Latschenkopf südlich zurück über Idealhang, Bayernhütte, Kotalm, Greinbauernalm. Und wer von Wegscheid gekommen ist, steigt vom Latschenkopf und Idealhang bis zur Bayernhütte ab, nimmt dann aber den sehr reizvollen und kaum begangenen Abstiegsweg weiter südlich zwischen Eselauberg und Blaickenberg durch, der ihn wieder direkt zum Ausgangspunkt führt . . . Ein besonderer Reiz des sommerlichen und herbstlichen Brauneckstockes ist die Vielfalt seiner Verstecke, denn wie das Brauneck ein gutes Dutzend Gipfel hat, so hat es auch gute zwei Dutzend Täler und Tälchen und Hochleger und Almterrassen, um einsame Platzerl zu finden, an denen man genußreich über die Stachusluft granteln kann, über das Oktoberfestgewimmel oder über die »gschroamaulerten Preußn« . . . man soll sich schließlich sauwohl fühlen an einem Sonntag am heimatlichen Brauneck! . . .

TALORTE Lenggries, 670 m. – Arzbach, 690 m. – Wegscheid, 687 m (bei Lenggries, am linken Isarufer). – Die Brauneckbahn führt von 710–1520 m Höhe. Auf den hier empfohlenen Wegen kann sie, muß aber nicht benützt werden!

CHARAKTER Leichte Vorgebirgswanderung, ohne Schwierigkeiten für trittsichere Geher! Kinder müssen an den Gratstrecken und im Vorsommer, wenn harte Firnreste passiert werden, zu besonderer Vorsicht angehalten werden! Die Wanderstrecke über den Brauneckkamm bietet entzückende Aussichten; die einzelnen »Gipfel« werden vom Weg meist unterlaufen, also ausgelassen! Beste Zeit vom Juni bis Ende Oktober! Ausrüstung A!

FÜHRER/KARTEN Iro-Führer 605a Bad Tölz usw. – FB-Wanderkarte Blatt 32 Karwendelgebirge. – Evtl. Topogr. Karte L 8334 Bad Tölz (sehr schön!)

BILD Auf dem Kammwege vom Brauneck über den Latschenkopf (im Vordergrund) zur Benediktenwand bzw. nach rechts hinab oder . . . in das Längental. Links Achselköpfe, in Bildmitte oben die Benediktenwand.

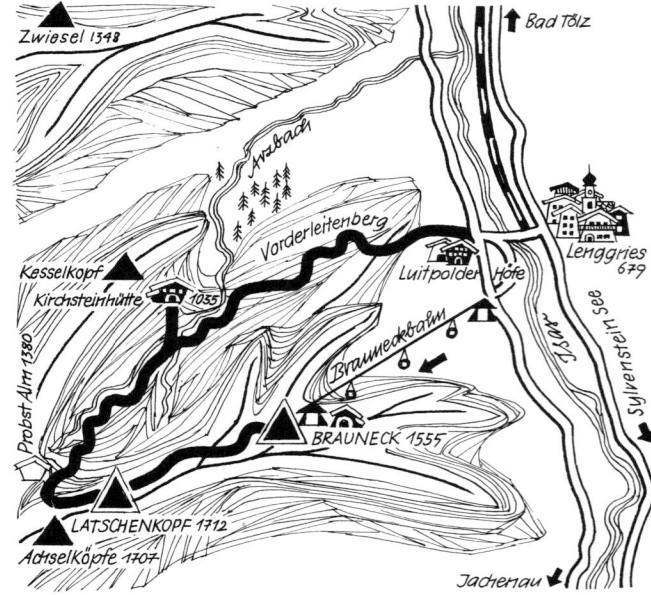

6 Herzogstand und Heimgarten

Münchner Familienberge – spannungsvoll verbunden

Der Herzogstand galt immer als Münchner Hausberg Nr. 1 – die Mehrzahl aller Münchner Kindln wurden an diesem schrofigen Vorberg zwischen Walchen- und Kochelsee zu Bergfreunden getauft. Leider ist dieser liebe alte Haus- und Familienberg nicht mehr das, was er war. Dabei ist nicht einmal der neue Sessellift schuld daran, daß dem stillen Frieden um das alte königliche Jagdhaus ein Ende gesetzt wurde, nein, es sind die gliederfaulen Benützer dieser alpinen Baggeranlage, es sind Menschen, die nicht Krankheit und Alter hindert, Fuß vor Fuß zu setzen und sich klassischen Bergsitten zu unterwerfen . . . nein, im Hochsommer ist es oft nicht mehr schön dort oben, und daß der Alpenverein seine Hütte verkaufte, ist nur allzu begreiflich . . . Aber im späten Herbst! Und Ende Mai und den ganzen Juni! Da ist es noch schön am Herzogstand – ich mach keine Sprüch! Ob man vom Kesselberg her den alten königlichen Reitweg über die Schlehdorfer Alm aufsteigt, den Blick einmal rechts auf den Kochelsee und auf die Silberbögen der Loisach gerichtet, einmal links auf die tiefblaue Walchenseebreite, man wird von Meter zu Meter froher, tritt aufatmend in den Hochkessel zwischen Fahrenbergkopf und Gipfelstock ein, sieht das alte Haus oben am Grat – und schaut noch einmal gerührt zurück auf den einsam gebliebenen Jochberg gegenüber und seine scharf geschrammte felsige Nordwand. Man kann nun allerlei anfangen vom Haus aus, also von 1625 m Höhe: 1. man geht zum Gipfel-Pavillon auf 1731 m und genießt die nur allzu berühmte Aussicht auf Karwendel, Wetterstein, das halbe Oberbayern mit einem Halbdutzend Seen und zwei Dutzend dunklen Moosböden, bummelt dann am teilweise gesicherten Hochgrat auf die reizendste Weise zum Heimgarten, 1790 m, hinüber, hinter dessen Gipfel ein oft bewirtschaftetes Hüttchen steht, und steigt von da südwärts ab über den Rotwandkopf zu den (links unten) wohlversteckten Badegumpen des Deiningbaches . . . oder 2. man geht gleich beim Haus (der Wirt gibt genaue Auskunft) den alten Jagdsteig durch die Südflanke direkt zum Walchensee-Ufer hinab, erst westlich die Südflanke des Martinskopfes dahin, dann östlich auf die Fahrenbergflanke in einen Graben, dann südlich in vielen Kehren, auf oft nur fußbreitem Steig im steilen, manchmal schrofigen Gehänge: also nichts für fahrige Kinder, sondern etwas für trittsichere Berggeher, die allein sein wollen mit seltenen Bergblumen, Gemsen und sogar Hirschen . . . und 3. man steigt zum Herzogstand-Gipfel und geht dann den Jagdsteig zur Kesselbergstraße zurück (wo der Wagen steht), oder wandert 10 Minuten unterhalb der Schlehdorfer Alm (Hochkessel) von der Skiabfahrt nach links auf einem Steigerl, das unter der Nordwand des Herzogstandes, also zugleich über den Kochelseespiegel recht schön und staad zum Felsenkeller und nach Schlehdorf hinab zieht. Dort ist man ganz g'wiß allein! – An- und Abstieg von Ohlstadt her werden nur von Einheimischen gemacht, und zwar über den Heimgarten-Gipfel, aber man hat da über 1100 Meter zu steigen, und das bedeutet gute 3 Stunden. Die Höhendifferenz Kesselberg–Herzogstand beträgt dagegen nur 873 m, das ist leichter zu »verkraften«, auch beim Abstieg – ohne Sessellift, meine ich!

TALORT Kesselberg, 858 m (Parkplatz dicht hinter dem Joch, Bushaltestelle). – Dorf Walchensee, 804 m (Talstation des Sesselliftes).

CHARAKTER Der Herzogstand ist ein ungewöhnlich aussichtsreicher, obendrein zwischen zwei schönen Bergseen plazierter Vorberg, der gerne besucht wird. Reitweg ab Kesselberg ohne Schwierigkeiten bis zum Haus, der Steig zum Gipfel ebenfalls, wenn man (vor allem die Kinder) am Wege bleibt. Der steile Abstieg vom Haus durch die Südflanke ist NUR ganz trittsicheren Bergwanderern zu empfehlen, er ist NICHTS für Kinder! Dagegen kann der Übergang zum Heimgarten von trainierten Kindern über 10 Jahren gut gemacht werden, wenn sie viel steigen! Von Dorf Walchensee führt ein Sessellift zum Unterkunftshaus. Beste Zeit: Juli bis November! Ausrüstung A!

FÜHRER/KARTEN Kein Führer, der alle Wege aufzeigt. Aber gute Karten: Topogr. Karte 1:50 000 Bl. L 8332 Murnau. Oder Topogr. Karte 1:25 000 Bl. 8333 Murnau. – Oder FB-Wanderkarte, Bl. 32.

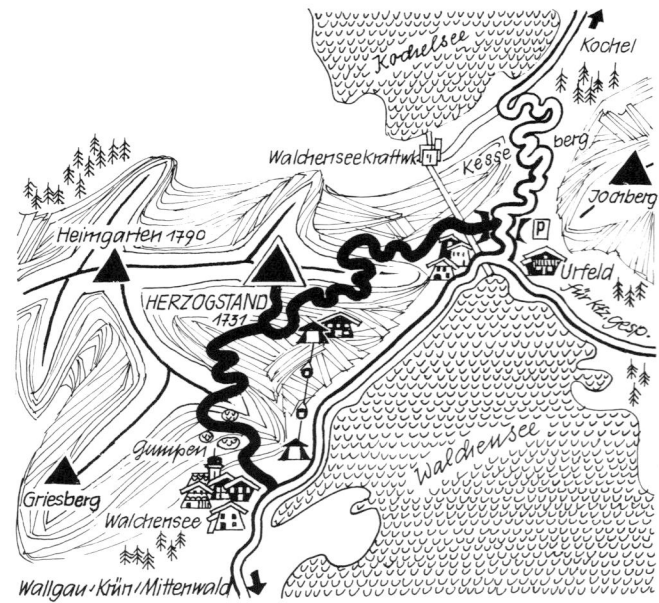

Im Anstieg vom Kesselberg (Parkplatz) zu den Herzogstandhäusern
blickt man linker Hand unausgesetzt auf den im Gegenlicht fun-
kelnden Walchensee. Im Hintergrund oben das komplette Karwendelgebirge mit der Birkkarspitze
(rechts oben) als höchstem Gipfel.
Die junge Isar versteckt sich hier
hinter dem dichten Waldkamm
überm südlichen See-Ufer.

7 Neureuth und Gindelalmschneid

Tiefblick in große Historie und in einen Maßkrug

Sie gilt unter uns Münchnern als »Schwammerltour«: vom Bahnhof Tegernsee den Ostiner Berg hinauf, am Schererhof Olav Gulbranssons vorbei, zum Neureuth-Haus, weiter zum hohen Kamm der Gindelalmschneid auf 1334 m Höhe, jetzt gach hinunter zur Kreuzbergalm, 1225 m, und, bald vom Alpbach begleitet, den alten Prinzenweg hinaus nach Tegernsee zurück – das sind fast 5 Stunden, man ist meist ganz allein am Weg. Aber was sieht man alles, wenn man die Augen offen hat und den Verstand parat! Da ist der geliebte See, einst ein gewaltiger Seeboden, von den Moränenwällen bei Gmund, wo ein Kanzlerhaus stand, viele Jahrtausende hochgestaut, bis die kleine Mangfall ihren Ausgang gefunden und ausgeräumt hatte. Da ist das mächtige Viereck des Schlosses, einst das weitaus bedeutendste Kloster Bayerns, 746 gegründet und ums Jahr 900 mit Besitzungen in Südtirol und Niederösterreich und 11 000 dazugehörigen Bauernhöfen eine Macht, nicht nur Kaiser und Kirche verpflichtet . . . Da ist das heitere Leben rund um den See, das die Münchner Künstler angezogen hat, Ludwig Thoma, der sich an der Tuften sein Haus baute, Leo Slezak, den Sänger, August Macke, den Maler, Ludwig Ganghofer, den Romanschreiber, selbst die Courths-Mahler, wir wollen gar nicht kleinlich sein: fünf Namen stehen für viele Hunderte. Und da sind die Kalkberge ringsum, die der Hofmaler v. Kobell so hinreißend biedermeierlich gemalt hat, da sind die frechen Zacken von Plankenstein, Riederstein und Leonhardistein, da sind die hohen Almböden, die mächtigen Forste und Reviere, und natürlich immer und überall die frischen Wasser. Alles das sieht man, und wenn man Geschriebenes zu lesen versteht und Tegernseer Geschichte von Anbeginn studiert – man könnte gleich nach dem Ende der Eiszeit beginnen, die den Gletscher bis Gmund vortrieb, aber nur 600 000 Jahre dauerte – und wenn man gar noch die Kulturgeschichte dazunimmt, so sieht man halt, vor dem Neureuth-Haus stehend, allerhand, wie der Münchner sagt. Man mache nur nicht den alten Fehler und erzähle den Kindern davon: jeder Pädagoge straft sich da nur selber, denn die Kinder sehen nur den Weg und das Vorne, und Steine zum Platteln oder Hinunterschmeißen, und die Fische im Alpbach, und die Radlermaß am Hubertus-Haus. Man muß so dahin gehen, den Kindern die Nähe lassen und selber das Weitere sehen, vielleicht von der Gindelalmschneid aus das lustige Oberbayern mit den schönen Höfen und Zwiebeltürmen, oder unten die Sommerfrische comme il faut mit dem bäuerlich-jagerischen Einschlag, der zuviel Eleganz, zuviel Mode und zuviel Gesellschaftsgetue gelassen abwehrt. Man wandert nur so dahin, und wird gesund dabei und sammelt genau die Portion Durst und Appetit, die man braucht, unten im Tegernseer Bräustüberl im Schloß, das früher Kloster war, für den Radi, den Weißlacker und das Bier. Oft ist das Bräustüberl voll, dann muß man über die Straße in den Sommerkeller gehen; ich setz mich da immer ganz nah an die Blasmusi hin und vergeß' meinen Mozart, und überlasse mich bis an die Grenze tiefer Rührung dem Bewußtsein, einmal genau in der Mitte altbayrischer Gemütlichkeit zu sitzen! Das ist schön! Prost, Herr Nachbar! Auch auf Ihr Wohl! . . .

TALORT Tegernsee, 731 m. Hier Ausgangspunkt Bahnhof (Parkplatz). Nur wer am Aufstiegsweg wieder absteigt, kann den Wagen einige 100 m höher parken!

CHARAKTER Ganz einfache, mit dem Abstieg über Gindelalm und Prinzenweg allerdings nicht ganz kurze Vorbergwanderung: Gehzeit Tegernsee–Neureuth–Gindelalm–Prinzenweg–Tegernsee etwa 4½ bis 5½ Std. Rast am Neureuth-Haus, 1264 m, und vor dem Hubertus-Haus, 935 m (beide bewirtschaftet). Venedigerblick von der Neureuth! Beste Zeit: Nicht ZU früh im Jahr, weil dann einige morastige Partien am Höhenweg zur Gindelalmschneid! Am schönsten im September und später! Ausrüstung A!

FÜHRER/KARTEN Kompaß-Reiseführer 608 Tegernseer Tal (sehr gut). – Topogr. Karte L 8336 Miesbach. Evtl. FB-Wanderkarte, Bl. 31.

BILD Blick aus dem Flugzeug auf Neureuth (vorne rechts) und Tegernsee. Links unten der Ort Tegernsee mit dem ehemaligen Kloster. Gegenüber Bad Wiessee und das auf den Kampen zulaufende Söllbachtal mit dem Bauer in der Au. Ganz rechts der Fockenstein; genau unter der Zugspitze.

8 Hinauf zum Fockenstein

Zwischen Isarwinkel und Tegernsee

Als altem Bergsteiger graust mir immer ein bisserl vor Kurorten, ich bilde mir immer ein, da röche es nach Krankheiten. Aber in Bad Wiessee, wo es zumindest nach Erdöl und Jod riechen müßte, da riecht es nach Kaffee, Parfüm und nach gutem Kuchen. Man kann nicht immer guten Kuchen essen, deshalb empfehle ich dicken wie dünnen Münchnern, sich das Tegernseer kleine Welttheater einmal aus Engelsrängen anzuschauen, vielleicht vom Fockensteingipfel her. Allgemein und auch am bequemsten läuft man vom Sonnenbichl zwischen Semmelberg und Söllberg das Zeiselbachtal hinauf, da kommt man gemütlich (und in freundlicher Stille) in 2½ Std. zur Aueralm, 1230 m, und in weiteren 50 Minuten auf den Gipfel des Fockenstein, 1526 m: hier hat man das reizende Tegernseer Bilderbuch samt See und Lustorten unter sich, samt Riedersteinkircherl und Baumgartenschneid – dieser Ludwig Thoma's Hausberg! Gegenüber steht der Hirschberg im Schaum dichten Fichtensamtes, und herausfordernd schneidig schießt das felsige Brüderpaar Roß- und Buchstein aus dem grünen Gemugel. Wer Thomas Wilderergeschichten gelesen hat, steht mitten auf deren »Feld der Ehre«, – und flieht um so rascher hinauf auf den Fockensteingipfel. Dort schaut er auf den ersten Blick zum Rauchenberg hinüber und noch weiter die obere Isar hinein bis Vorderriß, wo der kleine Ludwig den ersten gefangenen Wilderer sah (dem man als Erste Hilfe nach schwerer Verfolgungsjagd eine Maß Bier gereicht hatte, von der er den kleinen Ludwig Thoma prompt trinken ließ), – da drüben spielen sie alle, die Geschichten von den Halsenbuben und vom Schneehendlpfeifen . . . Die Isar, in der Stadt drinnen zum Betonkanal degradiert, ist im Isarwinkel noch ganz und gar Urstrom, ein breites Grieß bildet das Bett, in dem die jungen Wasser ihre schnellen Schleifen ziehen – falls es der Schleusendirektor vom Sylvensteinspeicher erlaubt. Vielleicht schenkt uns das Atomzeitalter unsere bayrischen Wildströme wieder! möchte man beim Tiefblick vom Fockenstein wünschen. Drüben steht die »Benewand«, dort die Zugspitze mit einem ganzen Bahnhof am Gipfel, das Karwendel könnte gar nicht schöner herschauen – der Guffert, die Blauberge . . . Aber man muß wieder heim. Wem es am Aufstiegswege zu steil ist, der geht von der Auer-Alm weg die Skiabfahrt hinab. Besonders schön ist es, vom Gipfel südlich übers Neuhütteneck, 1406 m, zum Hirschtalsattel, 1224 m, abzusteigen und von dort nördlich ins Söllbachtal zu wandern. Da kommt man auf den Weg, der rechts (südlich) des Söllbaches von der Schwarzentenn-Alpe herab bis nach Wiessee zieht. Der jetzige Gasthof, einstiger »Bauer in der Au«, 904 m hoch gelegen, liegt inmitten von Bergwäldern auf einem breiten freien Almboden. Natürlich macht man dort Brotzeit. Da sieht man oft feine Damen aus Bad Wiessee. Der Ludwig Thoma hat da manchmal hinübergeblinzelt, wenn er mit seinem Jagdgehilfen so etwas gesehen hat. Blinzeln Sie auch, ehe Sie dem Söllbach nachrennen, hinunter zum Tegernsee. Blinzeln muß sein. Koketterie ist auch im Hochgebirge erlaubt, ich meine gegenüber Tegernseer Madln oder Berliner Damen . . .

TALORT   Bad Wiessee, 731 m (Boot von Tegernsee. Man parkt am besten am Südende des Ortes, nach der Söllbachbrücke rechts).

CHARAKTER   Ganz reizende, im Hochsommer viel begangene Bergwanderung von etwa 4½–5 Stunden Dauer. Steigt man die Skiabfahrt am Rücken des Söllberg ab, geht man insgesamt nur 4 Std. Die Wanderung verlangt nur in Gipfelnähe etwas Trittsicherheit. Sie ist besonders schön im späteren Herbst. Die Auer-Alm, 1200 m, ist ganzjährig bewirtschaftet, die Neuhütten-Alm, 1328 m, nur bis Ende September.

FÜHRER/KARTEN   Kompaß-Reiseführer 608 Tegernseer Tal (touristisch etwas spärlich, aber kulturgeschichtlich anregend). – Topogr. Karte L 8336 Miesbach. Evtl. FB-Wanderkarte, Blatt 31. – Ausrüstung A!

BILD   Blick aus dem Flugzeug auf Auer-Alm (Bildmitte) und Fockenstein, 1562 m. Man sieht unten, etwas rechts der Bildmitte, den Fahrweg durch das Zeiselbachtal heraufkommen. Rechts oben neben dem Fockenstein Brauneck und darüber Benediktenwand, links oben das Wettersteingebirge mit Dreitorspitze, Hochwanner und Zugspitze.

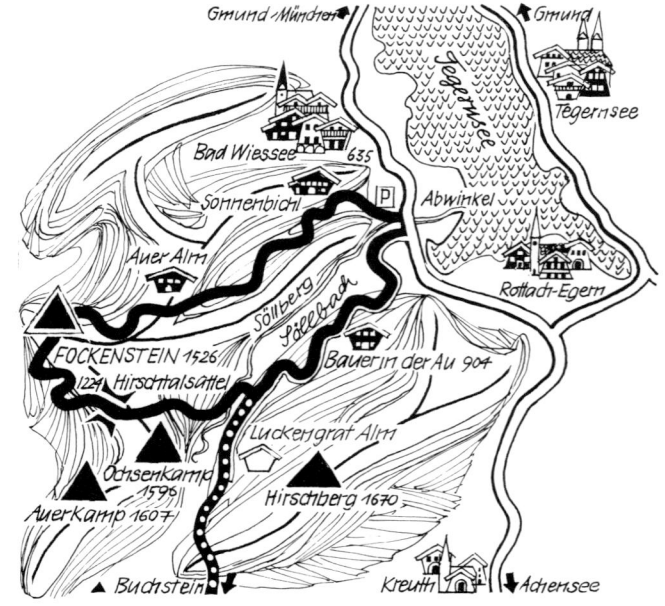

9 Der Hirschberg

Über die Hirschlacke hinauf – durchs Gründ herunter

Man sieht ihn schon von weitem, wenn man von München her ins Tegernseer Tal einfährt: einen regelmäßig aufsteigenden breiten Waldberg, an dessen ebenem Gipfelgrat man die Spitze aus der Mitte nach rechts, also nach Westen versetzt hat: ein kleiner Konstruktionsfehler aus der Schöpfungszeit, der aber die umfassende Aussicht nicht beeinträchtigt . . . Der Hirschberg erhebt sich zwischen Söllbachtal – wohin er eine schrofige, abweisende Steilflanke streckt – und Weißachtal, von wo aus er bereits zugänglicher ausschaut. Man geht am besten von dem reizenden »Gasthaus Hirschberg« in Scharling aus, einst an der kurvenreichen Kreuther Straße gelegen, jetzt rechts abseits der neuen schnellen Durchgangsstraße. Hier läßt man den Wagen stehen bzw. hier verläßt man den Bus, um sofort einen bezeichneten Weg westlich über die Höfe von Leiten einzuschlagen. Dieser Weg steigt durch schönen Mischwald an und leitet zum freien Boden der Holzpoint-Alm auf etwa 1120 m Höhe: man steht in einem nach Osten geöffneten Hochkar und kann gar nicht anders, man muß die waldige Flanke des gegenüberliegenden Wallberg samt Setzberg studieren. Serpentinen, die hinauf zum Grat an der Hirschlacke führen, erlösen uns von jenem Zwangsblick, am Grat öffnet sich der Blick zum Fockenstein hinüber, und bald stehen wir oberhalb der Lucken-Alm auf gut 1500 m Höhe, wo einst das alte Hirschberg-Haus stand: vor wenigen Jahren erst abgebrannt! Hier hing einst, ich habe sie oft gesehen, eine Urkunde an der Wand, die dem Leser in bildschöner Schrift versicherte, daß der Hirschberg zu alten Kaisers Zeiten auch von drei preußischen Prinzen erstiegen wurde: welch ein tüchtiges Herrscherhaus! In reichlichen 30 Minuten kann man auf dem Gipfel stehen, womit man insgesamt 3 Std. Gehzeit hinter sich hat. Unser Bild zeigt schon, daß die liebe Tegernseer Nachbarschaft viel anregender ist als fernes Tauerneis und öder Karwendelkalk. Roß- und Buchstein, zwischen deren Gipfelzacken die Tegernseer Hütte steht (1967 nach Brand neu erbaut), sind ein anziehendes Gebilde: die betonten Felsgipfel über schönsten, von lockeren Fichtengruppen belebten Almengründen, darunter gegen Schwarzentenn die undurchdringlichen Samtdecken der wildreichen Forste, – das kann man immerzu studieren. Es wird einem Münchner Herz recht wohl dabei. – Muß man wieder heim, dann schlage ich trittsicheren Wanderern vor, nicht den Anstiegsweg zu wählen, sondern vom Gipfel ostwärts zurückzusteigen, bis man den scharfen Kamm ostwärts hinab zum Rauheck passieren kann, auf dem in etwa 1500 m, dicht an den spitzen Graskamm gelehnt, die Rauheck-Almen stehen, Skiläufern wohlbekannt. Nun geht es rechts hinab, Kessel um Kessel öffnet sich im lichten Bergwald, dann führen Waldgassen schnurgerade hinaus ins »Gründ«, eine Lichtung, an der sich das Engtal gegen Osten öffnet. Wir halten uns links an den immer besseren Steig und gelangen so über schöne Almhänge nach knapp 1½ Std. (vom Gipfel gemessen) in den Kreuther Talboden. Hier links über die Höfe von Point nach Scharling – oder rechts ins nahe Dorf Kreuth. – Der Anstiegsweg als Abstiegsweg ist nur wenig kürzer! Alle Wege führen ins »Tegernseer Bräustüberl«.

TALORT Scharling vor Kreuth, 770 m (Parken am schönen Gasthaus »Hirschberg«, wohin man nach der Überschreitung auch zurückkehrt).

CHARAKTER Früher sehr beliebte, einfache Bergwanderung ohne Schwierigkeiten. Gute, bezeichnete Wege. Ungewöhnlich große Aussicht für diesen Vorberg mit nur 1670 m Höhe! Wetterstein, Karwendel, Tauern, Zillertaler Berge, das bayrische Oberland samt München sind an guten Tagen zu sehen! Das leider abgebrannte Hirschberg-Haus, 1510 m, einst oberhalb der Luckenalm, ist noch nicht wieder aufgebaut. Der Plan, auf den Hirschberg eine Bergbahn zu bauen, wird von Tegernseer Geschäftsleuten hartnäckig verfolgt; ein lieber alter Münchner und Tegernseer Hausberg würde damit sinnlos geopfert! Beste Zeit Juli mit Oktober, Ausrüstung A!

FÜHRER/KARTEN Iro-Führer 604a Tegernseer Tal. – Topogr. Karte L 8336 Miesbach 1:50 000. – FB-Wanderkarte, Bl. 31.

BILD Blick aus dem Flugzeug von Nordost auf den breiten Hirschberggipfelkamm. Unten und rechts der Normalanstieg über Holzpoint-Alm und Hirschlacke, links oben Roß- und Buchstein mit dem Karwendel dahinter, ganz rechts das Seekarkreuz.

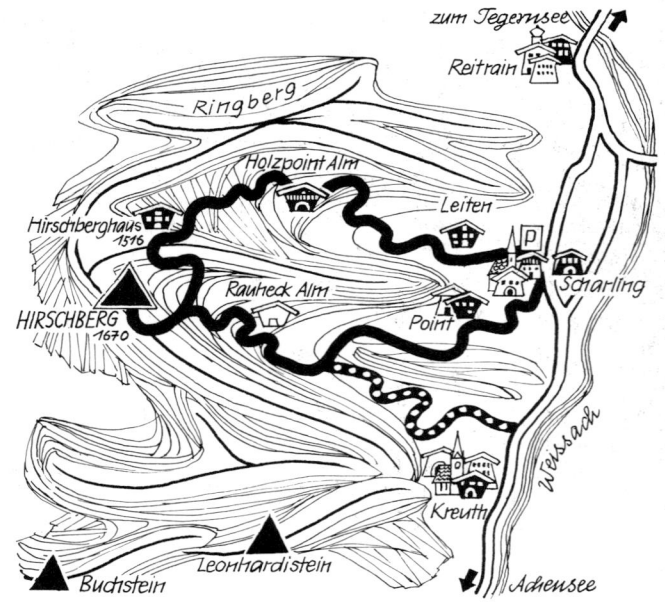

10 Riederstein und Baumgartenschneid

In Tegernsee kann man »mit Bayern leben«

¹/₂ Tag   Anfahrt 53 km   Mit Kindern ab 8 J.   Bergwanderung

Ludwig Thoma war kein Bergsteiger, sondern ein Jäger. Nur zum »Jagern« stieg er auf die Baumgartenschneid, die übrigens sein Hausberg war, denn an ihrem grünen Wiesenfuß, an der Tuften, steht heute noch Thomas Haus. Vom Gipfel sah er oft gerührt hinab in sein geliebtes Tal, dessen Fremdenfluten damals schon im Juli und August über die Seeufer quollen. Aber nicht nur Thoma, Ganghofer, Slezak, Rühmann, Gulbransson, und wie sie alle heißen, nicht nur die Künstler fanden dieses Tal in den Vorbergen schön. Am schönsten fanden es immer wieder die ganz frisch aus Berlin, Essen oder Duisburg zugereisten »Preußen«. Denn der »Preuß«, wie der einfältige Münchner seinen hohen Gast von Ruhr, Alster oder Spree einheitlich nennt, tritt halt vom Schatten ins Licht, wenn er über Nacht vors Herzogliche Schloß gelangt und zum Paraplui und zur Überfahrt bummelt. Dann erscheint ihm dieses Tal der festen Seppls und der drallen Dirndln, der Hemdsärmel am Biertisch und der Hosenträger auf dem ärztlich verordneten Spaziergang als der ideale Ort, an dem man »mit Bayern leben«, an dem man sie akzeptieren kann. Wie gerne sitzt der »Preuß« dann im Herzoglichen Bräustüberl Ellbogen an Ellbogen mit arm und reich, mit gschert und großkopfert zusammen, mit abgetakelten Filmmaiden, vergammelten Tegernseer Gaudiburschen, bierseligen Münchner Regierungsräten und hundemüden Bergsteigern! Ich kenne da einen hohen Herrn aus München, der geht – als Freund des Herzoglichen Bierstüberls – überhaupt nur auf die Berge, um sich den gehörigen Durst und Hunger zu verschaffen. Normaler Durst und Hunger sind dem Herrn Epikuräer zu wenig fürs geliebte Bräustüberl und dessen klassische Brotzeit aus Bier, Radi, Brot und Weißlackerkäs . . . Also steigt er an allen Samstagen und Sonntagen auf irgendeinen Tegernseer Vorberg, wo es schön staad ist, auf Fockenstein, Gindelalmschneid, Hirschberg, Schildenstein – oder auch auf die Baumgartenschneid übers Riedersteinkircherl. Das sind 700 Höhenmeter, also 2¹/₂ Std. für den bequemen Mann. Aber wie schön! Der Weg vom Herzoglichen Schloß durch die Stielerstraße hinab, in den Lärchenwald, zum Großen Paraplui am Leeberg, schnell vorbei am alten Wirtshaus am Galaun (wo eine eingelegte Brotzeit alles verderben könnte, was man sich fürs Herzogliche Bräustüberl mühselig aufspart) und langsam, ganz langsam den Treppenweg zum Riedersteinkircherl auf seinem verwegenen Felsriff, 1207 m hoch: das ist ein reizender Gang! Nie zu vergleichen mit der Gondelfahrt zum Wallberg, wo man nach 20 Minuten ungeschunden und »deppert« herumsteht unter vielen Leuten, ohne Hunger und Durst, ohne sanfte Muskelschmerzen . . . Nein, man geht auf den Riederstein und dann noch gute 30 Minuten auf die Baumgartenschneid, 1449 m, und schaut, wie einst Ludwig Thoma mit seinem »Jagerloisl« neben sich, gerührt zu Tal. Man kann denselben Weg zurücklaufen, man kann ab Galaun auch zur Tuften hinuntergehen, nicht zu verfehlen, – man sollte aber auch einmal über die Baumgartenalm zum Sagfleckl absteigen und den Prinzenweg hinauslaufen. Auch da trifft man haargenau aufs Ziel – ins Herzogliche Bräustüberl – und der kleine Umweg vermehrt nur den Durst . . .

TALORTE Tegernsee und Rottach-Egern, etwa 730 m.

CHARAKTER Einfache schöne Halbtagswanderung über 720 Höhenmeter, das sind 2–2¹/₂ Std. Anstieg. Wege markiert, Kinder im Gebiet des Riederstein-Felsens NIE den Weg verlassen! Reizende Aussichten schon unterwegs, von der Baumgartenschneid, 1449 m, überraschend eindrucksvoll! Gipfel wenig besucht. Zweite Abstiegsmöglichkeit vom Galaun direkt zur Tuften (wo Ludwig Thomas Haus steht). Dritte Abstiegsmöglichkeit: Baumgartenalm–Sagfleckl–Prinzenweg–Tegernsee. Vierte Abstiegsmöglichkeit: Baumgartenalm–Sagfleckl–Wirtshaus Hennerer–Schliersee. Beste Zeit: Mai bis Anfang November! Im Herbst am schönsten! Ausrüstung A! Keine Halbschuhe!

FÜHRER/KARTEN Kompaßführer »Tegernseer Tal« mit Karte. – FB-Wanderkarte Bl. 31.

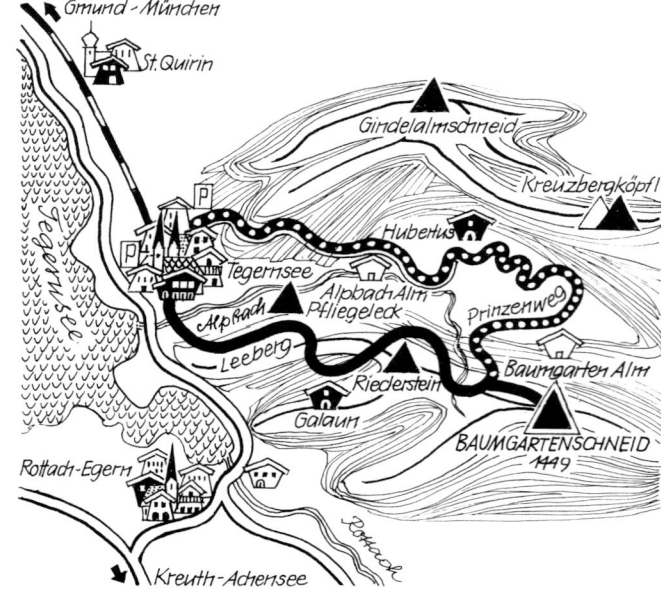

Auf dem Anstiegswege von Tegernsee über
den Leeberg zur Baumgartenschneid, 1449 m,
in der Nähe der Bergwirtschaft Galaun, 1070 m.
Oben auf dem kühnen Felsen das kleine Riedersteinkircherl, das man am Aufstieg zur
Baumgartenschneid passieren kann und soll.
Der Abstieg von der Baumgartenschneid kann
am Anstiegswege erfolgen, oder über das Sagfleckl und den Prinzenweg nach Tegernsee,
oder über Sagfleckl und Wirtshaus Hennerer
nach Schliersee.

11 Risserkogel und Plankenstein

Hinterm Grubereck beginnt der Friede

1 Tag   Anfahrt 60 km   Für Kinder ab 12 J.   Bergtour

Ob man mit der Gondelbahn zum Wallberg auffährt, oder mit dem Fahrzeug bis zum Scharlinger Moos, 1113 m, und dort zu steigen beginnt, in jedem Falle passiert man auf 1493 m das neue Wallberghaus und quert dann die Ostmulde des Setzberges hinüber zum Grubereck, 1671 m: hier beginnt der lange, sich immer mehr zuschärfende Schrofengrat auf den Risserkogel, 1826 m, und zum Plankenstein, 1764 m, – und hier beginnt der große Friede. Denn wie der Mensch die Fehler seiner Vorzüge hat, so auch eine Bergbahn: sie erzieht ihre Gäste so gewißlich zur Gliederfaulheit, daß von 500 höchstens einer seinen Beinen jene herrliche Funktion gestattet, für die sie geschaffen sind . . . Kurz und gut, ab Grubereck ist das Leben zünftig, links unten wartet der kleine runde Röthensteiner See (im frühen Vorsommer stehen auf dem Steilhang dort hinunter handtellergroße Berganemonen!), rechts unten rauscht die Weißach durchs Kreuther Tal, und auf dem Risserkogel (2¹/₂ Std. ab Wallberg) genießt man meist die große Stille. Erst im schönen Herbst finden mehr Leute hierher. Die Welt der Gipfel, Wälder und Täler ist unabsehbar, und der Tiefblick zum nahen Klettergarten des Plankenstein ist meist kurzweilig: Juhschreie und Kletterkommandos verraten, daß hier gefährlich gelebt wird. Wer Mut besitzt, dazu Geschicklichkeit und Erfahrung, der steige vor dem Schlußstück am Risserkogel nach links zum Plankenstein hinüber, dem schönen Münchner Klettergarten: als Anfänger steige er niemals allein auf, er binde sich an das Seil eines erfahrenen Gefährten, erklimme den eleganten Kalkkamm mit den mächtigen Felssäulen am Einstieg auf dem reizenden Westweg (II) – und wenn er sehr erfahren und klettertüchtig ist, auch über die schwierige Westplatte (III), über den Ostgrat (III), die Nordwand (IV und VI) – oder er erklettere die Westkante der kühnen Nadel (VI = äußerst schwierig). Jeder muß wissen, wo seine Grenze ist! Aber absteigen muß auch jeder. 1. den kürzesten Weg: Zwischen Gemsenrudeln in 15 Minuten zum Röthensteiner See, gebadet, und dann über die Röthensteiner-Alm hinab zur Rottach. 2. den interessantesten Weg: Vom Plankensteinsattel östlich zum kleinen, oft ausgetrockneten Riederecksee, und von da nordöstlich über die Riedereckalm (kleiner Gegenanstieg) und die Siebelalm hinunter zur Moni-Alm an der Rottach. Oder 3. den einsamsten Weg: Vom Risserkogelgipfel auf Spuren direkt südlich, dann südöstlich in die Mulde der verfallenen Bernauer Alm und von dort rein östlich in den Graben des Bernauer Baches zur Bernauer Winterstube am Ufer der Weißen Valepp (von hier nördlich zur Moni-Alm und nach Enterrottach). Nicht zu vergessen: man wird nach dem Hader mit den Latschenbesen der Gipfelregion reichlich entschädigt, wenn man am Bernauer Bach ist und, weiter unten, die Gumpen entdeckt hat, ausgewaschene blitzsaubere Badewannen im weißen Kalkfels, mit kleinen Überfällen, und mit sonnenwarmen Platten und bürstigen Rasenpolstern nebenan – elysischen Gefilden, wie man sagen darf, weil auch hier die absolute Stille regiert. Der Weg wird unten Forststraße. Über die Moni-Alm nach Enterrottach wandernd, gibt es noch zehn weitere Gelegenheiten zu Badefesten.

TALORT   Rottach-Egern, 730 m, am Südende des Tegernsees.

CHARAKTER   Der Risserkogel, mit 1826 m höchster Tegernseer Gipfel, ist eine einfache, nur bei Mittagshitze etwas anstrengende Bergtour. Der Abstieg über die Siebelalm ist leicht und amüsant, der Abstieg über die steilschrofige Südflanke zur Bernauer Alm und weiter in die Weiße Valepp verlangt sehr trittsichere Geher. – Der Plankenstein ist ein reiner Klettergipfel: der Normal-(West-)Anstieg »mäßig schwierig« (II), aber für vorsichtige Anfänger am Seil eines erfahrenen Freundes etwas ganz Reizendes: aufregender Eintritt ins hohe Reich der Kletterer. Daneben schwere und schwerste Kletterführen, siehe Zebhauser-Führer! – Beste Zeit ist Ende Juni bis Ende Oktober! Besonders schön im Herbst. Ausrüstung A! Für Kletterer C!

FÜHRER/KARTEN   Kletterführer Bayerische Voralpen (Zebhauser) – FB-Wanderkarte 31, Schlierseer Berge usw.

BILD   Blick von Westen auf das ungleiche Gipfelpaar Plankenstein (links) und Risserkogel, ein altes schönes Bergwanderziel hoch über dem Tegernsee. Im Hintergrunde die Schlierseer Grenzberge um das Sonnwendjoch.

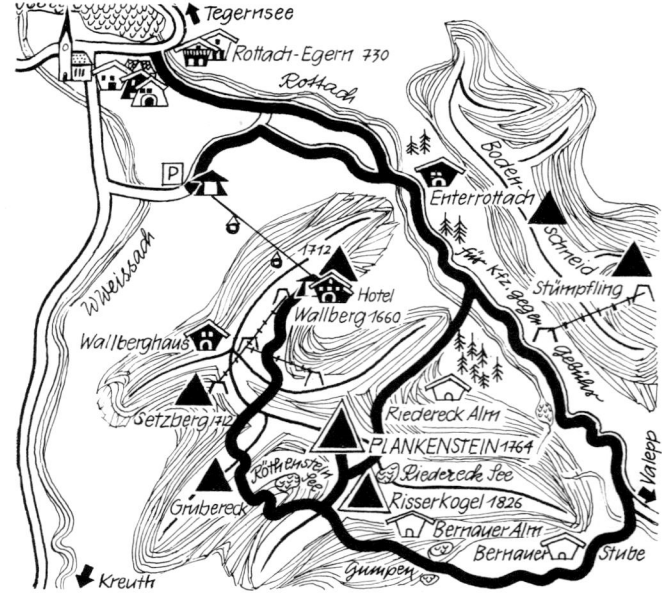

12 Roß- und Buchstein

Ein Felsenzirkus hinterm Sonnberg

Auf der Straße von Tegernsee zum Achenpaß, kurz vor Glashütte (in dessen Kapelle »Maria im Walde« eine kostbare spätgotische Mondsichelmadonna im goldenen Mantel steht), passiert man auf etwa 852 m Höhe das kleine Wirtshaus Bayerwald: hier verläßt man den Bus oder hier parkt man seinen Wagen. 500 Meter weiter weist eine Tafel rechts hinauf zur Tegernseer Hütte, hier steigt man auf – in Serpentinen durch schönen Mischwald hinauf auf den Sonnberg, kommt an die Waldgrenze, ahnt den freien Kamm und steht bald oben neben der Sonnberg-Alm am Hochleger, 1496 m, und erschrickt vor Freude. Denn dicht gegenüber, jenseits einer köstlichen grünen Rasenmulde, steht das felsige Brüderpaar aus Korallenkalk, zu Füßen gewaltiges Blockwerk und eine markante Nadel. Dreht man sich aber um, so ragt gegenüber die riesige Schattenmauer der Blaubergkette auf, vom Schildenstein bis zur Halserspitze, latschenbewehrt am besonnten Gipfelkamm, düster und abweisend in der violetten Nordflanke – und darüber der Guffert, silbergrau, hell, stolzes Vorwerk des Rofangebirges. Hier könnte man lange rasten . . . aber der Fels lockt. Knapp zwei Stunden ist man bis hierher gestiegen, in ³/₄ Std. ist man vor der Tegernseer Hütte in der schmalen Felsscharte zwischen Roß- und Buchstein. Die Hütte ist 1965 vollkommen abgebrannt, aber eine neue schönere Hütte wurde am alten Fleck errichtet und 1967 eingeweiht. Freilich, vor Erreichen der Hütte kommt man kaum an der schlanken Roßsteinnadel vorbei, einem Phänomen: da ist von Süden her eine weiße Plattenwand, doch von Westen und Osten eine unwahrscheinlich hohe und schlanke Felsnadel . . . Man kommt vom Sonnberg her über die bürstigen Wiesen gelaufen, passiert die ersten »Brotzeitfelsen«, viereckige Kalkquadern mit hundert feinen Griffen und Tritten – ein winziger Klettergarten hoch über Berg und Tal –, dann tritt man in das Inferno eines Bergsturzes ein, geht zwischen mächtigen Blöcken dahin und steht – noch auf bezeichnetem Wege gehend – unmittelbar am Einstieg zur Roßsteinnadel, genauer an deren Westgrat, einer nur mäßig schwierigen Kletterei (II, für Geübte) . . . verführerisch bietet der eisenfeste Korallenkalk herrliche Griffe, man möchte nichts wie hinauf, den scharfen Grat passieren zum kreuzbewehrten Gipfel. Wage es, wer es wagen darf! Der andere steige die letzten Minuten zur neuen Hütte in der Scharte und klettere von dort in einer griffigen Steilrinne wenigstens auf den Gipfel des Buchstein, 1698 m, oder über den lustige einfachen Schrofengrat auf den Roßstein, 1697 m. Von Norden her kommen die Wiesseer Gäste auf Roß- und Buchstein, oft geht es an Sonntagen recht lustig zu, aber auf unserer Sonnbergseite bleibt Ruhe: und dorthin steigen wir auch wieder ab – entweder am wunderschönen Aufstiegswege über den Sonnberg-Hochleger, oder südlich um den Roßstein herum und westlich zum Röhrlmoos hinab – von dort begleitet uns nämlich ein kleiner Wasserlauf hinab zur Achenseestraße, die wir akkurat dort erreichen, von wo wir aufgestiegen sind (etwas westlich vom Wirtshaus Bayerwald). Wer nicht auf den geparkten Wagen angewiesen ist, kann von der Hütte auch nordwärts nach Wiessee oder nach Kreuth hinauslaufen.

TALORT Bayerwald, 852 m, an der Achenseestraße. – Bad Wiessee – Buch, 833m.

CHARAKTER Köstliche einfache Bergwanderung, 4–6 Std. Großartige und intime Ausblicke vom Sonnberg und von den beiden Gipfeln. Buchstein-Aufstieg leichteste Kletterei (doch nichts für Leichtsinnige). – Roßstein-Aufstieg einfacher schrofiger Gratweg. – Roßstein-Nadel, auf dem leichtesten Wege (Westgrat) mäßig schwierig (II), doch recht ausgesetzt! Nur mit Seilsicherung. – Außerdem schwierige bis äußerst schwierige Übungsklettereien an der Nadel und eine schwierige Wandkletterei (Buchstein-Südwand, III), siehe Kletterführer. Beste Zeit Juni bis Oktober. Ausrüstung A für Bergwanderer, C für Kletterer!

FÜHRER/KARTEN Kletterführer Bayerische Voralpen (Zebhauser/Rother). – Topogr. Karte L 8336. – Oder FB-Wanderkarte, Bl. 31.

BILD Das Brüderpaar Roßstein und Buchstein (rechts) zeigt uns hier seine beiden Südwände. Oben, in der Scharte zwischen beiden Gipfeln, steht die kleine Tegernseer Hütte. Der eisenfeste Korallenkalk der Südwände bietet interessante Kletterführen an. Die Ersteigung beider Gipfel ab Hütte am Normalwege ist ziemlich leicht – und lustig.

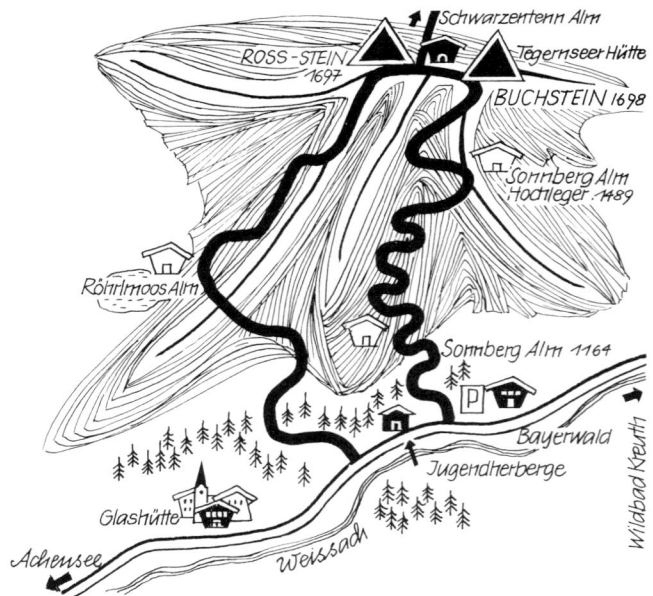

13 Zum Leonhardistein

Grüner Auslug hinterm Tegernsee

Vom Tegernsee nach Kreuth fahrend, fällt der isoliert stehende, 1449 m hohe Leonhardistein durch seine Janusgestalt auf: hinten einen Waldpelz am Rücken, vorne eine senkrechte hohe Kalkwand mit nasenförmigen Wülsten . . . steigt man vom Schildenstein zur Königs- oder Geißalm ab, dann steht uns ein beinah elegantes Felsschild gegenüber, dem man den rückwärtigen Pelz einfach nicht glaubt. 1449 m Höhe locken nicht sehr, aber die Gestalt dieses Berges lockt, und daß er in einem halben Tag zu besteigen ist, – daß am meisten seine großartige Aussicht lockt, das weiß man vorher nicht, das erfährt man erst am Gipfel. Wie schön es ist, an diesem oberbayrischen Vorgebirgsgipfelchen zu sitzen und vom Tegernsee bis zur Zugspitze zu sehen, von der Neureuth bis zum Guffert, und die ganzen Blauberge mit Schildenstein und Halserspitze gegenüber zu haben und auf der anderen Seite, ganz nah, Roßstein und Buchstein samt Felsnadel, und Hirschberg, Seekarkreuz, ja selbst die wenig überschaubaren östlichen Karwendelberge um Demeljoch und Schafreiter – das kann man schwer beschreiben. – Am besten, man läßt im Dorf Kreuth den Wagen und fährt mit dem Bus zwei Stationen bis Haltestelle Winterstube /Abzweigung Königsalpe (6 km), da ist man im Nu nördlich im Schwarzenbachtal, das von der Schwarzentenn-Alpe herunter kommt. Der Bach begleitet uns in eine kostbare Forststille und wir vergessen recht schnell den Lärm der peinigend stark benützten Achenseestraße. Schön staad und tief atmend wandern wir von etwa 830 m Talhöhe zur Holzstube auf 978 m, wobei wir mehrfach auf den Schildenstein zurückschauen. Bald kommt auch der Leonhardistein in Sicht. Von der Holzstube steigen wir scharf östlich einen Forststeig entlang, und wenn wir auch viel im Wald gehen, hinter uns steigt doch unversehens der Buchstein auf. Jenseits eines kleinen Wasserlaufes nähern wir uns über eine etwas sumpfige Stelle dem Waldsattel, auf 1185 m Höhe nördlich unterm Gipfel des Leonhardistein (Bild). Von da führt ein bezeichnetes Steigerl steil den Nordhang hinauf zum Gipfel auf 1449 m Höhe: ab Busstelle an der Achenseestraße etwa gute 3 Std. – Am Gipfel schwimmen wir über dem Wald- und Jagdgebirge Ludwig Thomas, sehen seine Jäger und Wilderer drüben am Filzenkogel und da und dort, der Ausblick verschafft Behagen, aber es ist nicht zu leugnen, auch eine gewisse freudige Aussicht aufs Tegernseer Bräustübl. – Wir steigen direkt nach Dorf Kreuth ab, erst zum Waldsattel und nun östlich, also entgegengesetzt dem Anstiegswege, durch die sogenannte Gasse, ein steiles Tälchen im Mischwald. Die Duslau-Alm bleibt links über uns und nach einem scharfen Hacken nach rechts kommen wir bald an die Slalomhänge – jetzt stille bunte Bergwiesen – und ins Dorf zum Bus bzw. zu unserem Fahrzeug . . . Der Abstieg dauert kaum 1¹/₂ Std., man könnte noch nach Egern fahren, dem Ludwig Thoma Dankschön sagen für seinen »Jagerloisl«, und dann erst im Tegernseer Bräustübl bei Radi, Bier und Weißlackerkäs den Kindern zweimal den Vers von der Wand lesen: »Eene Jemse zu morden, det wär mich Pläsir, doch mein jottvolles Äußre zu fliehn mir, zwingt ihr!« Bildung muß sein! Und auch das Recht, die lieben »Preußen« zu derblecken . . .

TALORT Dorf Kreuth, 786 m, an der Weißach.

CHARAKTER Einfache, wenig begangene, im Herbst oft vereinsamte Bergwanderung ohne alle Schwierigkeit! Vorsicht am Gipfel empfohlen (Kinder), da der Leonhardistein mit senkrechter Wand nach Südosten abfällt. Wer den Wagen in Dorf Kreuth parkt, kann den Anstieg und Abstieg am selben Weg nehmen. Schöner ist die im Haupttext beschriebene Route ab Bus-Haltestelle Winterstube. Schönste Zeit Vorsommer und Herbst! Ausrüstung A!

FÜHRER/KARTEN Trautwein / 250 Ausflüge, Teil V. – Topogr. Karte Blatt L 8336 Miesbach 1:50 000.

Der am Ende des Haupttextes zitierte Vers bezieht sich auf einen vornehmen Tegernseer Gast, der – Typ intellektueller Preuße – im hohen Stehkragen auf Gemsenjagd auszieht. Siehe das dazugehörige Wandbild im Herzoglichen Bräustübl!

BILD Aus mächtigen Forstgründen wächst der Tegernseer Leonhardistein in die vornehmen Badedünste von Wildbad Kreuth. Die glatte Südwand verbirgt sich links. Der Gipfel ist von geübten Bergwanderern ziemlich leicht zu ersteigen. Im Hintergrunde links oben Gipfel des vorderen Karwendel um den Scharfreiter.

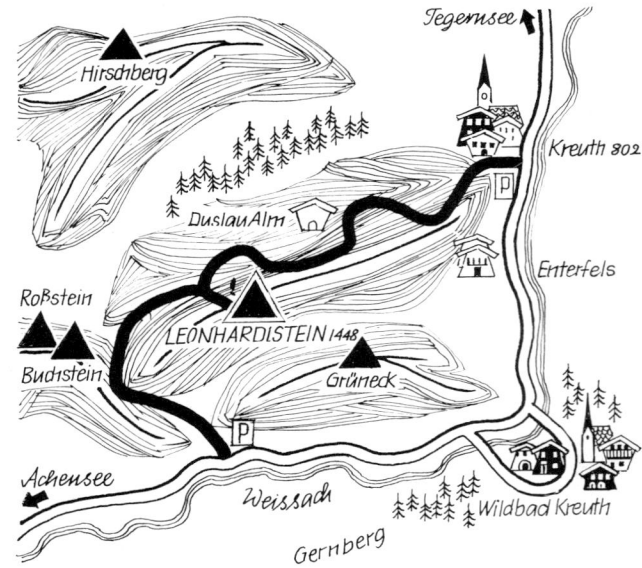

14 Schinder und Schinderkar

Vom Forsthaus Valepp über die Trausnitz-Alm

1 Tag   Anfahrt 80 km   Kinder ab 12 J.   Bergwanderung

Wer jemals den Rotwandweg von der Wurzhütte aus aufgestiegen ist, hat den Schinder schon nach 30 Minuten gesehen: rechts drüben im Süden, dem mächtigeren Guffert vorgelagert, ein riesiges Kar, amphitheatralisch unter dem vielgipfeligen Halbrund eines felsigen Kammes ausgebreitet. Der Knalleffekt an diesem zerscharteten Gipfelrund ist eine tief eingerissene Scharte, genau in der Mitte, das berühmte oder auch berüchtigte »Schindertor« – von den Skibergsteigern im März, April und selbst im Mai noch gerne aufgesucht. Dieses Schindertor liegt also in der Mitte über dem Riesenkar und zugleich zwischen den beiden Gipfeln: dem Bayrischen Schinder (im Bild rechts) und dem Österreichischen Schinder, der erstere 1790 m, der andere 1818 m hoch. Im späten Winter sind in dem steilen Kar oft Skiläufer zu sehen, die zum Schindertor aufsteigen oder unter ihm ihre Schwünge in den Firn malen. Im Sommer geht man nicht das steile Steinkar hinauf, sondern höchstens herunter. Man muß zu diesem Zweck zum Forsthaus Valepp, das jetzt nicht mehr so vereinsamt ist wie einst, aber doch ein feines Platzerl geblieben ist: man kann von Enterrottach durch die Weiße Valepp oder vom Spitzingsee der Roten Valepp entlang – gegen eine Gebühr, die das Forstamt auferlegt – bis zu diesem Forsthaus fahren. Aber schon 100 m zuvor, wo beide Valepper Sträßlein zusammenkommen, können wir den Wagen stehen lassen. Dann gehen wir einige Meter westlich, bis uns ein Taferl »Zum Schinder« hinaufschickt in den Bergwald des Brennerecks. Wir sind allein an diesem Weg, können das Hintere Sonnwendjoch studieren, das sich uns gegenüber aufbaut, tauchen in den Nachtgraben hinein und drüben wieder heraus, und sind nach guten 1½ Std. an der freien Trausnitzalm auf 1430 m Höhe: haben vom Forsthaus, 871 m, also schon 600 Höhenmeter geschafft. Jetzt ziehen Guffert und Rofan unsere Blicke auf sich, wenn wir uns, an einer Quelle vorbei, steil zum Südostkamm hinaufplagen und niemand haben, mit dem wir die Plage teilen könnten. Denn hier geht ja niemand herauf – »wozu?« sagen unsere blitzgescheiten Mitmenschen. Aus dem Kamm wird bald ein Grat, und nach weiteren 1¼ bis 1½ Std. stehen wir endlich auf dem Österreichischen Schinder, um zu konstatieren, daß er seinen Namen vollauf verdient. Man sieht 1000 Gipfel – aber am meisten genießt man die Einsamkeit, wenn man, faul hingestreckt, spürt, wie die Zeit nicht mehr stampft und rast, sondern still weht . . . Der Abstieg wird, Hand aufs Herz, so lustig, wie der Aufstieg anstrengend war: schon der steile Latschenschluf die Südflanke hinab zum Schindertor ist eine Mordsgaudi. Dann stehen wir im Tor wie unter Kirchtürmen und tauchen hinab in den Karschatten, erst vorsichtig (Kinder an die Reepschnur!) ein paar Meter im bröckligen Fels, dann endlich in der mächtigen Sandreiße, die weit hinab in die Latschenfelder schießt. Durch die Latschen hinab in den Karboden mit alten Ahornbäumen, dann hinaus gestangelt zur Schlagalm und weiter zur Valepper Straße: man erreicht sie westlich der Aufstiegsstelle. Im Forsthaus Valepp kann man dann die gehabte Plage mit einer Brotzeit rächen – oder rechts und links des Valepper Baches in versteckten Gumpen baden . . .

TALORTE Enterrottach, 784 m, bzw. Spitzingsee, 1085 m (an beiden Orten Forstamtsgenehmigung gegen Gebühr für die Fahrstraße zum Forsthaus Valepp, 871 m, bewirtschaftet).

CHARAKTER Einfache Bergwanderung, für trittsichere Geher ohne Schwierigkeiten! Vorsicht lediglich beim Abstieg vom Schindertor ins Kar auf den ersten Metern: etwas brüchiges Gestein! Aufstieg Valepper Bach–Gipfel gute 3 Std. (etwas länger, aber leichter von der Trausnitz-Alm fast eben um das Schindermassiv herum bis zur direkt südlich unterm Schindertor gelegenen Ritzelbergalm, 1516 m) – Abstieg durchs Kar bis Schlagalm bzw. Valepper Bach etwa 2¼ Std. Ausrüstung A. Beste Zeit: Mitte Juni (dann viel Schnee im Kar!) bis Ende September.

FÜHRER/KARTEN Führer unnötig, bezeichnete Wege (im Kar Spuren). Topogr. Karte L 8336 Miesbach, oder FB-Wanderkarte Blatt 31.

BILD Österreichischer (links) und Bayerischer Schinder säumen das schmale »Schindertor«, das der Bergwanderer im anstrengenden Aufstieg durch das große Schuttkar (links unterm Schatten) anpeilt. Rechts oben Rofanspitze, links oben der Alpenhauptkamm.

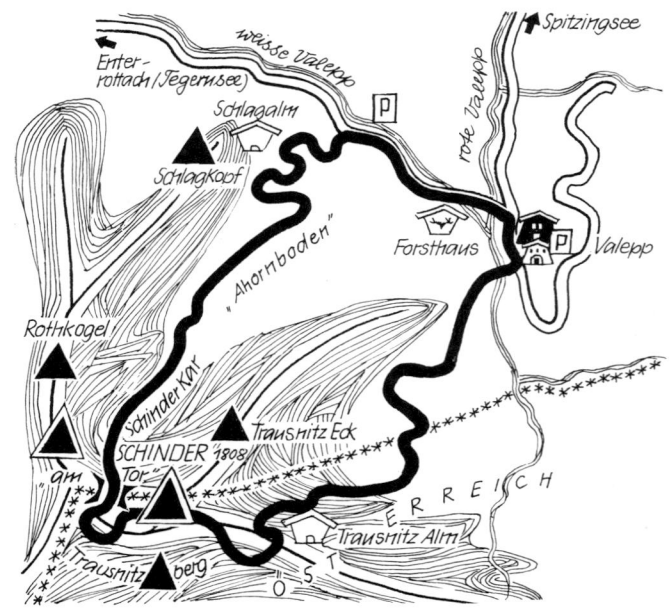

15 Auf den Schildenstein

Die Wolfsschlucht hinauf, am Gerlosbach hinunter

Man fährt über Tegernsee nach Bad Kreuth und dann noch 1 km zur Haltestelle Klamm: da sieht man links die Weißachbrücke und zwei Verbotsschilder. Nach 200 m weisen vier Schilder rechts hinauf zum Schildenstein, Guffert und zur Königsalm. Da könnte man auch gehen . . . Aber zehnmal hübscher und aufregender ist der Anstieg durch die Wolfsschlucht. Nach kaum 25 Minuten ist man bei »Sieben Hütten« (jetzt findet man dort auch eine gute Bierquelle . . .). Wir befinden uns in einer vollkommen oberbayrischen Vorgebirgsidylle, der Hofmaler Kobell fällt einem ein. Gleich hinter »Sieben Hütten« geht es südwärts einen guten Almsteig hinauf und schon ist man an einem so schönen, von Ahornen umstandenen Almboden, daß der Epikuräer in uns rasten möchte . . . Bald hört der Weg auf, man steigt am Bachbett flach weiter, bleibt endlich links – geht aber NICHT vorzeitig links ab in die Kleine Wolfsschlucht hinein, wo ein senkrechter Paradewasserfall und Gumpen wie römische Brunnen locken, nein, man bleibt im Bachgries bis zuletzt, sucht dann eine Wegspur rechts bis zur ersten Gumpe, quert weiter rechts und ist da . . . Denn hier, am Talschluß, 40 Minuten hinter »Sieben Hütten«, windet sich ein grüner schmaler Sporn steil hinauf in den Wald und trägt, nicht zu fassen, einen winzigen Weg, ein Steiglein mit viel Zickzack und Felstreppchen und Drahtseilen . . . Links schwarze Schlucht, rechts schwarze Schlucht, geht es in großer Spannung empor, dann wird der Sporn breiter, Ahorne beschatten uns, Buchenstämme stehen silbergrau über winzigen Lichtungen und Frauenschuh und Türkenbund – wie gut, daß die Tegernseer Gäste, »die Fremden« genannt, nicht bis hierher kommen, – immer wieder hört man von überallher die Bergwasser fallen und brausen, eine ausgeschlemmte Steilrinne wird an einem Drahtseil bezwungen, dann windet sich der schmale Steig nach links hinauf, quert ein paar Rinnen, und mündet im sanften Waldpark der Scharte zwischen Schildenstein und Predigtstuhl. Der Guffert steigt aus der gewaltigen Waldsenke zwischen Unnütz und Blaubergkamm, – aber wir wollen ja zum Schildenstein. Also rechts an einigen Lacken mit Molchen hinaufspaziert auf 1611 m Höhe. Das ist nicht viel, aber wir stehen auf dem schönsten Tegernseer Aussichtsberg, und das ist allerhand: Achensee, das ganze östliche Karwendel wie zum Aufblattln, Tegernsee, das Brüderpaar Roß- und Buchstein, Tuxer und Zillertaler Eiskämme – und kein Mensch rundum. Es ist so schön hier, man könnte den klassischen Konflikt Bayern–Preußen im Nu aus der Welt schaffen, müßte sich zu Tränen gerührt in den Arm fallen, – aber kein Preuß weit und breit. Ewig schad! – Abwärts geht's über die Königsalm, wo Milch und Bier fließt . . . besser aber, man läuft vom Schildensteinsattel den nördlichen Graseckkamm bis zum freien Almgelände und steigt hier weglos rechts hinab in den Gerlosgraben (80 Höhenmeter) – da führt ein Weg bis hinunter nach »Sieben Hütten«. Kurz vor der Hofbauernweißach kann man sich links in allerschönsten Gumpen den Zivilisationsrost so gründlich vom Leibe spülen, daß man später wie neugeboren ins Herzogliche Bräustüberl tritt und die fällige Brotzeit als fröhliches Fest feiert: mit 2 Maß Bier!

TALORT Bad Kreuth, 829 m (1 km weiter, an der Haltestelle Klamm).

CHARAKTER Über Königsalm und Schildensteinsattel einfache Bergwanderung ohne Schwierigkeiten, Zeit knapp 3 Std., auch mit Kindern ab 6 J. möglich, wenn langsam angestiegen wird. – Die Wolfsschlucht mit sehr steilen und manchmal ausgesetzten Wegstücken, die öfters von Drahtseilen gesichert sind, ist sehr viel interessanter, aber man muß trittsicher sein! Nie zu früh im Vorsommer wegen der großen Lawinenreste! Wenn Kinder, dann am Beginn des steilen Sporns an die Reepschnur nehmen! Zeit: Weißach–Sieben Hütten–Schildenstein 3–4 Std., Abstieg Schildenstein–Gerlosbachtal–Weißachbrücke 2 Std. Beste Zeit: Juni bis Oktober. Ausrüstung A!

FÜHRER/KARTEN Iro-Führer 604a. – FB-Wanderkarte, Bl. 31.

BILD Rückblick von der Königsalm auf den Schildenstein, den wir durch die jenseitige »Wolfsschlucht« ersteigen. Absteigend begehen wir dann hinaus den Wiesenkamm der unteren Bildhälfte und marschieren dann hinaus zum Parkplatz vor Wildbad Kreuth, wo bayerische Minister regelmäßig dem Heiligen Geist begegnen, ehe sie weltpolitische Entschlüsse fassen.

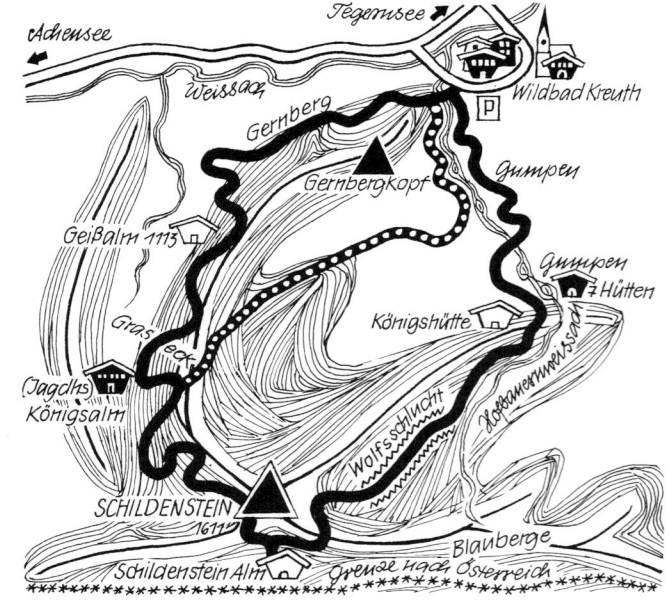

16 Der Breitenstein

Hoch überm Leitzachtal – hoch überm Feilnbacher Filz

1 Tag   Anfahrt 75 km   Mit Kindern ab 8 J.   Bergwanderung

Neben dem prominenten Wendelstein gilt der nur 1622 m hohe Breitenstein wenig. Aber sein Schattendasein ist ihm gut bekommen: wer heute aus dem Leitzachtal – in dem die schönsten Bauernhöfe Oberbayerns Parade stehen – über das Wallfahrtskirchlein Birkenstein mit seiner reizenden Rokokoausstattung und vielen volkskundlich interessanten Votivtafeln hinaufsteigt zum Breitenstein, der braucht niemand aus dem Wege zu gehen, der geht allein mit seinen Gedanken, gar wenn der August zu Ende gegangen ist. Von droben sieht man allerhand, was aber vorher studiert sein sollte: ich meine nicht den Allerweltsberg Wendelstein, sondern zum Beispiel das Kircherl von Kutterling drunten bei Feilnbach, in dem vor der Jahrhundertwende Wilhelm Leibl gemeinsam mit seinem Freund Sperl Bilder malte, – und ich meine das reizende Rokoko-Kircherl von Berbling, drüben überm Weitmoos, wo Leibl drei Jahre lang an seinem Hauptwerk, dem kleinen Ölbild »Frauen in der Kirche« gemalt hat. Es wimmelt nur so von Zwiebeltürmen unterm Breitenstein, und wer ein Fernglas bei sich hat und den Dehio dazu, der studiert schönste bayrische Kunstgeschichte von einem luftigen Thronsessel aus. Aber nicht nur die Kirchen und Klöster und die bemalten, in alten Obstbäumen versteckten Bauernhöfe sind interessant, auch wie sich Oberbayern in die Ferne dehnt, wie die Berge sanft in die Feilnbacher Filze absinken, wie der vom Malojapaß kommende Inn die Alpen durch das majestätische Tor zwischen Kranzhorn und Wildbarren verläßt, um sich draußen in den Schotter des Vorlandes einzuwühlen, und viele andere Ziele dazu: man schaut sich glücklich dort droben. – Hinaufgehen tut man am besten von Fischbachau, 771 m, oder von Birkenstein, 854 m, wo gleich neben dem Wallfahrtskircherl der markierte Weg beginnt und schnell in den Bergwald schlupft. In 1 Std. ist man an der Kesselalm, 1278 m, und könnte dort schon brotzeiteln, besser aber ist es, man sammelt Durst und Hunger und wandert noch ein Trumm weiter, nämlich um den Schweinsberg herum zum Sattel, 1351 m, und zur bewirtschafteten Hubertushütte auf 1530 m Höhe, bis wohin man insgesamt nur gute 2 Std. braucht: da darf man sich auch eine Halbe Bier erlauben, weil es nur noch 20 Minuten bis zum Gipfel sind und der Hochalpinismus zu Ende ist. – Heimzu geht man am gleichen Wege. Ein zweiter Anstieg auf den Breitenstein führt von Feilnbach, 500 m, in guten 3 Std. südwärts über Steinach und Maier-Alm ein langes Tal hinein und hinauf zum Sattel vor der Hubertushütte: dieser Anstieg dürfte der am wenigsten begangene im ganzen Schlierseer Gebirg sein. – Wer nach Fischbachau herabkommt, fährt mit dem Zug ab Bahnhof Geitau (45 Minuten) oder Hammer (30 Minuten), aber mit dem Auto nicht über Schliersee, sondern ganz schön staad nördlich, neben der Leitzach dahin über Elbach, Wörnsmühl und Miesbach, doch nicht ohne sich vorher die beiden schönen Kirchen in Fischbachau selbst angeschaut zu haben. Und wenn es dann auf der Autobahn vor der Mangfallbrücke gar zu »schiach« zugeht, dann geht man halt 400 m vorher links ins Kloster Weyarn und bittet den Herrn Pfarrer, einem die eleganten Madonnen und Engelsfiguren von Ignaz Günther zu zeigen: große barocke Kunst!

TALORTE Fischbachau im Leitzachtal, 771 m. Wallfahrtskirchlein Birkenstein bei Fischbachau, 854 m (ab hier bezeichneter Weg).

CHARAKTER Einfache Bergwanderung ohne alle Schwierigkeiten, neben Blomberg–Zwiesel und Neureuth die einfachste Vorbergwanderung des Buches. Die Aussicht vom Gipfel des Breitenstein umfaßt neben den Schlierseer Bergen die Chiemgauer Berge und Teile der Zentralalpen. Besonders schön ist der Tiefblick auf die mächtigen Filzböden zwischen Vorbergen und Inn-Ufer mit den vielen Zwiebeltürmen außen herum. Kesselalm und Hubertushütte im Sommer meist bewirtschaftet. Beste Zeit Mai bis Ende Oktober.

FÜHRER/KARTEN Trautwein-Ausflüge, Teil III (Lindauer). – Topogr. Karte L 8336 Miesbach 1:50 000. – Evtl. FB-Wanderkarte, Blatt 31.

BILD Ausblick vom Westgipfel des Breitenstein auf seinen 1622 m hohen Hauptgipfel, der eine unvergleichliche Fernsicht ins bunte Alpenvorland um Inn und Aiblinger Moorböden bietet. Die latschengepolsterte Kalkwand verlockt zum Klettern, ist aber, weil brüchig, mit Vorsicht zu genießen.

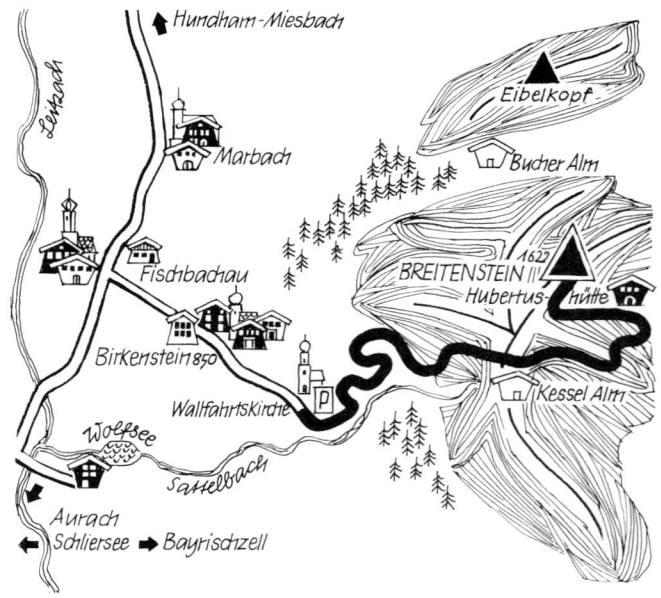

17 Die Brecherspitze

über Spitzingsattel, Firstalm und Kühzaglweg

Als mein Münchner Vorstadt-Skiklub 1924 seine Skihütte am Spitzingsee baute, hatte ich als jüngster Lastträger allerlei Einrichtungsgegenstände die alte Spitzingstraße hinaufzuschleppen: auch die Hauptapparatur des sogennanten Örtchens. Ein wenig beschämt, ein wenig ärgerlich stellte ich das schwere Ding damals am Spitzingsattel ab und machte eine Erstbesteigung. Das bildete ich mir, der kaum erst ins Gebirge geschmeckt hatte, halt gerne ein. Stieg also vom Sattel weg den weglosen steilen und zuletzt kaum begehbaren Felsgrat direkt zum Gipfel der Brecherspitze hinauf, oft nur eine Latschenwurzel als Griff benützend, rannte jenseits den Nordgrat halb hinunter, drehte nach rechts zu den Sandreißen ab und war nach guten 1½ Std. wieder vor meinem Apparat: müde, durchnäßt, glücklich, und obendrein mit einer fertigen Ausrede für den wartenden Herrn Vorstand . . . Heute muß ich lachen, wenn die Brecherspitze bei der Anfahrt von Hausham her samt Schliersee und Insel Wörth auftaucht: lachen, weil ich weniger an meine »Erstbesteigung« als an Ludwig Thomas unvollendeten Roman »Münchnerinnen« denke, dessen erste, recht pikante Szene auf jener Schliersee-Insel spielt. Die Brecherspitze, natürlich längst von Bergbahnplänen einer fürsorglich denkenden Geschäftswelt umweht, steht noch unversehrt und wird vom Riesenheer der Spitzingseebesucher kaum beachtet. Das ist reizend von diesen Leuten. Das erlaubt einem Münchner Bergwanderer, seinen Wagen neben das Fischhauser St. Leonhards-Kircherl mit dem spitzigen Turm zu stellen, gleich hinterm Bahnhof von Fischhausen–Neuhaus, und gemütlich die Waldschmidtstraße gegen Süden davonzulaufen. Nach einer Viertelstund ist man im Ankelgraben und steigt durch steilen Wald hinauf zur Ankelalm in das langgestreckte Hochkar: der Wald tritt am Karbeginn zurück, grüne Almflanken unter spitzen Graten, Latschenfelder darüber und meist noch irgendein altes Schneefleckerl schließen sich zu einer Idylle zusammen. Das Eingeschlossensein im grünen Vorgebirg ist vollkommen. Nach links zum Grat hinaufgestiegen und drüben hinabgesehen zur neuen Spitzingstraße, und wenn nicht gesehen, so doch hinabgehört: da rauscht es nur so von Autos schneidiger Bergfreunde – wie oft zählte man selber dazu . . . Der runde Grat wird bald steiler und dazu ganz spitz, schließlich steigt und klettert man über kleine Felsstufen bis zum 1693 m hohen Gipfel hinauf: 2½ Std. Gerade noch, daß die Latschen den Gipfel freilassen, man kann recht gemütlich auf das Treiben zwischen Wurzhütte, Spitzingsattel und Firstalm schauen, und dann den Blick heben zu den lieben alten Bekannten ringsum. Die Kinder treiben hier am Gipfel gerne zum Weitersteigen, weil sie der schmale Grat zum Wintergipfel hinüber reizt; hinter dem geht es einen großen Hang zum Freudenreichsattel, 1375 m, hinunter: ab hier kann man 1. den oberen Weg zum Spitzingsee wählen und über die Stocker-Alm und den wunderhübschen Wasserfall kurz vor Josefstal hinunterlaufen, – oder 2. ein bisserl staader, vom Freudenreichsattel nordwärts zum lieben alten Kühzaglweg hinab, der sanft und schattig durch das Dürnbachtal bis zum Bahnhof von Neuhaus leitet: hier ist ein Parkplatz und ein Wirt, der Bier verteilt . . .

TALORT Fischhausen-Neuhaus, 810 m (Parkplatz am Bahnhof)

CHARAKTER Einfache Bergwanderung, aber nur für trittsichere Wanderer. Bezeichneter Steig. Kinder sollten am letzten Stück des Anstiegsgrates und beim Übergang zum Wintergipfel keine Gaudi machen, sondern am Weg bleiben! Reizende Vorgebirgstour mit hübscher Aussicht, trotz Spitzingseewirbel relativ wenig besucht. Aufstiegszeit: 2½ Std. – Abstieg über Spitzingsattel bis Bus Josefstal, gute 2 Std. – Abstieg Gipfel–Kühzaglweg ebenfalls etwa 2 Std. (Geheimtip! Ab Spitzingsattel [Parkplatz] Richtung Norden den verfallenen Steig durch die riesigen Sandreißen der Brecherspitz-Ostflanke queren, dann zickzack steil zum Grat hinauf! Einsam, ganz pfundig!) Beste Zeit: Anfang Juni bis Ende Oktober!

FÜHRER/KARTEN Ein Führer ist kaum nötig. Die netteste Karte ist die Topogr. Karte 1:50 000 Bl. L 8336 (bunt).

BILD Blick in das verlassene Nordkar der Brecherspitze hinterm Schliersee. Aus dem Kar steigt man meist am linken Nordkamm zum Gipfel, um dann am Westgrat nach rechts zum Freudenreichsattel abzusteigen. Im Kar die kleine Ankelalm. Im Hintergrund der Guffert.

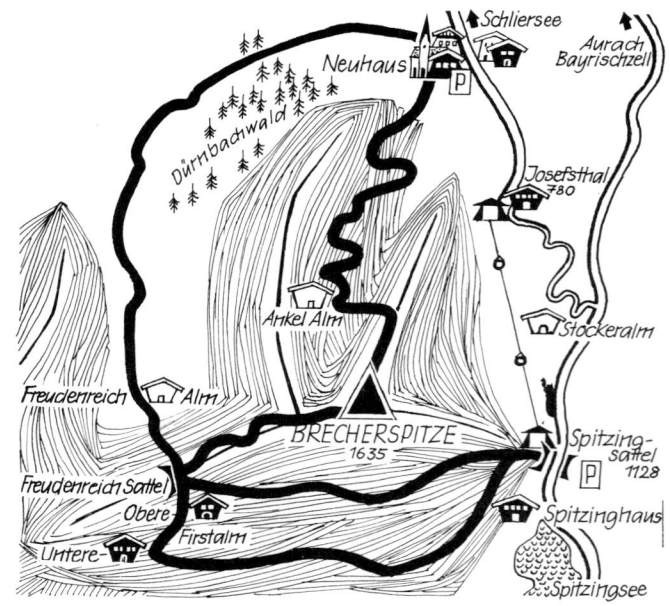

18 Jägerkamp und Aiplspitze

Drei stille Wege über Aurach und Leitzach

Die Autoschlange, die jedes Wochenende zum Spitzingsee zieht, nimmt vom Jägerkamp keine Notiz. Aber auch die Fußgänger von ehedem hielten es schon so. Jägerkamp und Aiplspitze liegen halt abseits, erscheinen vom Tal her als stumpfe, latschenumgürtete – also uninteressante Vorgebirgskegel . . . Ich versichere Ihnen, man kann hier auf die gemütlichste und die bekömmlichste Weise den Kolumbus spielen und sich eine neue Welt der Stille entdecken, – um allerlei Ballast aus dem Treiben unserer Stadt-Welt abzuladen. Weg 1: Man schleiche genau dort, wo in Josefstal die alte Spitzingstraße beginnt, geradeaus den Wiesenweg weiter in die Schlucht mit dem Wasserfall, steige dann links auf guten Spuren bergan bis dorthin, wo die alte Straße in die neue Asphaltprachtstraße einmündet; 100 m bergauf deutet links ein Schild auf den Steig zur Jägerbauernalm und zum Jägerkamp; ein Waldsteig entzieht uns dem Autolärm, und Waldkühle begleitet uns bis in den köstlich stillen Kessel der etwa 1660 m hoch gelegenen Jägerbauernalm, von wo man rechts und links über den freien Grat zum Jägerkampgipfel auf 1746 m strebt: macht ab Josefstal 2½–3 Std. Jetzt bummelt man gemütlich den Hochgrat (Bild) zur Benzingspitze und gleich weiter zur Aiplspitze hinüber, einer kantigen, steilen Felspyramide aus Plattenkalkbänken (1758 m hoch), deren Nordgrat mit etwas Vorsicht begangen werden muß. Hier oben zählt man völlig ungestört die vielen Gipfel seiner Münchner Bergheimat ab, auch wenn zum Ärger der alpinen Geschäftsleute kein Viertausender darunter ist . . . 2. Jedermann hat von der Wurzhütte am Spitzingsee aus schon die »Wilden Fräulein« unterm Südkamm des Jägerkamp bewundert; über sie führt kein Steig, aber gehen Sie einmal den Rotwandweg bis zur Winterstube und links weiter zur Schönfeldalm hinauf, und steigen Sie dann weglos und steil zu eben diesen unzarten Damen hinauf – es sind ganz gewöhnliche Felsschrofen, die steile Rückseite von Latschenbesen behangen – und suchen Sie dann selber Ihren Weg zwischen engen Latschengassen, immer am höchsten Kamm bleibend, bis zum Jägerkampgipfel hinauf: 3–4 Std., etwas anstrengender, aber alles andere als langweilige alpine Landstreicherei! – Auch von hier steigt man niemals am Anstiegswege ab, sondern bummelt über Benzingspitze, Schnittlauchmoosalm und Tanzeck zur Aiplspitze, die den schönsten Ausblick bietet. – 3. Der einsamste aller Anstiege führt über fast 1000 Höhenmeter, also in 3–4 Stunden, von Hammer bzw. Aurach durch das Aurachtal (Bild) zur Benzingalm, von wo aus man nach rechts hinauf zum Nordgrat des Jägerkamp steigt, oder besser nach links in Serpentinen zum steilen Nordgrat der Aiplspitz. – 4. Der Weg von Geitau durch den Aiplgraben und über die Geitauer-Alm dürfte ebenfalls kaum begangen sein. – Wo man nun auch absteigt, – wer dabei Aurach im Leitzachtal streift, der schaue sich nebenan in Hagberg den alten Jodlbauernhof an, seit 1453 im Besitz der Familie Hagnberger, den schönsten altbemalten Hof im ganzen Leitzachtal, mit einer originellen Darstellung des Sündenfalls: Eva reicht Adam den Apfel ums Hauseck herum! Nicht schlecht, verehrte Leserinnen: auch wenn der gute Adam keine andere Wahl hatte . . .

TALORTE Josefstal bei Neuhaus, 814 m. – Hammer (Aurach) bei Fischbachau, 773 m. – Spitzingsee, 1080 m. Die Seilbahn zum Taubensteinsattel ist für »die anderen« da! – Geitau, 775 m.

CHARAKTER Einfache Bergwanderung am Jägerkamp, lediglich an den Gipfelgraten der Aiplspitze sind Trittsicherheit und alpine Vorsicht wichtig. Alle Anstiege werden wenig begangen. Die Aussicht von beiden Gipfeln entspricht ihrer Position inmitten der Schlierseer Voralpenberge: immerhin sieht man vom Kaisergebirge bis zur Zugspitze. Durchschnittliche Aufstiegsdauer 3–4 Std. Beste Zeit früher Sommer und Herbst. Ausrüstung A!

FÜHRER/KARTEN Trautwein Teil V (Ausflüge). – Topogr. Karte Blatt L 8336 Miesbach. Evtl. FB-Wanderkarte Blatt 31.

BILD Nach dem kurzen Abstieg vom Jägerkamp gelangen wir vor diese 1758 m hohe Aiplspitze, deren Gipfel mühelos – wenn auch mit etwas Vorsicht – zu erreichen ist. Er liegt abseits der vielbegangenen Rotwandwege, stürzt nordwärts in einem Zuge 1000 Höhenmeter bis zur jungen Leitzach ab und vermittelt dergestalt legitimes Gipfelglück.

19 Die Ruchenköpfe

Münchner Klettergarten überm Soinsee

Was der Salève für die Genfer und Les Gaillands für die Kletterbuben von Chamonix, das sind für die Münchner Bergsteiger-Aspiranten die Ruchenköpfe. Darin steckt eine kleine Übertreibung, natürlich, aber wer wie ich mit 14 Jahren als erste Klettertour den Westgrat der Ruchenköpfe machte und gleich nach dem Abstieg auch noch den berüchtigten Dülferriß durch die glatte Südwand, barfuß beides und ohne Seil, und wer dann 40 Jahre lang immer wieder kam, erst mit allerlei verehrten Jungfrauen, dann mit der eigenen Frau, und wer schließlich ein Kind nach dem anderen, kaum daß es acht Jahre alt war, ans Seil band und gleich selber das Herzklopfen des Kindes spürte, wenn es durchs Fensterl und über den Weiberschreck ging – beim heiligen Bernhard, das muß verziehen werden . . . Die Ruchenköpfe, 1805 m hoch, sind ein blitzweißer Kalkkamm von Westen her, an ihrer Hinterseite aber ganz gschamig mit Latschen bewachsen; sie stehen beherrschend in der vom wamperten Miesing, von der grünen Rotwand und vom schnurgeraden Auerspitzkamm gebildeten Hochmulde am Soinsee. Den Brotzeitfelsen am Einstieg erreicht man in 20 Min. vom Rotwandhaus, in 80 Min. vom Taubensteinhaus. Für den Kletterer bestehen die Ruchenköpfe nur aus einem Westgrat, einer Westwand und einer Südwand. Das andere zählt nicht. Die klassische Münchner Erstlingstour dort ist der Westgrat, »mäßig schwierig« (II) nach der Alpenskala – »ganz reizend, obere Grenze« nach meiner Familienskala. Mit einem gelenkigen Achtjährigen am Seil braucht man bis zum Gipfel eine knappe Stunde, mit einem Vierzehnjährigen nur noch 25 Minuten. Die Stationen am Westgrat haben in den Münchner Vorstädten Weltruf: die 12 m hohe Einstiegsverschneidung, wo man das Spreizen lernt, der vielzackige, vielschartige spitze Grat, wo man »Luft« lernt und aufrechtes sicheres Gehen, es folgt die schöne große Platte nach dem Spalt zum Grat zurück mit Griffen wie »Potschamberl« so groß, und dann der enge Kamin mit den Klemmblöcken, wo einer das Stemmen und das Kopfanhauen lernt; gleich darnach folgt das berüchtigte Fensterl, ein schräger Kamin mit spiegelglatten Wänden, in dem man das Schliefen, das Fluchen und die letzte Hilfe in der Not lernt . . . und dann die beiden hübschesten Stellen – das griffige, aber steile 10-Meter-Wandl zur ausgesetzten Kante und die fünf Schritte über den Weiberschreck (70 m senkrecht überm Kar, jetzt mit kurzem Drahtseil gesichert). Über diesen Weiberschreck habe ich auch schon seriöse Kaufleute und Preußen geführt und allerlei über Contenance erfahren . . . Aber mit keinem von denen bin ich den Dülferriß (III+) gegangen, dessen erste grifflose Meter bis zum Haken arg schwer sind. Nach 10 m folgt ein aus der senkrechten Wand wachsender Felsknopf, dann wird's leichter. Diese Südwand hat noch zwei besonders schöne Führen: Münchner Riß (III+) und Neuer Südwandweg (IV–), da muß man einen »Guten« vor sich am Seil haben. Nach dem Kletterführer gibt es noch die Nordwestkante (III, sehr luftig), die Westverschneidung (VI–), den Hausmann-Pfeiler (VI), den alten beliebten Bayerländerriß (V) und als neue Modetour die direkte Westwand (VI), in der es oft von Hakenbündeln schebbert: Eine Art Selbstmord-Idylle!

TALORT Spitzingsee-Wurzhütte, 1083 m. – Für »Kranke« wartet hier die Seilbahn zum Taubensteinsattel! – Oder Geitau, 777 m. Ab Spitzingsee 2 Std., ab Geitau 2½ Std. zum Einstieg. –

CHARAKTER Leichte bis äußerst schwierige Klettertour, nur für erfahrene Kletterer am Seil. Der Westgrat kann auch von wenig erfahrenen, aber zumindest trittsicheren und schwindelfreien Bergfreunden gemacht werden, wenn sie gutgesichert am Seil geführt werden. Fels stark abgegriffen. An der exponiertesten Stelle, dem »Weiberschreck«, sichert ein fest fixiertes Drahtseil von 3 m Länge. Kletterausrüstung C!

FÜHRER/KARTEN Es genügt der gute Kletterführer Bayerische Voralpen, Zebhauser (Rother), und die FB-Wanderkarte, Bl. 31.

BILD Die mit Latschen dekorierte Südflanke der Ruchenköpfe mit dem »Brotzeitfelsen« rechts unten. Die hübsche Einstiegsverschneidung befindet sich rechts der senkrechten Kante des Ersten Turmes (ganz links im Bild). Unterhalb des Gipfels erkennt der Erfahrene die berühmten Schlüsselstellen von »Kamin«, »Fensterl« und »Weiberschreck«. Ganz rechts in der steilen Hauptwand der »Dülferriß«.

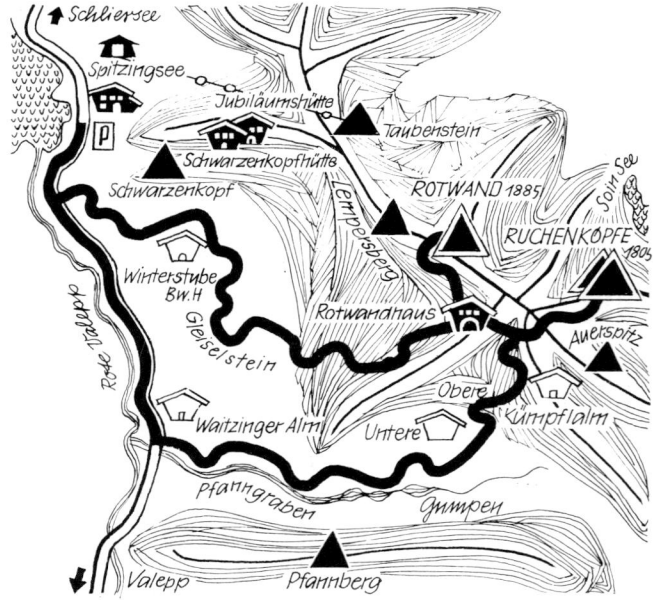

20 Auf die Rotwand

Klassischer Münchner Hausberg über der Valepp

1 Tag   Anfahrt 72 km   Kinder ab 12 J.   Bergwanderung

Welche Münchner Familie kennt die Rotwand nicht! Den vielgeliebten Allerweltsberg über Großtiefental und Kleintiefental, der anstrengend in 3 Std. von Geitau und um vieles bequemer vom Spitzingsee in 2½ Std. erreicht wird – eine nicht sehr auffallende, gar nicht charakteristische Reihung kleiner übergrünter Kuppen, rot anzusehen, wie es heißt, was aber ich – ein Farbenblinder – niemals genossen habe. Ich war öfter als hundertmal dort oben, als Bummler, Kletteraspirant, Skifahrer, ja selbst als Maler. Es gibt Dutzende von Möglichkeiten, auf die Rotwand zu gelangen, was zunächst immer heißt: zum Rotwandhaus, 1760 m, unter dem Rotwandgipfel, 1885 m. Als klassisch darf in der Tat der »Rotwandweg« von der Wurzhütte über Winterstube, Gleiselstein und Wildfeldalm gelten: wenn sich nach 15 Minuten rechts das Schinderkar öffnet, und wenig später der doppelgipfelige und kalkweiße Guffert über das Schindertor lugt, und wenn bei der großen Linkswendung an den kleinen Felstürmchen am Eck des Gleiselsteingehänges plötzlich das Hintere Sonnwendjoch wie eine dunkelgrüne Mauer vor dem Jenseits auftaucht, lichtumgossen oben in der felsigen Gratzone, von Urwäldern gesäumt in der breiten Sockeltiefe . . . Schön ist es, unter der Wildfeldalm den letzten Waldgürtel zu passieren und über der Alm, dicht unterm Kirchstein, den grünen Vorbau, der plötzlich den Blick aufs nahe Rotwandhaus freigibt . . . Ich ging auch den einsamen Weg von Geitau-Mieseben durchs Krottental und Kleintiefental, 3½ Std. steigend, und vom Miesingsattel auf exponiertem Steiglein den Nordgrat direkt zum Gipfel (wo erst auf den letzten Metern sichtbar wird, was man am Rotwandweg schon Stunden sieht); ich bin vom Jägerkamp über Aiplspitz, Taubenstein, Lempersberg und Kirchstein zur Rotwand gestrolcht; bin weglos oberhalb der Winterstube zum versteckten Wasserfall unter der Wallenburger Alm und drüber hinaus gestiegen, und bin fast immer vom Rotwandhaus über Kümpfelscharte und Kümpfelalm südwärts hinab in die Parklandschaft des oberen Pfanngrabens abgestiegen und dann in seine Klammen und Gumpen und Griesbecken. Welch eine Erinnerung! Hier hat sich mir der stärkste Begriff von Romantik gebildet, Adalbert Stifter und Gottfried Keller sahen mir aus olympischen Gefilden zu . . . – Wer den Rotwandweg gekommen ist, sollte nach dem Gipfelbesuch (Ausblick bis zum Großvenediger, siehe das Bild von Tour 21!) auch einmal über den Kirchstein absteigen, also vom Haus oder vom Gipfel westwärts unter den kleineren Gipfeln dahin, zu dem kleinen Felskopf des Kirchstein auf dem Sporn über der Wallenburger Alm, sollte dann den Lempersberg quer überschreiten bis zum Taubenstein, und jenseits Oberen und anschließend Unteren Lochgraben abwandern. – Wer südwärts zum Pfanngraben absteigt, kommt an der Valepper Straße bei der Waitzinger Alm heraus und muß 45 Minuten zum Spitzing hinauf laufen! – Ein einst viel begangener Abstieg führt vom Rotwandhaus ins Großtiefental und zum Soinsee – landschaftlich fast die stärksten Eindrücke bietend: die Ruchenköpfe als wilde Felsenkulisse über dem See! – worauf man steil über die Schellenbergalm nach Geitau wandert.

TALORTE Fischhausen-Neuhaus, 810 m. – Spitzingsee-Wurzhütte, 1085 m (Parkplatz). – Geitau, 800 m.

CHARAKTER Einfache Vorgebirgswanderung, die nur auf Varianten des Normalweges eine gewisse Trittsicherheit erfordert. Besonders reizvoll im späten Herbst! Oft mit dem Besuch der Ruchenköpfe verbunden (20 Min. ab Rotwandhaus zum Einstieg). Normalaufstiegszeit ab Spitzing 3 Std. bis 4 Std., Normalabstiegszeit 2½ bis 3 Std. Gut bewirtschaftetes AV-Haus. Ausrüstung A!

FÜHRER/KARTEN Topogr. Karte 1:50 000 Blatt L 8336 Miesbach. Oder FB-Wanderkarte, Blatt 31 Schlierseer Berge und Rofangebirge.

BILD Das Luftbild zeigt im Vordergrund das Großtiefental mit dem Weg von Geitau zum Rotwandhaus (Bildmitte oben). Rechts zieht der Gipfelgrat zum höchsten Punkt, 1885 m. Im Hintergrund links der Schinder, rechts davon, höher, der Schildenstein; am Horizont das komplette Karwendelgebirge. Ganz links am Bildrand die Ruchenköpfe.

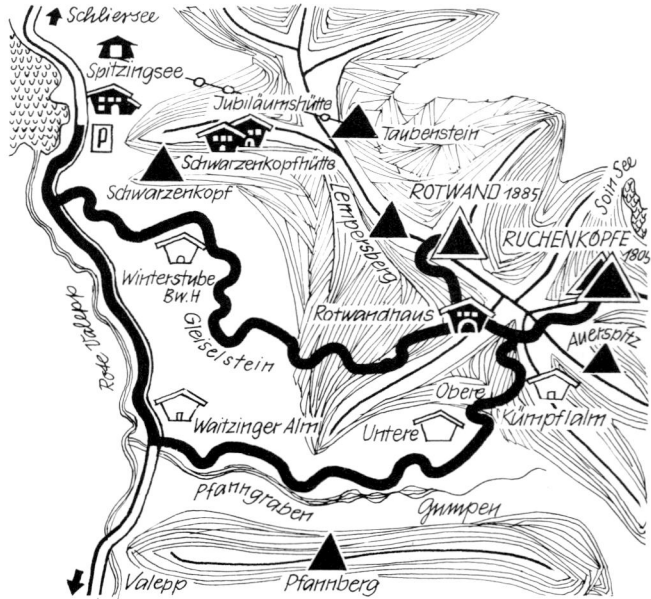

21 Das Hintere Sonnwendjoch

Fünf Bergwege am Rande der Urwelt

Es ist längst aus der Mode gekommen unter den Münchner Bergfreunden und es wird weiter aus der Mode kommen, je mehr sich die Versuchungen durch Bergbahnen häufen. Nichtsdestoweniger wird sein Anblick vom Rotwandhaus her jedem richtigen Bergsteiger einen Stich versetzen: falls er noch nie droben war. Denn dieses Hintere Sonnwendjoch steht wie eine zyklopische Mauer endlos breit und unangreifbar im Süden der Schlierseer Vorberge, und die Verlockung, seinen langen Felsgrat zu begehen, ist groß. Von den fünf interessanten Anstiegen erst den leichtesten: dort, wo 1964 die große Mure ins Dorf Landl einbrach, dicht an der Alten Wacht, geht ein Forststraßerl (Kfz. bezahlen eine Mautgebühr) schön brav zwischen Sonnwendjoch und Veitsberg westlich hinauf bis zur Ackern-Alm auf 1331 m, von wo aus man nur noch knapp 2 Std. (allerdings in der warmen Südflanke) zum 1988 m hohen, verblüffend aussichtsreichen Gipfel hat. Liebesleuten und Mönchsnaturen sei empfohlen, von der Ackern-Alm aus nicht das »zuständige« Hintere Sonnwendjoch zu besteigen, sondern sich südwärts an den nahen Kamm Veitsberg—Thalerjoch—Schmaleckerjoch (durchschnittlich 1770 m hoch) zu halten und sich dort in der Ewigkeit zu verlaufen: sie bleiben garantiert ungestört. – Nun aber zu den anständigen alten Wegen aufs Hintere Sonnwendjoch: 1. Vom Valepper Forsthaus aus, bei dem das Zurückkommen so angenehm verläuft, steigt man gleich hinter der nahen Grenze, im Enzengraben drinnen, links steil in vielen Kehren zum Bärenjoch hinauf, umgeht den höchsten Punkt westlich, passiert Bärenbad- und Steinkaser-Alm und steigt erst vor der letzteren links den Südrücken zum Gipfel hinauf (3½–4½ Std.). 2. Von der Erzherzog-Johann-Klause her (die mit 706 m noch tiefer liegt als das Valepper Forsthaus, 824 m) ist das Hintere Sonnwendjoch angenehm durch den Marchgraben zu besteigen, durch den man zur Ackern-Alm gerät (4 Std. zum Gipfel). 3. Der interessanteste Aufstieg geht aber vom Zipfelwirt (hinter Bayrischzell und vor der Grenze) aus durch die einsame Kloaschau und über die Hintere Tor-Alm, 1200 m, zum Wildenkarjoch (Bild, links), 1620 m, und weiter zum Gipfel (4–5 Std.): dieser Weg dürfte auch der schönste Abstiegsweg sein. 4. Ein anderer sehr schöner Aufstieg führt vom Wirtshaus Ursprung (gleich hinter der Grenze) rechts hinauf über die Verwalter-Alm, 1159 m, die Schönfeld-Alm, 1570 m, und die Wildenkar-Alm, 1600 m, zum Gipfel (gleiche Zeit wie 3.). 5. Es gibt noch einen Geheimweg aufs Hintere Sonnwendjoch, gleich nach dem letzten Kriege zu Schmuggel- und Besuchszwecken eröffnet: da dürfen aber nur sehr trittsichere und schwindelfreie Bergsteiger hinauf! Man geht den Forstweg zum Zipflwirt nach Westen in die Kloaschau immer weiter und kommt so an die Grund-Alm, 1011 m, buchstäblich an ein Ende der Welt, ein schönes und erhabenes nebenbei; dort steigt man weglos dem letzten Bach nach und hält sich an die Steigspuren, die durch Latschen und über Sandreißen dem schrofigen Riesensporn zustreben, der vom Gipfelgrat nordwärts absinkt. Hier gilt es trittsicher auf teils grasigen, teils felsigen, vielfach brüchigen Schrofen einen Durchschlupf zu finden, – ein unmarkierter »Weg«, mehr eine »Spur«.

TALORTE Landl, 687 m. – Wirtshaus Ursprung, 837 m. – Zipflwirt, 833 m. – Forsthaus Valepp, 824 m. – Erzherzog-Johann-Klause, 706 m.

CHARAKTER Einfache Bergwanderung für trittsichere Bergwanderer, etwas anstrengend (wenn man nicht die Kfz-Auffahrt zur Ackern-Alm benützt). – Exponiert und etwas heikel ist die als 5. Weg aufgeführte Route über den schrofigen steilen Nordwandsporn, sie kann nur von sehr erfahrenen Bergsteigern begangen werden. Der Gipfel ist ungewöhnlich aussichtsreich und erstaunlich wenig besucht. Die Hohen Tauern und die Zillertaler Eisriesen dominieren vor dem nahen Wilden Kaiser (den man »im Seitenprofil« sieht) und dem Rofanstock, der alle Geheimnisse seiner herrlich einsamen Nordflanke preisgibt. – Beste Zeit für die empfohlenen Wanderungen: September/Oktober. Ausrüstung A!

HINWEIS 1. Der riesige und markante Gipfelgrat kann meist nur in seiner Südflanke begangen werden. – 2. Wegen des sehr brüchigen Gesteins sei von Einstiegen in die Nordwand (trotz Latschenbewuchs) dringend abzuraten!

FÜHRER/KARTEN Iro-Führer Nr. 603a mit nicht sehr guter Karte. – FB-Wanderkarte, Bl. 31 sehr gut. – Topogr. Karte L 8336 Miesbach.

Ausblick vom Rotwandhaus bei Schliersee gegen Süden auf den östlichen Teil der riesigen Schrofenmauer des Hinteren Sonnwendjoches, 1988 m, mit dem Krenspitz, 1972 m (rechts oben) und dem Wildenkarsattel, 1620 m. In der Taltiefe unter dem Krenspitz die aus der Kloaschau zu erreichende Hintere Tor-Alm, etwa 1200 m. Am Horizont Klein- und Großvenediger sowie Großer Geiger. Das Hintere Sonnwendjoch mit seiner düsteren Riesenmauer im Norden zeigt gegen Süden eine gar nicht sehr steile Grasflanke; die Gipfel werden auch nur über diese Flanke erstiegen.

22 Steinernes Tor und Kotalpenjoch

Paradiese im Rofangebirge

Leider werden auch Faulenzer in den Genuß dieser köstlich einsamen, höchstens von Sennen und Jägern begangenen Berglandschaft kommen – denn mein Hochkessel ist mittels Bergbahn über Erfurter Hütte, Dalfazer Hochleger und Steinernes Tor in nur 2 Gehstunden leicht, zu leicht erreichbar! Drei Stunden Steigmühe ist ja erst die Grenze, bei der die Faulenzer ausscheiden. Dieser Hochkessel aber wäre einen 4stündigen Aufstieg wert . . . Ich fahre mit den Kindern stets ab Maurach zur Erfurter Hütte, sage den Vielzuvielen vernehmlich »Habe-die-Ehre« und schlage mich mit meinem kleinen Gefolge nordwärts in die Büsche, pirsche durch lustiges Schrofengelände unter letzten Lärchen und Fichten erst westwärts, um den Dalfazer Kamm herum, und dann nordwärts leicht fallend durch sich öffnendes Almgelände zum Dalfazer Hochleger, 1690 m: letzte Gelegenheit zu einer feuchten Brotzeit! Bis hierher konnte man Nachfolger sehen, die jetzt den Abstieg zum Achensee-Ufer bei Buchau antreten. Wir aber steigen nach dem Verlust von 150 Höhenmetern über »s'kalte Wasser« nordostwärts über die Baumgrenze hinaus in eine breite und trockene steinerne Mulde mit nur noch geringer Vegetation, um auf Höhe 1974 m das »Steinerne Tor« zu durchschreiten, nach der Karte recht simpel Kotalpensattel geheißen. Hier, in einer wahren Walkürenlandschaft, einsam unter Felstürmen und langgezogenen Graten, macht man die erste große Schaurast, flegelt sich auf den allerletzten Almrasenbuckel, und schaut nordwärts hinaus auf Vorkarwendler und Tegernseer Gebirg, und südwärts übers Inntal hinweg zu den Tüxer und Zillertaler Gletscherriesen. Der schöne Tiefblick in den Kotalmkessel darf uns noch keinesfalls zum vorzeitigen Abstieg verlocken; erst geht es nun rechts unterm Stuhlpöcklkopf entlang und hinauf zum Kotalpenjoch auf 2110 m zur zweiten großen Rast: man macht es sich gemütlich, wer Durst hat, labt sich am Tiefblick zur rauschenden Schmalzklause, tief, tief unten an der Steinberger Grund-Ache, – wer höher strebt, schaut sich an der Rofan-Festung satt, deren gewaltige Nordwände sauber aufgereiht vor uns stehen . . . Das östliche Karwendelgebirge »blattelt« sich auf, man schaut in jede Talfalte, begreift nie genau erfaßte Zusammenhänge, sieht alte Bekannte aus neuer Perspektive, und kann nebenbei die Zeit singen hören: so staad ist es da droben, weil's wahr ist! . . . Und jetzt erst geht es gemütlich zurück in Richtung »Steinernes Tor«. Was nun kommt, dieser Hochkessel um die Almen mit dem unverblümten Namen unter der hohen Felsgalerie der Klobenjochwände (im Bild oben) – das ist ein Gang durchs Paradies. Noch ist er es! Nachdem man Hochleger und Mittelleger passiert hat, geht es in den Bergwald hinab, ein gutes Steigerl führt nord-, dann scharf westwärts zum Grünboden des Niederlegers – und da hört man sie schon singen, und kurz bevor man unter einem Wasserfall auf den grünen Hang über dem Achensee-Ufer kommt, da tönt er laut und abscheulich herauf: der Triumphgesang der tausend Autos, die Nationalhymne unserer neuen traurigen Welt! Man kann natürlich auch vom »Steinernen Tor« über den Dalfazer Hochleger zur Erfurter Hütte absteigen, um dann westwärts zu seinem Automobil abzusteigen.

TALORTE Maurach am Achensee-Südende, 850 m (Bergbahn zur Erfurter-Hütte AV, 1834 m). Ganz früh kommen, sonst lange Wartezeiten! Seehof am Achensee (Hotel), 924 m.

CHARAKTER Ungewöhnlich einsame und stille Bergwanderung hoch überm Achensee-Ufer, gegenüber von Pertisau und Karwendelgebirge. Aufstieg ab Erfurter-Hütte zum Gipfel knapp 3 Std., Abstieg zum Seehof 2–3 Std. – Aufstieg ab Seehof bis Kotalpenjoch bei fast 1200 m Höhendifferenz gute 3–5 Std. – Beste Zeit: Nicht vor Mitte Juni, bis Ende Oktober. Ausrüstung A!

FÜHRER/KARTEN Röder: Rofangebirge (Rother). – AV-Karte Karwendel, Östl. Blatt 1:25 000. – Evtl. FB-Wanderkarte Blatt 32.

BILD Blick in den einsamen Hochkessel der Kotalm unterm Kotalpenjoch (links oben), einem feinen stillen Abstiegsweg von den Rofanwänden hinab nach Buchau am Achensee-Ufer. Das Kotalpenjoch, 2110 m, erreichen wir vom Süden her: von der Erfurter Hütte. Im Hintergrunde der ganze Zillertaler Hochalpenkamm, dazwischen die unsichtbare Inntaltiefe.

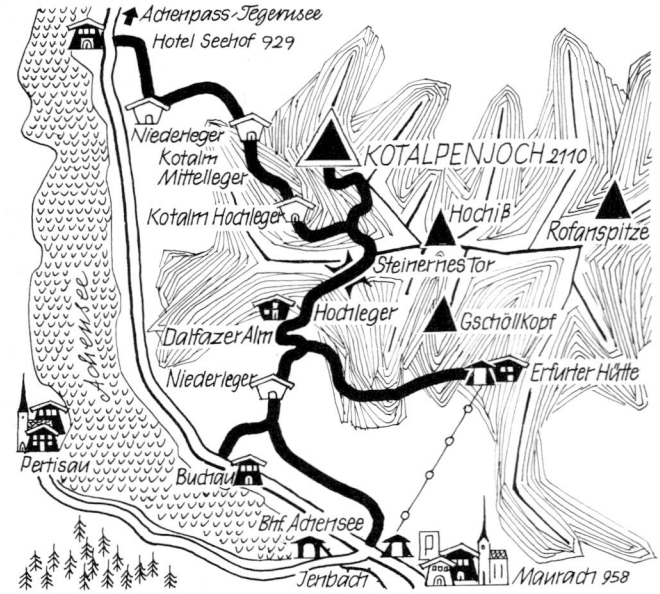

23 Der Guffert

Mit 2196 Meter Beherrscher der Münchner Vorberge

2 Tage   Anfahrt 65 km   Mit Kindern ab 14 J.   Bergtour

Welcher Münchner kennt ihn nicht? Von überall her ist er zu sehen, von allen Vorbergen zwischen Hochries und Herzogstand erkennt man ihn, die stumpfe hohe Kalksäule von Westen, die breite, kräftig emporstrebende Kalkmauer von Norden, von Osten aber den doppelgipfeligen Dolomitenturm hoch über allem grünen Vorberggemugel. Die dunklen Mauern des Rofangebirges überm Ampmoosboden stellen ihm einen stattlichen Hintergrund, aber wer ihm erst ganz nahekommt, gewahrt, daß der stolze Guffert einsam einem riesigen Revier von Bergforsten entragt. Er liegt abgeschieden, war lange Zeit nur ein Ziel der Außenseiter. Ich selber habe ihn auf dem schönsten, aber auch dem längsten Wege mehrmals erstiegen: ich rannte vom Spitzingsee in die Erzherzog-Johann-Klause, stieg von dort durch steilen Urwald zur Ragstatt-Alm, biwakierte dort ohne Biwaksack und wanderte anderntags zum Nordwandfuß und durch den Felsensteig zum Gipfel (Gesamtgehzeit ab Spitzing 7–8½ Std.). Seitdem das kleine Rofandörferl Steinberg, 1015 m, durch die Forststraße vom Achental her erschlossen ist, gehen viele Münchner über den Südwandsteig zum Gipfel: 3–4 Std. in der steilen, heißen Sonnenflanke zwischen Wald, Latschenbesen und Alpenrosen – kein schöner Anstieg, wäre nicht der prachtvolle Rückblick zum nahen Rofan (und die wohlversteckte Schmidt-Quelle unterm Gipfelkamm). Wer 2 Tage Zeit hat, sollte diesen Weg gehen: vom Weißachufer hinter Bad Kreuth über Sieben Hütten und Wolfsschlucht zu den Blauberg-Almen und gleich weiter zur Guffert-Hütte, 1475 m, der AV-Sektion München (gute 3½–4 Std.) – oder von Bad Kreuth durch die Langenau bis zum Steinernen Kreuz, 883 m, steil zur Bayrbach-Alm, 1211 m, und über den Lahngarten am Halserspitz-Ostkamm zur Guffert-Hütte: auf beiden Anstiegen wird man zum Erzromantiker bekehrt, die Guffert-Hütte, nach einem Brande neu erbaut, dürfte selten überlaufen sein, jedenfalls lebt man hier in einem stillen Quartier und steigt am anderen Tag frohgemut über Anger-Alm und Iß-Alm, 1489 m, zum Nordwandfuß; dort beginnt der Steig durch die schrofige Steilwand, der ist teilweise mit Drahtseilen gesichert, ansonsten ungefährlich für den trittsicheren Begeher. Am östlichen Gipfelkamm steigt man dann gegen Westen wie in einem Festzuge zum Hauptgipfel an, denn hoch, unwahrscheinlich hoch geht man über Vorbergen und ungeheuren Waldsenken dahin ... Die Aussicht von Guffert ist von der FB-Wanderkarte abzulesen: das Rofan spielt eine glanzvolle Hauptrolle, das Karwendel zeigt sich von völlig neuer Seite, die Zentralalpen sind nahegerückt. – Gesamtgehzeit ab Guffert-Hütte etwa 4–4½ Std.! Abstieg zur Guffert-Hütte 2¼ Std. Weiterer Abstieg Guffert-Hütte–Bad Kreuth (über Schildensteinsattel–Königsalm, ODER über Bayrbach-Alm-Langenau) jeweils etwa 3–3½ Std. Wer nicht vom Wagen abhängig ist, sondern vom Bus und seinen Wanderbeinen, der steige einmal von der Erzherzog-Johann-Klause über Ragstatt-Joch und Iß-Alm zum Gipfel, gehe absteigend nur zur Iß-Alm unter der Nordwand und wende sich scharf nach rechts in den Weißachgraben, durch den ein kleiner Steig zum Kaiserhaus unter der Kaiser-Klamm führt – zu einer herrlichen Rast!

TALORT Bad Kreuth (Weißachbrücke 1 km südlich), 828 m. – (Oder VOR Bad Kreuth links in die Langenau). – Steinberg am Rofan, 1015 m (Zufahrt auf Forststraße von Achental, 896 m) – Oder Erzherzog-Johann-Klause, 789 m (1½ Std. ab Forsthaus Valepp).

CHARAKTER Bergtour ohne Schwierigkeiten, aber nur für trittsichere Wanderer! Sehr schön, doch sehr lang! Am schönsten, wenn man meinem 2-Tage-Vorschlag folgt und über Wolfsschlucht oder Bayrbach-Alm zur Guffert-Hütte geht und von dort weiter. Die 1-Tag-Tour ab und nach Steinberg ist ein »Schlauch«, zumal an warmen Tagen. Sehr bedeutende Aussicht. Auch weitere Umgebung nicht überlaufen. Beste Zeit: Juli bis Ende September (Hütten-Schluß bei der Sektion erfragen!), besonders schön im Oktober! Ausrüstung A!

FÜHRER/KARTEN Rofangebirge (Röder/Rother) mit Wander- und Kletterrouten. – FB-Wanderkarte, Blatt 31, Schlierseer Berge.

BILD Der Guffert beherrscht zwischen Tegernseer Vorgebirg und Achenseefurche die bayerischen Voralpen. Wir sehen ihn hier, markant als gewaltiges Hufeisen aus Kalkgestein, von Nordwesten. Im rechten unteren Bildteil sehen wir Wegspuren und deren Serpentinen; sie ziehen noch vor den Gipfelsockeln scharf nach links in die Schrofen des Guffertstein-Rückens hinauf, über den man dann leicht den Gipfel erreicht.

24 Ampmoosboden und Rofanspitze

Von Steinberg über die Schmalzklause ins Rofan

Wenn ich zum Sagzahn will, nehme ich die Gondel zur Erfurter Hütte. Will ich aber auf die Rofanspitze, dann setze ich mich auf der Achenpaßstraße nach links ab und fahre die kleine Forststraße nach Steinberg hinauf auf 1016 m Höhe, direkt an den Sockel des Guffert. Und dann marschiere ich die stille Forststraße über der Grund-Ache dahin, nur sanft ansteigend, zur Schmalzklause, 1176 m, – hier bin ich längst allein, also guter Dinge. Von der Schmalzklause geht es jenseits des Baches erst flach, dann steil bergan, und zwar streng südlich hinauf ins Eselkar und in den Ampmoosboden, 1785 m: ich bin seit Steinberg gute 3 Std. gelaufen und stehe nun direkt unter den senkrechten Nordwänden des Rofangebirges in einem sanften grünen Anger, rechts und links eine begrünte Rippe, geborgen, gemieden. »Die Sonne streift die senkrechten Mauern mit feurigen Bahnen: scharfe Rippen, Pfeiler und Schneiden trennen überall Licht und Schatten, hier blüht helles Gewänd, dort dunkeln kühlblaue Nachtschatten, ein mächtiges, uneinnehmbares Bollwerk mit breiten Türmen und tiefpflügenden Scharten überragt eine Kette von steilen gelbgrauen Sandreißen«, so schrieb ich es einmal auf vor 30 Jahren, und so kann man es immer wieder antreffen. Die Almen, verkümmert, eingefallen, eingesunken, stehen unter und zwischen abgestürztem Blockwerk, aber mir haben sie einmal Schutz geboten. Hier suche man einen Biwakplatz und prüfe, wieweit man noch Kind dieser Erde ist, – wenn es nächtens raschelt und rumpelt, oder Donner und Regen übers Gebirge jagen. Oder man gehe ostwärts unter den Wänden hin zum Markgatterl und drüben zum Zireinersee hinab, um dort zu biwakieren. Ein zweiter köstlicher Rastplatz im Rofan, ein Tummelplatz für gute Gedanken, falls man das große Schweigen erträgt . . . Vom Zireinersee steigt man über den Schafsteigsattel zur Rofanspitze auf, – vom Ampmoosboden kann der Mutige, Trittsichere und Schwindelfreie auch den verfallenen »Bettlersteig« nehmen, der direkt in die 2127 m hohe Scharte zwischen Roßkopf und Rofanspitze führt. Nichts für Kinder! . . . Später wird man über den Schafsteigsattel, 2173 m, und das Markgatterl, 1911 m, wieder absteigen: denn man muß am Ufer des Zireinersees gestanden haben, westwärts die Mauern der Rofanspitze über sich. Und man muß auch von der Rofanspitze, 2260 m hoch, südwärts das Zillertal ausgeforscht haben und darüber den Zentralalpenkamm, – und darunter das gewaltige Inntal, das »Rhônetal« Tirols, mit seinen vielen Dörfern und Flecken und Mittelgebirgen und Flußschlingen. (Der Walchenseemaler Lovis Corinth hat auch das Inntal so gemalt [Hanfstaengl-Postkarte], daß man es nur noch mit seinem Malerauge sehen kann . . .) Heimzu, nach Steinberg hinab, kann man über Ampmoosboden oder Angern-Almen und Schmalzklause laufen, das ist in jedem Falle schön, der weitaus kürzere Weg aber führt direkt vom Zireinersee nördlich über den Schauertalsattel zur wasserumrauschten Schauertal-Alm, 1336 m, und weiter über die Tanneck-Winterstube und den einsamen Enter-Hof nach Steinberg, bald nach dem Enter-Hof die Steinberger Ache in ihrer tiefen Furche überschreitend – und drüben wieder hinauf.

TALORT Steinberg am Guffert. 1016 m. Keine Unterkünfte unterwegs.

CHARAKTER Als 1-Tage-Tour recht anstrengende Bergwanderung mit mindestens 8 Std. Gehzeit einschließlich Abstieg bis Steinberg. Als 2-Tage-Tour ideal, man muß eben einfach biwakieren (kein Zelt mitschleppen! Nur leichten Biwaksack!) Die Ampmoosalmen sind verfallen, evtl. findet man auf den Angern-Almen, 1476 m (knapp 3 Std. von Steinberg) Heu. Ansonsten stille Bergwanderung in einzigartiger Felslandschaft! Bettlersteig-Anstieg bitte meiden!! Beste Zeit: Juli bis Oktober! Ausrüstung B! Nur gehtüchtige Kinder mitnehmen! Schlimmer Geheimtip: Faulenzer können die Paradiese um den Zireiner See auch mit dem neuen Rofanlift ab Kramsach am Inn erreichen!

FÜHRER/KARTEN Röder/Rofangebirge (Rother). – FB-Wanderkarte, Blatt 31. – Man lese vorher »Abenteuer im Rofan« in dem Buch »Mit glücklichen Augen« von Walter Pause.

FLUGBILD von Nordosten. Man sieht von links: den Schafsteigsattel und rechts darüber die Rofanspitze. Es folgen die Seekarspitze (unter ihr der besonnte Ampmoosboden) und das Hochiß mit dem anschließenden Dalfazerkamm. Rechts vorne der Übergang zur Schauertal-Alm am Abstiegsweg nach Steinberg.

25 Hochiß und Rotes Klamml

Über Achensee, Inntal und Ampmoosboden

Der Name Rofan kommt vom römischen »rovina« – Ruine, und wer einmal vom Amp-moosboden auf, oder vom Unnütz oder Guffert herübergeschaut hat, der begreift's: von Norden her eine Festung aus weißgrauem Kalkfels, breite Mauern und tiefe Scharten, darunter ein dreigeteiltes grünes Vorwerk und das abweisende Vorfeld ge-waltiger Sandreißen – darin zwei blinkende kleine Seeaugen die heitere Kehrseite dieser kriegerischen Situation verraten. Nach Süden entsendet das von Norden her so imposante Rofangebirge steiles grünes Gehänge, das vier kräftige Querbalken durch-schneiden: Dalfazer Kamm im Westen, Gschöllkopf, Heidachstellwand, Sagzahn-Sonnwendjoch im Osten. Dies ergibt fünf Hochmulden, jede rechts, links und im Rük-ken von Steilgewänd umschlossen und den Blick südwärts weisend, übers tiefe Inn-talbecken hinweg ins große Urgesteinsrevier der Zillertaler Alpen . . . Da kann man ewig liegen und schauen und das »Heil'ge Land Tirol« bedauern, das, einst so festge-fügt in alpenländischer Sitte, heute in einem Fegefeuer von Fremdenverkehrs-Getrie-be und Fuselgeschäften gesotten wird. Das Hochiß ist der höchste Gipfel des Rofan, 2299 m hoch, vom bayrischen Norden her eine fast ebenmäßige Felspyramide. Man geht von der Bergbahnstation neben der Erfurter Hütte, 1834 m, rechts am Gschöll-kopf vorbei, dann links vom Spieljoch ansteigend und unterm Südhang des Hochiß hindurch, am Ende dicht unterm felsigen Hauptkamm zwischen Streichkopf und Hochiß zum Gipfel kletternd, nur gute 1½, höchstens 2½ Std. – das ist natürlich zu wenig für einen Tag, gar bei Sonnenwetter . . . Also meine ich, wir steigen einen ande-ren, einen ganz stillen und heimlichen Weg ab: vom Hochiß westwärts, wie beim Auf-stieg, zurück in Richtung Streichjoch, dann dort, wo der Aufstiegsweg links abbiegt, weiter, fallend, bis man an die Felsen des Zuges Dalfazer Kamm–Streichkopf kommt; hier steigt man das »Rote Klamml« empor, dann, auf dem Kamm, streicht man links hinab zum nahen Streichkopfgatterl, 2196 m, und sieht nun jenseits, westlich, auf den türmereichen Felskamm des Klobenjochs, 2041 m, über der paradiesisch stillen Kot-alm-Senke. Wo der Felskamm des Klobenjochs unter uns endet, befindet sich das »Steinerne Tor«, ordinär auch Kotalmtörl geheißen und 1947 m hoch. Hier rasten wir hoch überm Achensee, hoch über der Baumgrenze, und wenn wir auch nicht mehr, wie am Hochiß-Gipfel, die Parade der Zentralalpengipfel abnehmen können, wir se-hen um so genauer ins östliche Karwendel hinein, – das nahe Falzthurntal zum Bei-spiel studiere ich von hier allemal lieber als den fernen Olperer. Man kann jetzt zweier-lei Abstiege machen: 1. südwestwärts die trockene Mulde hinab zum Dalfazer Hochleger, 1690 m, laufen, Flüssiges trinken, und weiter über die verwegen am Steilhang stehende Untere Dalfazer Alm nach Buchau am Achensee-Ufer und nach Maurach (evtl. Bus) gehen, – 2. man kann, länger, einsamer, nicht minder schön, nordwestlich die Kotalm-Mulde hinunterspazieren, eine einzigartig schöne Bergwanderschaft (s. Bild 22), und zum Hotel Seehof am Achensee absteigen. Trittsichere Geher können den ganzen Dalfazer Kamm südwestlich begehen und zur Erfurter Hütte absteigen.

TALORTE Maurach am Achensee, 850 m (ab hier Bergbahn zur Erfurter Hütte AV, 1834 m). – Seehof am Achensee (Hotel, Bus), 924 m. – Buchau am Achensee, 930 m.

CHARAKTER Bei Benützung der Bergbahn zur Erfurter Hütte eine für trittsichere Bergsteiger leichte Bergtour, auch mit dem hier empfohlenen Abstieg übers Rote Klamml und den Dalfazer Hochleger. Die übliche hoch-alpine Vorsicht, das Verbot jeglichen Leichtsinns, versteht sich von selbst! Bedeutende Aussicht vom höchsten Rofan-Gipfel! Beste Zeit: Mitte Juni bis Ende Oktober. Ausrüstung A!

FÜHRER/KARTEN Röder/Rofangebirge (Rother). – Kompaß-Karte 27, Rofan (wenig genau). – FB-Wanderkarte Blatt 31.

BILD Blick aus dem Flugzeug von Westen auf die Nordwände des Rofan-stockes. Von links: der Westsockel der Rofanspitze, Seekarlspitze, Roß-kopf und Hochiß (höchster Rofangipfel, oben rechts der Bildmitte). Ganz rechts oben am Bildrand das Kotalpenjoch (siehe Tour und Bild 22).

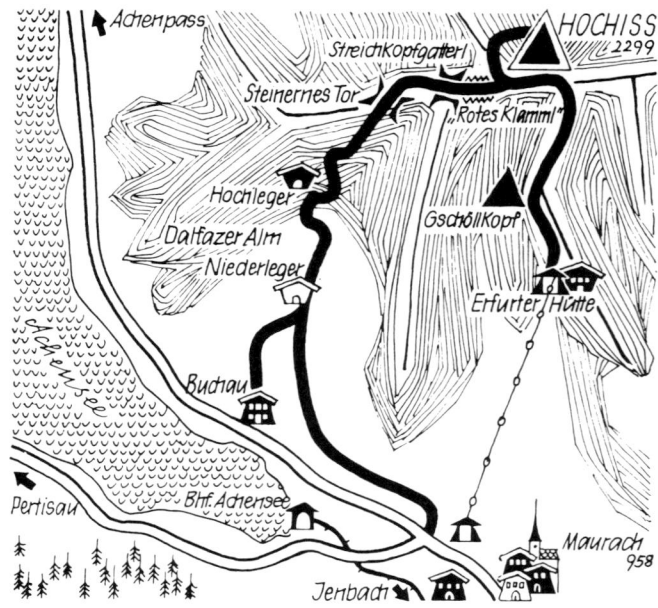

26 Pasillalmen und Seebergspitze

Im hintersten Karwendel, ganz nah am Achensee

Wem fällt es schon ein, kurz vor dem Achensee die letzten unscheinbaren Berge am Ostrand des Karwendels ernst zu nehmen! Man sollte es aber tun, zumindest als Bergfreund, der auf Stille aus ist und das volle Behagen im sogenannten Vorgebirge . . . In diesem Revier haben uns heuer die Murmeltiere ausgepfiffen, Gemsrudel von 20 und mehr Stück musterten uns genauso erstaunt, wie Marsmenschen den ersten neugierigen Ami mustern werden. Von Bergblumen nicht zu reden und vom Knieschnackler. Denn die Steige hören manchmal auf, dann kommt Urwelt, Urwald, dann kommen abgerissene Hänge, vermurte Gräben, brusthohes Farnkraut . . . Da gibt es über Achenkirch einen Berg (ich kann den Namen nicht verraten), der steigt jenseits der Waldgrenze als Riesenmähder empor, und droben liegt man am Bauch und schaut die felsige Westflanke hinab, schaut auf Gemsen und . . . Und da gibt es einen zweiten Berg mit nur guten 2½ Std. Aufstiegsmühe, den darf man ruhig nennen, es ist die Hochplatte, 1815 m, über Bründlalm, Jochalm und Seewaldhütte zu erreichen, da sitzt man ganz beleidigt oben, so »abgestellt« fühlt man sich im riesigen sommerlichen Alpenbetrieb, ums Eck herum steht der Juifen, und wer schlau ist, findet am Abstiegswege allerhand kühle Gumpen . . . Mein eigentlicher Vorschlag geht aber ganz woanders hin: Lassen Sie den Wagen in Scholastika am Seeufer stehen, fahren Sie mit dem Dampfer nach Pertisau (das Ganze kann ebenso umgekehrt gemacht werden) und wandern Sie gemütlich zur (bewirtschafteten) Pletzachalm, 1040 m, im Gerntal; steigen Sie dann auf einem alten Steig nordwärts hinauf über Branntweineite, Mahdgraben und Mahdbergl zum Pasilljoch, 1685 m, auch Pasillsattel genannt. Von hier aus kann man links in der Gratflanke, die unteren Abbrüche von Roter Wand und Hoher Gans links umgehend, auf das Fansjoch gelangen, 1930 m (1¼ Std.) – oder rechts hinauf auf die Seebergspitze, 2085 m, deren Gipfel man am besten aus dem Kessel der Pasillalm erreicht, über die »Pfanne« zum Nordgrat aufsteigend: in beiden Fällen ist zuverlässige Trittsicherheit vonnöten und ein gutes Auge, mehr nicht. Von der Seebergspitze schaut man beinahe senkrecht volle 1200 Höhenmeter hinab auf den Achenseespiegel, schaut in die Zillertaler Gletscher hinein, und vor allem auf Rofan und Karwendel – hundert neue Perspektiven (wer hat schon was gewußt von einem Stanerjoch, hoch überm Inn, von Kaserjoch und Bärenkopf!). Aber zur Hauptsache: vom Pasilljoch absteigend ist man sogleich im obersten Grünboden bei den Pasillalmen, um die einige Parkfichten stehen und die von dem Felskopf des Wilden Kirchl bewacht werden. Einen stilleren Fleck gibt's nicht mehr! Hier kann man Stunden, Tage und Wochen sein, und Stachus und Bonn, und Viktualienmarkt und Dallmayr, und Abendzeitung und Kasawubu vergessen – nur den Augustinerkeller nicht, weil sich immer gewisser ein herrlicher Durst einstellt. Man verläßt diese feierlich stille Bühne nordwärts, steigt dem ungebärdigen Bache nach, passiert verfallende Alpen, sprühende Wasserfälle und ist nach 2¼ Std. leicht draußen am Seeufer. – Zeiten: Pertisau–Pasilljoch 3¼ Std./Pasilljoch–Seebergspitze 1¼ Std. Wer länger geht, ist klüger!

TALORTE Achenkirch oder Scholastika, 924 m, am Achensee-Nordende. – Pertisau, 922 m, am Achensee-Südwestufer.

CHARAKTER Einfache Bergwanderung über den Pasillsattel NUR für trittsichere Geher mit etwas Orientierungssinn. Die Besteigung von Seebergspitze bzw. Fansjoch erfordert ebenfalls besondere Trittsicherheit, sonst kaum mäßig schwierig, keine Kletterei! Keine Unterkunftsmöglichkeit am Pasilljoch. Sehr einsames Gebiet mit teils vermurten oder abgerissenen Steigen. Beste Zeit: Juli bis Ende September. Ausrüstung B!

FÜHRER/KARTEN AV-Führer Karwendelgebirge (Klier/Rother). – AV-Karte Karwendel, Östl. Blatt. – Evtl. FB-Wanderkarte, Blatt 32.

HINWEIS Nächtigung nur an der Pletzach-Alm, 1040 m, oder improvisiert an den Pasillalmen (mit Biwaksack) möglich.

BILD Die Seebergspitze (links oben) über dem Achensee. Im Vordergrund unten die Pertisau. Links unter der Seebergspitze der Pasillsattel.

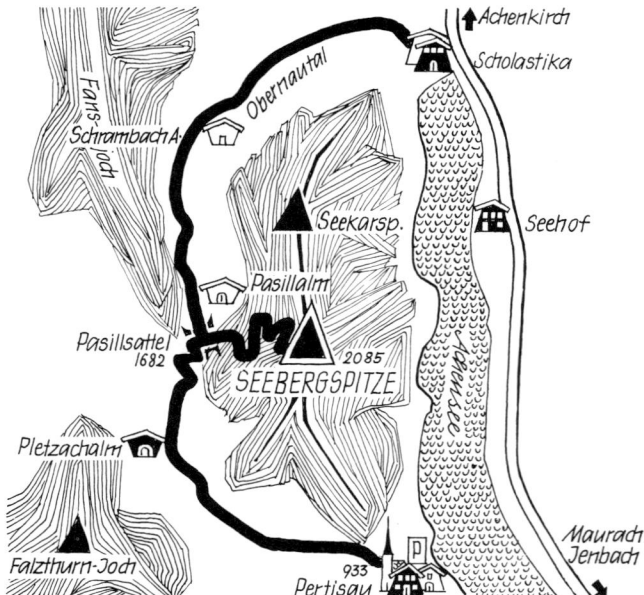

27 Sagzahn und Vorderes Sonnwendjoch

Hohe Warte über Inntal und Zillertal

1 Tag   Anfahrt 100 km   Für Kinder ab 12 J.   Bergwanderung

Das Bild nebenan deutet eine verlockende Situation an: die Wirklichkeit ist aber noch viel eindrucksvoller. Denn in Wirklichkeit steht dieses merkwürdige Gespann Sagzahn–Vorderes Sonnwendjoch – ein scharfes Felsriff der eine, eine runde Weidekuppe der andere – weit vorgeschoben vom Rofanhauptkamm im blauen Dunst, 1700 Meter über dem Inn-Ufer, und ebensoviel Meter über dem unteren Zillertalboden! Es gibt weit und breit überm unteren Inntal keine Rastkuppe, die sich so dominierend als Ruhe- und Aussichtsbalkon anböte: wozu gehört, daß die runde Kuhweide südwärts und ostwärts respektable Felsabstürze aufweist. Dort oben muß man im späten Herbst liegen, allein oder zu zweit, um »noch einmal von allem Elend dieser Welt zu genesen«... Wie aber kommt man hin? Je nun, der kürzeste Weg nimmt die Bergbahn von Maurach am Achensee-Südende zur 1834 m hoch gelegenen Erfurter Hütte in Anspruch; von dort steigt man über den Mauritz-Hochleger und die Gruberstiege zur Gruberlacke an und dicht unterm Hauptkamm zum Schafsteigsattel – wo jeder Fotograf, der das Auge am rechten Fleck hat, unser Bild knipst. Diese herrliche dunkle Vordergrund-Kulisse gegen das dunstblaue Zillertaler Eisgebirge! Vor dem Schafsteigsattel, der 2173 m hoch und von der Erfurter Hütte auf sehr aussichtsreichem Steig in 2¼ Std. zu erreichen ist, geht man nun südwärts direkt auf den Sagzahn zu (Bild), steigt am Felssockel rechts in einen Kamin ein, dessen Ersteigung jedoch von Eisenstiften und Drahtseilen erleichtert wird. Man könnte den Sagzahn auch rechts unterm Sockel umgehen, was aber schade wäre; denn der Felsaufstieg ist kaum mäßig schwierig und überall gibt's Griffe und Tritte. Der Gipfel ist ansehnliche 2239 m hoch, die Passage zum 2224 m hohen Vorderen Sonnwendjoch gleicht einem Göttergang – hoch über allen Leiden der Menschenwelt dahin. Die Aussicht möge sich der Leser selber zusammensuchen, denn sie ist so umfassend und so einzigartig schön, daß ich gewaltig ins Sprüchmachen käme... Man ist also von der Erfurter Hütte in guten 2½–3 Std. auf beiden Gipfeln, bleibt 1–2 Std. liegen, aber selbst dann muß man wieder talwärts. Wer den Wagen in Maurach hat, kennt seinen Rückweg: zur Erfurter Hütte und den schönen Waldsteig hinab, Zeit Sagzahngipfel–Maurach (ohne Bergbahn) gute 2–3 Std. Wer nicht vom geparkten Wagen abhängig ist, sollte folgende Abstiege überlegen: 1. vom Schafsteigsattel zum Zireiner See, dann über die Schauertalalm – hier rauschen viele klare Wasser rings um die Alm – nach Steinberg (Bus zur Achenpaßstraße), – oder 2. Schafsteigsattel–Zireinalm, 1766 m, – Bayreuther Hütte AV, 1600 m, – Kramsach–Rattenberg am Inn (3 Std.), – oder Schafsteigsattel–Gruberlacke – dann steil südlich hinab zur idyllisch gelegenen Scherbensteinalm, 1853 m, und weiter über Burgau-Alm und Astenberg-Höfe zur Kanzelkehre oder, noch viel besser, direkt nach Wiesing, kurz vorm Inn-Ufer; dies wären drei stille Abstiege, jeder besondere Reize bietend. Am Sagzahn gibt es auch Kletterführen, aber nur für sehr tüchtige Kletterer: Südostkante (V), Ostwand (V), Direkte Ostwand (VI) und die Ostwand-Dachverschneidung von Hermann Buhl (V+).

TALORTE Maurach am Achensee, 850 m (Bergbahn zur Erfurter Hütte AV, 1834 m). – Evtl. Kramsach bei Rattenberg am Inn, 551 m (Aufstieg ohne Bahn zur Bayreuther Hütte AV, 1600 m, 3 Std.) bzw. Benützung des neuen Rofanliftes von Kramsach bis unter den Rosskopf (nahe Zireiner See!) möglich!

CHARAKTER Die Bergwanderung Erfurter Hütte–Schafsteigsattel–Sagzahn–Vorderes Sonnwendjoch und zurück ist für trittsichere Geher leicht, nur am drahtseilgesicherten kurzen Klettersteig des Sagzahns muß man eine gewisse Gewandtheit beweisen. Die weiter vorgeschlagenen Abstiegswege nach Steinberg bzw. Rattenberg verlangen Orientierungssinn, vor allem auf der Strecke Zireinersee–Schauertalalm–Enterhof–Steinberg. Beste Zeit: Ende Juni bis Mitte Oktober. Kinder am Sagzahn an die kurze Reepschnur nehmen! Ausrüstung B!

FÜHRER/KARTEN Röder/Rofangebirge (Rother). – FB-Karte Bl. 31/32.

BILD Blick vom Schafsteigsattel im Rofan auf Sagzahn (oben Mitte) und Vorderes Sonnwendjoch (rechts dahinter). Durch die uns zugekehrte Nordostflanke zieht der mit Drahtseilen und Stiften teilweise gesicherte leichte Felssteig zum kleinen Gipfelplateau.

28 Juifen und Demeljoch
Im Waldgebirge zwischen Dürrachtal und Achenpaß

Im großen Karwendelgebirge, zwischen seinen vier gewaltigen Felsketten und ihren mächtigen Vorwerken, herrscht die Dramatik – im abseitigen Waldgebirge zwischen Rißbach und Achenpaß ist es die Idylle, die den Bergfreund beeindruckt. Nicht zerfetzte Hochgrate, glatte Riesenmauern und endlose Schuttströme überwältigen unsere Sinne, sondern die kleinen Wunder am Wege, im Bergwald, auf weiten freien Jochen. Nicht jeder sieht sie! Denn wer verträgt schon Stille und Einsamkeit! Und machen wir uns nichts vor, man muß hier etwas mitbringen . . . Wählen Sie also einmal nicht die berühmten, die »attraktiven« Allerweltsziele im Karwendel, sondern wandern Sie ins Dürrachtal zwischen Sylvensteinspeicher und Achenpaß. Wandern Sie bis zum kleinen bescheidenen Gasthaus Bächental im hinteren Dürrachtal und steigen Sie über Nieder- und Mittel-Leger der Zoten-Almen zur Rotwandl-Alm oder zur daneben stehenden Rotwandl-Hütte, 1525 m, und »packen« Sie dann den 1988 m hohen Juifen, erst in seiner Südostflanke, dann scharf zurück nach Norden und auf den Gipfel steigend: Sie werden sehen, daß dieser Berg viel mehr hergibt, als er vom Tölzer Kalvarienberg aus verspricht. Denn dieser plumpe Vorberg, bei dem es für eine richtige Bergpyramide nicht mehr »glangt« hat, steht isoliert über dem weiten Waldgebirge und so dicht am flachen Talboden der Isar und des oberbayrischen Vorlandes, daß Sie mit dem Sehen gar nicht nachkommen! Schauen Sie allein, wie schön man da die große Karwendelkette (Bild) übersieht! Die wird nämlich aus der Distanz viel imposanter, als wenn man sie vom Hohljoch her bewundert: sie ist nicht mehr nur schrecklichschönes Felsgewänd, sondern große epische Landschaft. Wenn Sie noch Zeit haben und wenn Ihre Wadeln noch mittun, dann steigen Sie gleich anschließend auch noch auf das Demeljoch, 1923 m, oder wenigstens auf das Zotenjoch, 1881 m; das sind von der Rotwandl-Hütte noch 350 bis 400 Höhenmeter, also 1¼–1½ Std., und dann haben Sie zum großen Karwendel-Panorama noch den Tiefblick zum Sylvensteinspeicher (falls Sie ihn mögen!) . . . oder den Tiefblick ins Isargries, auch wenn nur noch dürftige Wasseradern durch das Urland rieseln und die »Halsenbuben« sich schwer täten, ihre Wildererfracht nach Lenggries zu flößen . . . Bislang war der vorteilhaftere und schnellere Anstieg der vom Gasthaus »Hagen im Wald« her, an der großen Achenseestraße 2 km südlich der Grenze gelegen: hier kommt man oberhalb der Holzfällerhütte aus der Waldzone heraus und ist entzückt vom Blick auf Benediktenwand und Vorland. Man steigt hier auch etwa 2½–3 Std. zur Rotwandl-Hütte bzw. 4–5 Std. zum Juifen-Gipfel . . . aber der alte stille Wanderweg wurde eben erst zu einem Wirtschaftsweg, sprich Holzstraße ausgebaut und so wird die Rotwandl-Hütte von gewissen Leuten heute mit Kraftfahrzeugen angepeilt . . . Also muß ich konsequent dabei bleiben, den Aufstieg vom Forsthaus Bächental her zu empfehlen, auch wenn man durchs Dürrachtal anmarschieren muß. Das, was wir in den Bergen suchen, ist hier westwärts unter Juifen und Demeljoch mit Sicherheit noch zu finden: ungestörte Stille und Alleinsein.

TALORTE Forsthaus Bächental (Aquila), 911 m (bewirtschaftet, beschränkte Unterkunft, gut 2½ Std. durchs Dürrachtal ab Fall (Kfz. verboten!). Ab hier 2–3 Std. zur Rotwandl-Hütte AV, 1525 m, im Sattel zwischen Juifen und Zotenjoch (unbewirtschaftet, mit AV-Schlüssel zugänglich). – Gasthaus »Hagen im Wald«, etwa 800 m, 2 km südlich der Paßstelle Achenpaß (ab hier 2½–3 Std. zur Rotwandl-Hütte bzw. 4–5 Std. zum Juifen-Gipfel, 1988 m).

CHARAKTER Sehr schöne, stille Bergwanderung, ohne Schwierigkeiten für trittsichere und in steilen Schrofen vorsichtig steigende Bergwanderer. Bezeichnete Steige. Schöne Aussicht ins Alpenvorland, ins obere Isarbecken und auf das Karwendel. Beste Zeit: Ende Juni bis Anfang November! Ausrüstung A! Am Gipfelhang Vorsicht bei Nässe!

FÜHRER/KARTEN AV-Führer Karwendelgebirge (Rother). – FB-Wanderkarte, Blatt 32. – Topogr. Karten 1:50 000, Fall L 8534, und 1:25 000, Fall 8435.

BILD Blick von Nordosten (Roßstein) auf Juifen (links) und Zotenjoch (rechts), an das sich das Demeljoch anschließt. Im Hintergrund die Karwendelkette von der Lalidererwand bis zur Birkkarspitze.

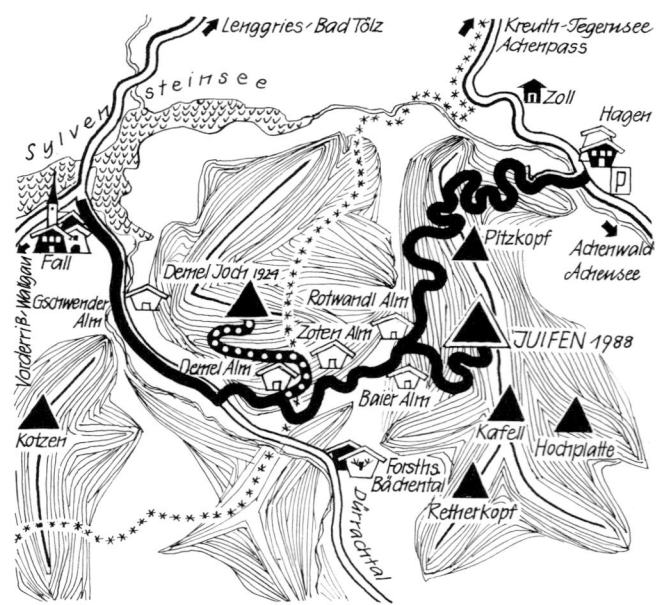

29 Über den Schafreiter

Hoch über Fall, Vorderriß und Hinterriß

Das Beste – und oft das Schwerste – was auf dieser schönen großen Überschreitung gefordert wird, ist der gelassene Rhythmus des Steigens und Gehens. Der Weg ist lang. Wer zu schnell antritt, muß es bereuen! Den Schafreiter kennt jeder Münchner, der einmal Herzogstand, Benediktenwand, Brauneck und Fockenstein besuchte: er steht hoch überm Isarwinkel, nach Norden eine schwere felsige Sichel absenkend, und von dieser Felskante ausgehend einen Wald- und Graskamm, der bis über das neue Fall am Sylvensteinspeicher zieht und am Dürrach-Einfluß endet. Wer die Bücher Ludwig Thomas gelesen hat, der ist hier zu Hause, wie er es war: drunten im Forsthaus in der Vorderriß hat der große bayrische Dichter seine Bubenjahre verbracht, und rundum spielen seine Jagd- und Wilderergeschichten, aus dem Isarwinkel hat er seine Namen, und ganz gewiß hat er die Ahnen derselben Hirsche röhren hören, die auch wir heute hören, wenn wir zur rechten Zeit, und furchtlos, auf den Schafreiter steigen. Am besten über den überlangen Waldkamm, der gleich hinter Fall beginnt, linker Hand, und der in 5 Std. gemach und in einer vollkommenen Einsamkeit über Wiesalm, 1014 m, Grammersberg, 1471 m, Graskopf, 1753 m, auf jene Felssichel hin ansteigt, die den Gipfel trägt. An der Moosen-Alm, 1617 m, treffen wir auf den Steig, der von der Oswald-Hütte am Zoll heraufkommt, und den wir anderntags absteigen erden zum Bus nach Fall. Einstweilen aber steigen wir hier unterm Kälbereck durch zur Tölzer Hütte am Delpshals, 1835 m hoch, nur noch 270 Höhenmeter unterm Gipfel! Den sparen wir uns aber für den folgenden Tag auf und studieren dann nach der ersten Brotzeit das Karwendel: die Stirnseite der Vorderen Kette, und dahinter die Große Vomper Kette mit den Laliderwänden, Grubenkar-, Spritzkarspitze und Lamsenkante. Das ist aber noch lange nicht das Beste: Ich schaue immer lieber in die Talfalten hinein, von der Tölzer Hütte aus ins Rontal und Tortal, beide einst so herrlich unbekannt, heute durch merkwürdige Umstände Lieblingsplatzerl vieler Münchner; ich studiere gegenüber Fermersbach und Galgenstangenjoch, Ochsensitzer und Galgenwurfköpfl, und natürlich Johannis-, Lalider- und Engtal, die so streng ausgerichtet auf die Riesenmauern zulaufen. Anderntags aber, wenn mich der erste Sonnenstrahl am Schafreitergipfel von der Morgenkühle erlöst, schaue ich nordwärts hinab, was sich unterhalb der Felssichel tut, im Gemskar, in den Kuhreißen, – ich nehme mir wieder einmal vor, beim nächsten Mal ostwärts über Delpssee, Torjoch und Lärchkogel nach Fall abzusteigen, eine besonders schöne Variante – und dann schaue ich den langen, langen Graskamm vom Schafreiter zur Montscheinspitze an, der überhaupt nicht mehr aufhört . . . Am Schafreiter wird man, zumal am Weg überm Grammersberg, viel allein sein, allein in einem riesigen und berühmten Jagdrevier, wo es viel zu schauen und zu hören gibt für den, der etwas weiß. Wer im langen Jahr über 300 Tage in einem Büro an der Kaufinger-, Sonnen- oder Bayerstraße sitzen muß, für den muß dieser Gang auf den Schafreiter wie ein Gang durch ein Paradies sein – außer, er hält Schwabinger Bars für Paradiese. Das gibt's auch. Ja gibts dös a? Nicht zu glauben! –

TALORTE Fall, 752 m, am Sylvensteinspeicher (800 m westwärts links Steig über Grammersberg und Graskopf zur Tölzer Hütte AV, 1836 m, 5 Std.). – Oswald-Hütte, 838 m, hinter Vorderriß an der Grenze (ab hier über Moosen-Alm, 1617 m, 4 Std. zur Tölzer Hütte).

CHARAKTER Im Falle der empfohlenen Überschreitung muß man mit insgesamt 10–11 Gehstunden (an 2 Tagen) rechnen. Der Gipfel des Schafreiter, 2102 m, gehört zu den exklusiven Aussichtslogen vor der großen Karwendel-Szene. Für trittsichere Geher mit etwas Orientierungssinn und Ausdauer keine Schwierigkeiten! Beste Zeit: Juli bis Mitte Oktober! Ausrüstung A! Bei der langen Überschreitung ab Fall sind Orientierungssinn plus Karte unerläßlich, – man bleibe am Steig und schweigsam (den hohen Jagdherren zuliebe!).

FÜHRER/KARTEN AV-Führer Karwendelgebirge (Rother). – FB-Wanderkarte, Blatt 32. – Topogr. Karte 1:50 000, Blatt L 8534 Fall.

BILD Der Gipfel des Schafreiter und die Tölzer Hütte am Delpshals oberhalb Hinterriß, gesehen vom Grasbergkamm. Rechts oben der zum Lichteck ziehende Nordostgrat des Schafreiter.

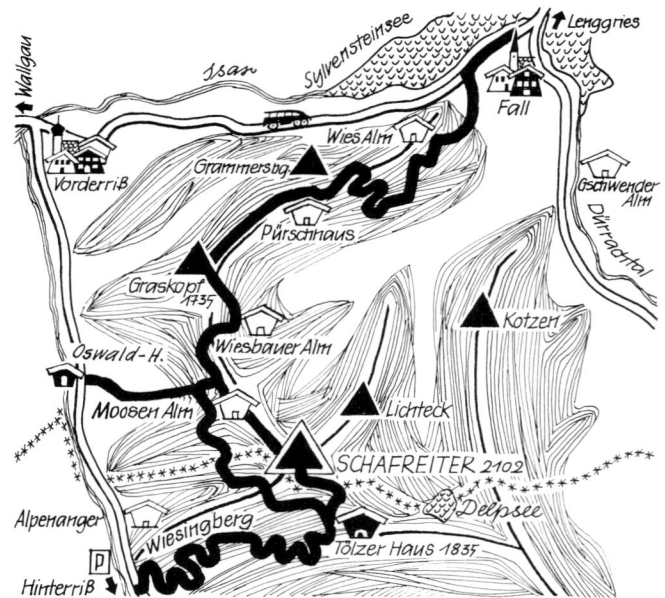

30 Die Östliche Karwendelspitze

Karwendeltal–Hochalmsattel–Kleiner Ahornboden–Johannistal

2 Tage   Anfahrt 95 km   Mit Kindern ab 12 J.   Bergtour

Der Münchner, wenn er an Föhntagen südwärts schaut, erblickt sie von jedem Turm und jedem Hochhaus am Stadtrand, auch ich sehe sie an klaren Tagen von meinem Haus auf der Isarmoräne, das unverkennbare Paar Östliche Karwendelspitze–Vogelkarspitze – die erste spitz, die zweite mit plattem Gipfel, beide durch eine tiefe Scharte getrennt und verbunden (Bild): sie überragen als blaue Silhouette den dunklen Vorbergkamm von Benediktenwand–Glaswand–Rabenkopf, und wer genau hinschaut, sieht neben ihnen noch die Birkkarspitze hervorlugen mit dem ewigen Schneefleck unterm Gipfel. Andere kennen sie aus dem Rontalboden, wohin sie ihre mächtigen Nordwände senden, die meisten aber kennen sie von den Vorberggipfeln. Man hat Respekt vor ihnen – bis man aufs Karwendelhaus kommt. Da schauen sie plötzlich ganz, ganz anders aus! Die Östliche Karwendelspitze zum Beispiel trägt gegen Süden keine protzige Kalkwand, sondern einen schweren steilen Schrofenrücken, Wank genannt, der vom Haus her den Gipfel verbirgt; dieser Wank ist rechts und links in geradezu modellhafter Symmetrie von Karen eingefaßt, gleich großen runden und steilen Karbuchten, beide mit Sandreißen ausgestattet, das westliche Vogelkar, das östliche Grabenkar genannt. Wer in der Morgenfrühe vom Karwendelhaus aufbricht, um den 2–3stündigen Aufstieg zu unternehmen, hält sich zunächst an den nordwestlich am Hang ziehenden Jagdsteig zum Bärnalpl, zweigt aber schon an dem vom Grabenkar herabziehenden Graben rechts ab und steigt auf guten Fußspuren die Sandreißen in Richtung Vogelkar auf, doch OHNE das Vogelkar zu betreten. Denn vorher kann man, den Spuren folgend, die Schrofen- und Grashänge des Wank benützen, die freilich da und dort von glatten Platten und Geröllflecken unterbrochen werden. Hat man den Wank erreicht, so ist man mit wenigen Schritten auch auf dem Gipfel der Östlichen Karwendelspitze, die mit 2537 m Höhe auch höchster Punkt der Vorderen Karwendelkette ist. Hier kann man Ewigkeiten studieren – das Karwendelbuch ist aufgeschlagen. Gipfel, Kare, Täler füllen 1000 Kapitel . . . Wer wirklich trittsicher und aufmerksam ist, kann den Abstieg durchs Grabenkar unternehmen: der ist des Gerölls wegen nicht ganz einfach. Man umgeht, wie es der Führer genau beschreibt, die Gipfelscharte westlich, und gelangt nach links im Bogen in die oberste Mulde des Grabenkares. Von hier führen Schrofen tiefer und in die vom Gipfel ins Kar ziehende Steilrinne, in die man hoch oben einsteigt und in der man nicht zu tief absteigt. Dergestalt erreicht man den nächsten Geröllboden und die Fußspuren, die in Kehren hinab zum Hochalmsattel leiten. – Wer nicht auf den Wagen angewiesen ist und von Scharnitz kam, der steige jetzt zum Kleinen Ahornboden und durch das Johannistal nach Hinterriß ab (Bus beim Hotel Alpenhof): das ist ein unvergeßlich schöner Weg, oft beschrieben und beredet, niemals vollkommen. – Die beschriebene Tour dauert vom Karwendelhaus und dorthin zurück nur 4–5 Std., der Abstieg nach Hinterriß mit den Rasten am Kleinen Ahornboden nimmt 2–3 Std. in Anspruch, der Marsch westwärts nach Scharnitz hinaus 3 Std. – außer, man erwischt einen Jeep.

TALORTE Scharnitz, 948 m, hinter Mittenwald (ab hier Jeep bis unters Karwendelhaus, Zeiten erfragen). – Hinterriß, 931 m (bis Bushaltestelle Alpenhof fahren, 945 m, Einmündung des Johannistales). – Nächtigung: Karwendelhaus AV, 1765 m, unterhalb des Hochalmsattels; 3 Std. von Hinterriß, 5 Std. von Scharnitz zu Fuß (Jeep).

CHARAKTER Der mit 2537 m Höhe höchste Gipfel der Vorderen Karwendel-Kette ist ab Karwendelhaus in 2½–3 Std. gut zu ersteigen und ohne besondere Schwierigkeiten, wenn man den Führer genau beachtet. Aufliegendes Geröll verlangt neben der selbstverständlichen Trittsicherheit auch erhöhte Vorsicht! Beste Zeit: Juli bis Oktober!

FÜHRER/KARTEN AV-Führer Karwendelgebirge (Rother). – AV-Karte 1:25 000 Karwendel, Mittl. Blatt – FB-Wanderkarte, Blatt 32.

BILD Das Rontal mit seiner kleinen Alm (Mitte unten) unter den Nordabstürzen der Östlichen Karwendelspitze und der Vogelkarspitze, aus dem Flugzeug gesehen. Links oben am Bildrand die Grabenkarspitze. Beide Hauptgipfel, auch die dazwischen liegende breite Scharte, können vom Rontalboden aus nicht bzw. nur in schwieriger und gefährlicher Kletterei erreicht werden! Der relativ einfache Normalaufstieg zieht vom jenseitigen Süden her durch steile Schrofen zu den Gipfeln.

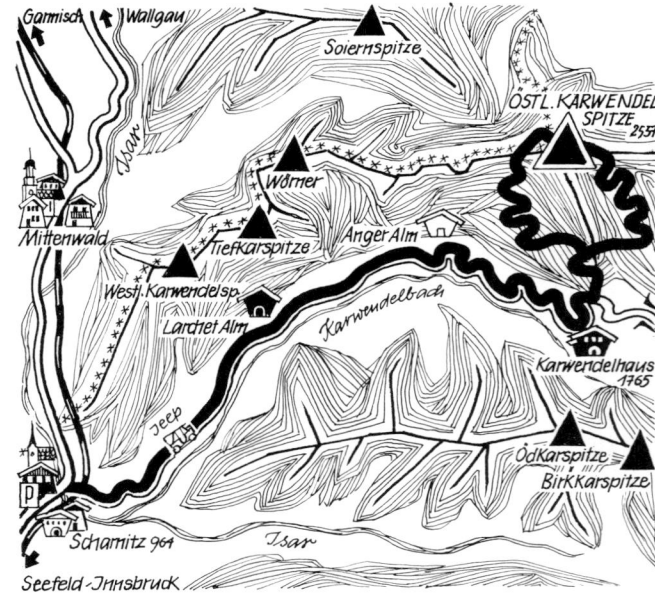

31 Das Sonnjoch über dem Falzthurntal

1 oder 2 Tage   Anfahrt 105 km   Mit Kindern ab 14 J.   Bergtour

Über Achensee und Großem Ahornboden

Wie vom großen Lalidererzuge der Falken- und Gamsjochzweig, so fährt von der Lamsenspitze der mächtige Felskamm des Sonnjochs gegen Norden – unübersehbares Riesengebirge von der Eng, eine stufenlos plattige, steile Kalkmauer vom Falzthurntal her. Volle 1100 m steigt die Ostwand des 2458 m hohen Sonnjochs in einem Zuge aus dem grünen Talboden empor; man erschrickt vor den wilden Wandfluchten über den öden Steinkaren, – die aber, auch hier wieder, doch erst jenen geschärften Kontrast zum ungemein Lieblichen schaffen, zum Erlösenden der Talzonen. Was wäre der Große Ahornboden ohne seine Kalkwände ringsumher, was das Falzthurntal ohne Sonnjoch-Ostwand! Von Westen her gesehen verliert das Sonnjoch seine Schrecken! Man sollte das Sonnjoch nicht als Ein-Tage-Tour von München aus angehen: denn die 1250 Höhenmeter von der Eng zum Gipfel würden eine große Anstrengung bedeuten – und man würde die Morgenfrühe versäumen, den feinsten Zauber eines Karwendeltages. Man steige also am Vortage von der Eng über die Binsalm (2¹/₂ Std. gemütlich) oder von der Pertisau durch das Falzthurntal (3¹/₄ Std. gemütlich) zur Lamsenhütte, 1953 m, auf und versuche, dort ein Schlafplatzerl zu finden. Im Hochsommer oft eine Pein oder eine Mordsgaudi, im September meist keine Affäre! Am nächsten Tag, in aller Herrgottsfrühe, überschreite man dann nördlich das Östliche und Westliche Lamsenjoch, und auch gleich den ganzen Kamm der Hahnkamplspitze (um nicht bis zum Binsalm-Hochleger absteigen zu müssen!), gehe leicht hinunter zum Gramaisattel, 1901 m, wo der direkte Weg von der Eng über den Binsalm-Niederleger einmündet, und steuere schließlich durch den riesigen Gramaikessel auf die flache Senke bei P. 1834 m zu. Dicht darüber sitzt der Südwestfuß des von hier kraftvoll aufsteigenden Sonnjochs auf. Erst rechts auf bezeichnetem Steig durch Krummholz und über Rasenflecken und Schutt bis zum Rand des felsigen Abbruches im Nordwestgrat (über den man bereits links hinab in den einsamen Gamsanger des Gramaikares schauen kann), dann auf oft kaum erkenntlichem Steig zum Westgrat und auf den Gipfel: für den, der trittsicher und vorsichtig ist, ohne Schwierigkeiten! Kinder warne man, den Steig oder die Wegspuren zu verlassen! Keine Abkürzer gestatten! Die Aussicht . . . wer könnte sie in kurzen Worten beschreiben! Man steige hinauf, nehme aber die FB-Wanderkarten, Blatt 30, 31, 32 und 15 mit, und studiere, was zu sehen ist – es wird immer ein herrliches Stück stiller Welt sein! Gesehen aus jener absoluten Einsamkeit, die man unten in der Eng einfach nicht mehr für möglich hält. – Abstieg am gleichen Wege. Wer zur Eng zielt, wendet sich am Gramaijoch zur Binsalm hinab, – wer in die Pertisau will, steige schon vorher, bei P. 1834, südöstlich zum Gramai-Hochleger, 1733 m, hinab und dann steil zum Gramai-Niederleger, 1265 m, im hintersten Boden des Falzthurntales: dort wartet ein Bach auf unsere Begleitung, wartet ein zauberhafter Ausklang dieser schönen Sonnjoch-Tour. Aufstiegszeit Lamsenhütte–Sonnjoch 2¹/₂–3¹/₂ Std. (gemütlich), Abstiegszeit Sonnjoch–Eng 2¹/₄ Std., Sonnjoch–Pertisau 2¹/₂–3 Std. Länger zu brauchen ist keine Schande, sondern besonderes Verdienst!

TALORTE In der Eng (am Großen Ahornboden), 1218 m. – Pertisau am Achensee, 933 m. – Nächtigung im Eng-Wirtshaus, evtl. auf der oft überfüllten AV-Lamsenhütte, 1953 m, unter der Lamsenspitze.

CHARAKTER Als 1-Tage-Tour bei etwa 1250 m Höhendifferenz zwischen Eng und Sonnjochgipfel etwas anstrengend, als 2-Tage-Tour mit Nächtigung auf der Lamsenhütte ideale Bergwanderung, leicht für trittsichere Geher! Am isoliert stehenden Gipfel ungewöhnlich interessante Aussicht auf Karwendel, Rofan und Zentralalpen. Wer nicht auf den Wagen angewiesen ist, steigt vorteilhaft durchs Falzthurntal zum Achensee ab, nimmt das Schiff bis Scholastika und dort den Bus nach Tegernsee bzw. München. Beste Zeit: Von Mitte Juni bis Ende Oktober! Ausrüstung A!

FÜHRER/KARTEN AV-Führer Karwendelgebirge (Rother). – AV-Karte Karwendel, Östliches Blatt. – Evtl. FB-Wanderkarte, Blatt 32.

BILD Sonnjoch, 2457 m (rechts oben) und Schaufelspitze (Bildmitte oben) im östlichen Karwendelstock zwischen Eng und Falzthurntal, aus dem Flugzeug von Nordwesten gesehen.

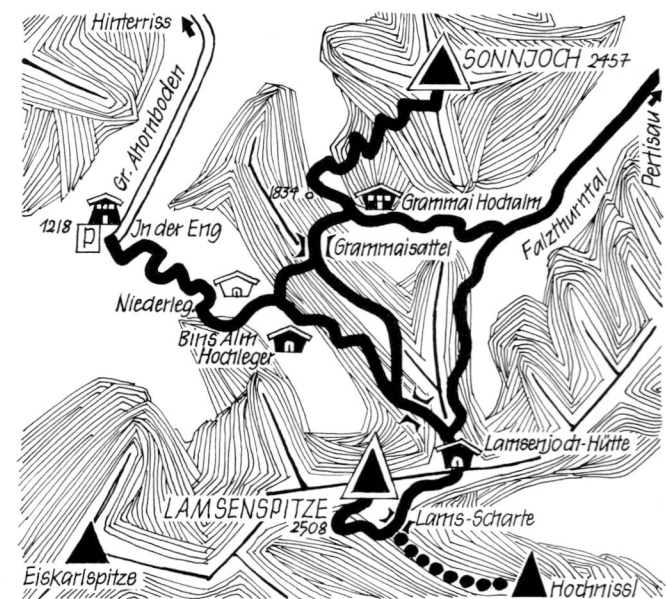

32 Hohljoch und Gamsjoch

Unter der Karwendelmauer

Vier Bergketten kennzeichnen das Karwendelgebirge, sie ziehen in straffer West-Ost-Richtung von der oberen Isar gegen das Unterinntal zu. Die mächtigste Kette nennt man die Vomper Kette: sie birgt die höchsten Gipfel und die höchsten Felsmauern: Birkkarspitze, Laliererwand. Dieser 13 km langen, von Scharten durchrissenen Riesenmauer zwischen Lamsenspitze und Birkkarspitze stehen nordöstlich drei auffallende Bollwerke gegenüber: Risserfalkstock, Gamsjochstock, Sonnjochgruppe – von den berühmten Karwendelgründen Johannistal, Lalidertal, Engtal und Falzthurntal drastisch geschieden. Auf das Gamsjoch zwischen Engtal und Lalidertal haben wir es diesmal abgesehen. Dabei geht es nicht nur um die wahrhaftig unbeschreibliche Aussicht auf jene Riesenmauer, die zugleich eine offenbare Einsicht in die Erdgeschichte bedeutet, es geht vor allem um die Spannung, die wir wandernd und steigend im Wechsel zwischen blumenreichen Almkuppen und nackter, öder Karhöhe empfinden. Das Gamsjoch verschafft sie uns. Wer nur einen Tag opfert, muß sich sehr plagen: er steigt vom Boden der Eng bzw. von den in der Nähe liegenden Eng-Almen nordwärts ein Steiglein in den auf unserem Bild gut sichtbaren Graben hinein, erst über einen Schuttkegel, dann im tiefen Einschnitt. Hier verliert sich der Steig und nun muß man weglos, sehr mühsam und vorsichtig dazu nach links oben steilste Grashänge überwinden, bis man deren (im Bild besonnten) Rücken erreicht. Hier steigt man gemächlicher und ungefährdet gerade am Rücken empor, bis man auf den vom Hohljoch herkommenden Steig trifft. Auf ihm wieder in den Schatten nach rechts und zum nahen Gumpenjöchl hinauf: ein feiner Rastplatz! – Nun am Steig nach rechts oben in die Ostflanke des Gamsjoches und am Kamm scharf nach links oben. Hier, vor den ersten Felsschrofen, gibt es Edelweiß zum Anschauen. Nun gerade durch die manchmal etwas steilen Schrofen (Kinder an Reepschnur!) hinauf auf das mächtige Plateau unterm Gipfelbau und auf ihm zum Vorgipfel. Der Gratweg zum Hauptgipfel erfordert absolute Trittsicherheit! – Abwärts sollte man diesen Anstiegsgraben unbedingt meiden und den Weg zum Hohljoch so lange verfolgen, bis man von links unten den Steig Eng-Hohljoch sieht, – erst hier abkürzend links hinab und nun in die Eng marschiert. – Der 2-Tage-Anstieg Hinterriß–Falkenhütte–Hohljoch–Gamsjoch bei 4–5 Std. Dauer am 1. Tag und 6–8 Std. am 2. Tag, ist bequemer und beinahe eindrucksvoller durch die unmittelbare Nähe der Laliererwand. – Diese etwas anstrengende Bergtour darf unter allen Umständen nur von ganz trittsicheren, also regelmäßig bergsteigenden Leuten unternommen werden; bei Nässe sind die Grashänge zwischen Schuttkegel und Hohljochweg gefährlich, vor allem für Kinder! Ich habe an diesen Grashängen meine Kinder ebenso an die Reepschnur genommen wie in den hübschen, aber steilen Felsschrofen vor Erreichen des Vorgipfelplateaus – von dem aus wir nicht weniger als 120 Gemsen zählten. – Unser Weg sollte von Münchnern am besten erst am Ende der »Saison« gemacht werden, im September oder auch im Oktober. Dann erst wird die Stille am Gamsjoch zum Ereignis und der Einblick in das alpine Chaos zum Labsal.

TALORT Hinterriß (Gasthaus Alpenhof), 945 m. – Wirtshaus in der Eng, am Großen Ahornboden, 1218 m (Zufahrt mit Kfz. möglich). – Evtl. Falkenhütte AV, 1846 m, 3–3½ Std. ab Hinterriß.

CHARAKTER Bei 1tägiger Tour kommt nur Fahrt bis zur Eng und Anstieg von den Eng-Almen ins Gumpenkar (Orientierungssinn wichtig!) und übers Gumpenjöchl zum Gamsjochgipfel in Frage: gute 5 Std., etwas anstrengend an Südosthängen, aber nicht schwierig für trittsichere Geher. – Die 2-Tage-Tour führt von Hinterriß zur Falkenhütte (Nächtigung), dann über Hohljoch-Gumpenjöchl zum Gamsjoch. Abstieg Eng (zum Bus): 1. Tag 3½ Std. zur Hütte, 2. Tag 4–5 Std. bis Gipfel plus 2½ Std. Abstieg. Beste Zeit: Juli bis Oktober. Ausrüstung B!

FÜHRER/KARTEN AV-Führer Karwendelgebirge (Rother). AV-Karte Karwendel, Mittl. Blatt. – Evtl. FB-Wanderkarte, Bl. 32.

BILD Blick aus dem Kessel der Binsalm gegen Westen auf das Gamsjoch. Links darunter Gumpenjöchl und Gumpenspitze. Der im Mittelteil fast weglose und mühselige Anstieg erfolgt aus dem Geröllgraben (unterm Gumpenjöchl) und zieht aus ihm nach links oben zu dem vom Hohljoch kommenden Steig.

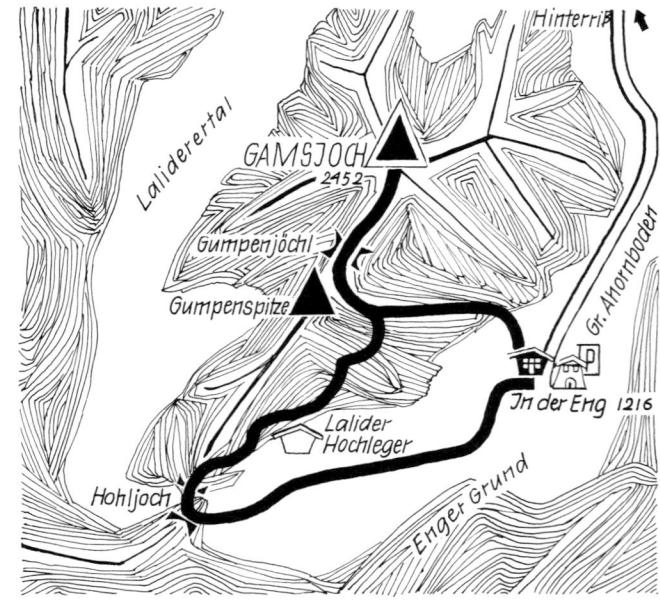

33 Auf die Lamsenspitze

Eckpfeiler über Eng, Falzthurntal, Stallental und Vomper Loch

Von allen Gipfeln zwischen Isarwinkler- und Tegernseer-Schlierseer Vorgebirge bis zum Rofan erkennt man die auffallende Form der 2508 m hohen Lamsenspitze und ihrer glatten Nordostkante: jeder möchte einmal auf die Lamsenhütte hinauf und unter dieser Kante stehen (Bild links oben). Die Lamsenspitze ist der vorletzte östliche Pfeiler der großen Vomper Kette; weit an den tiefen Inntalboden vorgeschoben, dominiert sie über vier typischen Karwendeltälern: Hermann von Barths grandios-gefährlichem Vomper Loch, über dem anmutigen Stallental, dem zauberhaften, von stärksten Kontrasten bestimmten Falzthurntal und über dem Großen Ahornboden. Sehr viele Münchner Bergsteiger haben die Lamsenspitze schon bestiegen, meist nach einer schlechten Nacht, denn im Hochsommer ist die gute alte Lamsenhütte stets arg voll und diese Enge beschert kleine Tragödien und Tragikomödien am laufenden Band (das heißt am Boden, auf Bänken, Tischen und sogar auf Matratzen) . . . aber im Herbst, da wird Luft, da gibt's Platz . . . Von vornherein: Die Lamsenspitze ist nichts für Bergwanderer! Man muß zumindest trittsicher und gewandt sein, um den leichtesten Weg (mäßig schwierig, II) über die Turnerrinne begehen zu dürfen: von der Hütte am Ostwandfuß hinauf, dann südwärts über eine drahtseilgesicherte Wandstufe etwas ausgesetzt zum Lamsjoch, 2270 m, und von hier leicht ins große Lamskar. Die Spuren sind nicht zu verfehlen. Auf ihnen findet man leicht in die oberste Karmulde und zu den zwei nebeneinander liegenden, steil aufwärts ziehenden Rinnen. Sie führen zu einer ersten Schutterrasse, von der ein Kamin mit einer plattigen Unterbrechungsstelle die schwierigste Stelle (II) anbietet. Ab hier klettert man besser in der östlichen (rechten) Rinne zu einer zweiten Terrasse, und bald ist man am Grat und in der schotterigen Südflanke, die unmittelbar zum höchsten Punkt führt. – Kletterer ersteigen den Barthkamin der Südflanke (schwierig, III), die Hübel-Dessauer-Führe der Ostwand (schwierig, III+), die klassisch schöne Nordostkante (sehr schwierig, IV−) oder eine der vielen anderen Ostwandrouten. – Der Abstieg sollte immer auf der leichtesten Route vorgenommen werden, die übrigens oberhalb des Lamskares im Bereich der Felsen oft gefährlich ist durch den sandigen oder Geröll-Belag der Felsen. Vorsicht Steinschlag! – Wer als Lamsenspitz-Begeher zugleich ein Freund der Malerei ist, sei daran erinnert, daß die Münchner Bergmaler Otto Bauriedl und Adalbert Holzer (AVS Berggeist), immerhin zu den bedeutendsten Bergmalern der ersten Jahrhunderthälfte zählend, die 1. Begehung der Lamsen-Ostwand durchgeführt haben, und zwar 1904, etwas links der Hübel-Dessauer-Führe! – Wer zwei oder drei Tage auf der Lamsenhütte bleibt, dem sei die Besteigung der Hochnisslspitze, 2546 m, durch den Lamstunnel und über die Rothwandlspitze, 2321 m, und die Steinkarlspitze, 2425 m, empfohlen, immer etwas rechts unterm mächtigen Hochnissl-Nordwestgrat (Schwierigkeit leicht/I). – Ein langer, aber großartiger Abstieg für ausdauernde und sehr geübte Bergwanderer führt vom Lamsjoch durchs Zwerchloch und Vomper Loch nach Schwaz – ab Hütte 4¹/₂–5¹/₂ Std.! Im Frühsommer Pickel mitführen, weil oft Firnreste!

TALORTE In der Eng (Großer Ahornboden), 1218 m. – Pertisau am Achensee, 933 m. – Nächtigung in der Lamsenhütte AV, 1953 m.

CHARAKTER Die schöne Lamsenspitze mit ihrer prachtvollen Ostwand und der kühnen Nordostkante kann auf dem leichtesten Wege (Gamsjoch-Turnerrinne) nur von sehr trittsicheren Bergsteigern – nicht von Bergwanderern – erstiegen werden (mäßig schwierig, II). Vorsicht wegen des Steinschlags im Fels überm Lamskar! Keine Steine, kein Geröll abräumen oder abtreten! Gut sichern! Beste Zeit: Ende Juni bis Anfang Oktober! Ausrüstung C!

FÜHRER/KARTEN AV-Führer Karwendelgebirge (Rother). – AV-Karte Karwendel. Östliches Blatt. – Evtl. FB-Wanderkarte, Blatt 32.

BILD Blick aus dem von Nordwest anfliegenden Flugzeug gegen (von links) Lamsenjoch mit Hütte, Lamsenspitze, Mitterspitze, Schafkarspitze (rechts, darunter das Hochglückkar). Links oben am Bildrand Rothwandlspitze und Steinkarlspitze vom Hochnisslkamm. Im Mittelgrunde unten der aus der Eng kommende Lamsenjoch-Hüttenweg mit der Binsalm.

34 Soiernspitze und Schöttlkarspitze
Die romantische Umrahmung des Soiernkessels

Wir Münchner Bergfreunde und alle unsere einsichtigen »Zuagroasten« sollten davon profitieren, daß mitten im Zeitalter des Reisewahns und der Kreislaufstörungen schon eine geforderte Steigmühe von 4 Std. Anlaß ist, daß niemand – zum Beispiel – auf die Soiernspitze steigt. Oder sagen wir: wenige Menschen. Unten aber rasen pro Saison Hunderttausende »Naturfreunde« an Krün und Mittenwald vorbei. Man geht 4 Std. von Krün auf die Soiernhäuser, oder 3½ Std. von Mittenwald zur Fereinalm. Von da sind es jeweils gute 2 Std. zum Gipfel der Soiernspitze, des höchsten Punktes im großen Hufeisen um die beiden runden Seeaugen unter den Soiernhäusern. Wer faul ist oder ein talentierter Träumer, der muß ja gar nicht auf die Soiernspitze, der steigt halt in Gottes Namen nur bis zu den Soiernhäusern und bleibt da, legt sich ans Ufer der kleinen Seen, das geologische Monument der »wie aus Gaudi« horizontal geschichteten, wie zum Anschauungsunterricht offenliegenden Kalktafeln über sich und viel Schutt. Man kann nicht heraus aus dieser Soiernwelt! Das Hufeisen ist beinahe geschlossen, grad noch, daß man nach Nordosten zu den Waldbergen vor der Jachenau schauen kann. Jeder Münchner Bergfreund, der seiner Gesundheit nicht feind ist, sollte einmal von den Soiernhäusern aus über Schöttlkarspitze, 2050 m – Feldernkreuz, 2048 m – Feldernkopf, 2071 m – Reißende Lahnspitze, 2209 m, zur Soiernspitze, 2259 m, gewandert sein (mit Abstieg zur Fereinalm oder direkt zu den Soiernhäusern zurück): da geht er das große Hufeisen an seinem felsigen Kamme aus, marschiert das Isarknie mit, den Lauf des Seinsbaches und ein Trumm den vom Fermersbach; er schaut in königliche und herzogliche Jagdreviere hinein (auch der Hausknecht vom »Blauen Bock« war einmal der Jagdherr), lernt die Vordere Karwendelkette »auswendig«, macht selbst mit der Hauptkarwendelkette Bekanntschaft, und hat das ganze Wettersteingebirge quer vor sich, links Wetterstein- und Dreitorspitzenkamm und Hochwanner, dann, nach dem großen Einschnitt Reintal-Platt, den Blassen- und Zugspitzkamm. Gegen Abend, wenn die Sonne neben dem fernen Horn des Daniel untergegangen ist, dann steht der ganze Wetterstein wie eine tiefblaue Kulisse vor einem Goldhimmel – und man hat viel Zeit zum Schauen, denn es sind ja nur 40 Minuten von der Schöttlkarspitze zum Nachtquartier auf den Soiernhäusern. Der große Übergang Schöttlkar – Soiernspitze ist leicht, verlangt nur Ausdauer, absolute Trittsicherheit und alpine Vernunft! Nicht immer geht es am Kamm dahin, öfters weicht man in der Flanke aus, der AV-Führer sollte immer zur Hand sein! – Was den Anstiegsweg von Krün her betrifft, so achte man darauf, daß es ab Fischbachalm, 1403 m, zwei Möglichkeiten des Weiterweges gibt: 1. den Lakaiensteig König Ludwigs II., er führt tief in Gräben hinein, es gibt blanke Wandstellen, Runsen und vermurte Stellen zu passieren, und man profitiert zeitlich so gut wie nichts, – 2. den Steig von der Fischbachalm erst abwärts zum Hundsstall, 1238 m, dann südlich, am Schluß in kurzen Serpentinen eine steile Sandreiße querend und einen Wasserfall passierend, zum oberen Soiernhaus, das alles nicht ganz so eindrucksvoll, aber bei gleicher Gehzeit (s. FB-Karte).

TALORTE Krün, 880 m, 2 km hinter Wallgau, ab hier in knapp 4 Std. zu den Soiernhäusern, 1613 m, am Ausgang des Soiernkessels (bewirtschaftet) – Mittenwald, 913 m, ab hier in 3–3½ Std. über Raineck–Kälberalpbach–Aschaueralm zur Fereinalm (Krinner-Koflerhütte AV), 1407 m, am Sattel zwischen Seinsbach- und Fermersbachtal (unbewirtschaftet, bewartet, Matratzenlager).

CHARAKTER Sehr schöne, nicht überlaufene Bergwanderung im Vorkarwendel. Der große Gratübergang an der Umrahmung von der Schöttlkarspitze bis zur Soiernspitze, 5 Std. Mindestzeit, ist nur für trittsichere und vorsichtige Geher ohne Schwierigkeiten! Vorsicht bei Nichtgeübten empfohlen! Genau Führer beachten! Weg führt oft nicht am Gratkamm, sondern in den Flanken. Gute Steige, aber viel Geröll und Sand. Beste Zeit: Nicht vor Mitte Juli (viel Schnee im Kessel, wenn früh, dann mit Pickel) bis Oktober! Ausrüstung A!

FÜHRER/KARTEN AV-Führer Karwendel. – FB-Wanderkarte, Bl. 32.

BILD Ausblick vom Anstieg zur Schöttlkarspitze gegen Südost auf die zwei Soiernseen und das breite Trapez der Soiernspitze, 2295 m. Links die Gumpenkarspitze, im Hintergrund die Vordere Karwendelkette.

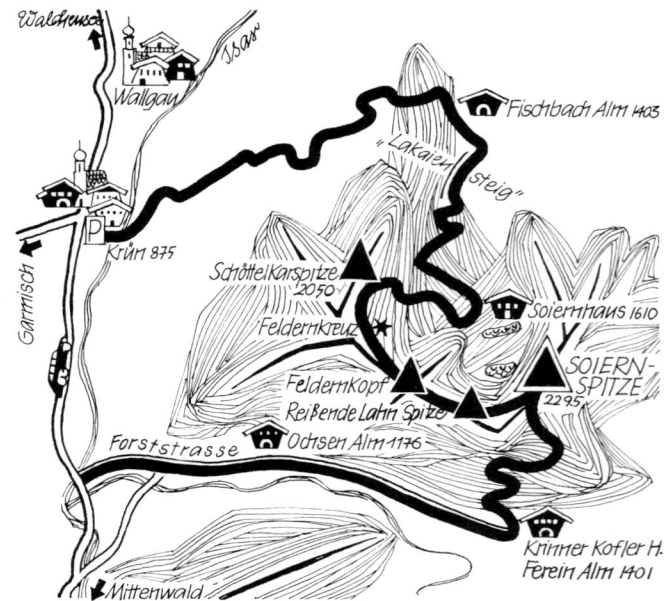

35 Wörner und Tiefkarspitze

Über acht Karwendelkaren – zwischen Larchetalm und Hochland-Hütte

Die vom Johannistal kommende Nördliche Karwendelkette macht am Wörner über Mittenwald einen scharfen Knick nach Süden. So steht dieser Karwendelberg als mächtiger Eckpfeiler hoch überm Werdenfelser Land, zugleich dessen berühmte östliche Kulisse. Neben dem Wörner fällt die schöne kräftige Pyramide der Tiefkarspitze ins Auge, uns Münchnern nur allzugut bekannt als lawinenfreudige Dammkar-Umrahmung. Der Wörner darf als einer der meistbesuchten Münchner Hausberge gelten, wiewohl sein Normalanstieg von der Hochland-Hütte und vom Steinkarlgrat her durch die Westflanke nicht ganz leicht, eher mäßig schwierig ist – weil stellenweise brüchig, mit schneegefüllten Steilrinnen ausgestattet und einer etwas verwickelten Wegführung. Nur die gut erkennbaren Spuren der vielen Bergsteiger geben eine einigermaßen sichere Richtung an . . . Nicht leichter, sondern schwieriger noch als der Wörner ist die Tiefkarspitze zu besteigen, deren Normalführe über den schönen Nordwestgrat zieht: mäßig schwierig, also II, sagt der Führer, und eine Stelle schwierig, III, das ist am etwas überhängenden Einstieg zum dunklen Kamin unter dem auffallenden Gratturm. Beim Wörner geht man 1 Std. zum Einstieg am grünen Steinkarlgrat (im Bild ganz links), der direkt an die Felsen stößt: Nagelkratzer deuten gerade in die Höhe, dann folgt man Steigspuren und Steindauben zu einem leicht begrünten Schuttfeld. Nach Erreichen des Grates bleibt man rechts unter ihm und steigt auf einem Gamswechsel in die Westflanke ein. Hier quert man Rinnen, steigt links eine kaminähnliche, oft noch mit Schnee gefüllte Rinne (evtl. an ihrer rechten Begrenzung) aufwärts bis unter den Grat; dann links aus der Rinne heraus und zum Kreuz, 2476 m. Hier hat man den schönsten Blick auf das Wetterstein einerseits und auf die an Hochkaren reiche Nordfront der Hauptkette des Karwendel. – An der Tiefkarspitze befindet sich der eigentliche Einstieg am Ende des schon von der Hütte gut sichtbaren grünen »Predigtstuhlbandes«, das über die Schuttreißen des Mitterkares und durch eine Rinne in 1 Std. erreicht wird: hier setzt der schöne Nordwestgrat an, den man direkt angehen oder links über ein Grasband und den erwähnten dunklen Kamin (schwerste Stelle am Einstieg) bis zu seinen gutartigen Stufen umgehen kann. Auch hier weisen deutliche Kletterspuren immer wieder den Weg. Die bald folgende Schlucht, über der unser Nordwestgrat in den Nordgrat mündet, wird am besten bis in die Scharte durchstiegen; die folgenden Türme werden überklettert oder auf der Dammkarseite (rechts) umgangen. Ein kaminartiger Riß führt auf den Gipfelblock, nach einer kurzen Querung in dessen Nordseite stehen wir am Gipfel, 2431 m hoch, zwischen Mitterkar, Dammkar, Tiefkar und Larchetfleckkar. Die drei Haupttäler des Karwendelgebirges öffnen sich zum großartigen Panorama, über die Seefelder Lücke grüßen ein Dutzend Stubaier Firnberge . . . Eine Warnung: Wörner wie Tiefkarspitze sind keine leichten Berge, jedenfalls nichts für Anfänger! Auch wer sich ans Seil eines erfahrenen Bergsteigers binden darf, muß Bergerfahrung besitzen; beide Touren sind relativ lang, beim Klettern gibt es kein Davonspringen, wenn ein Unwetter kommt, nur Umkehr.

TALORTE Mittenwald, 913 m. – Nächtigung: Hochland-Hütte AV, 1630 m (unbewirtschaftet, bewartet, Kochgelegenheit!) AV-Schlüssel! 2½ Std. ab Mittenwald. Evtl. Fereinalm, 1407 m (Krinner-Kofler-Hütte), (unbewirtschaftet, bewartet, Kochgelegenheit), 3 Std. ab Mittenwald.

CHARAKTER Beide Touren sind Kletterführen in dem nicht zuverlässigen Karwendelfels! Leicht bis mäßig schwierig (II–) am Wörner, mäßig schwierig (II) mit einer schwierigen Stelle (III) an der Tiefkarspitze. 3½ Std. Aufstieg am Wörner, 4 Std. an der Tiefkarspitze, jeweils ab Hochland-Hütte. Abstiegszeiten 2 bis 3 Std.! Beide Touren verlangen Klettertüchtigkeit, dazu absolute Trittsicherheit und Orientierungssinn! Beste Zeit: Ende Juli (Firnreste!) bis September! Ausrüstung C!

FÜHRER/KARTEN AV-Führer Karwendelgebirge (Rother, AV-Karte Karwendel, Westliches Blatt. – Evtl. FB-Wanderkarte, Blatt 32.

BILD Blick von Westnordwest auf die wuchtige Doppelbastion des Vorderen Karwendelkammes über Mittenwald: links Wörner, rechts Tiefkarspitze. Darunter drei Kare aus feinstem Ia Kalkschutt, von rechts: Dammkar, Mitterkar, Wörnergrube (darunter Hochlandhütte). Der Wörner-Nordwestgrat sitzt kompakt auf dem Wörnersattel auf.

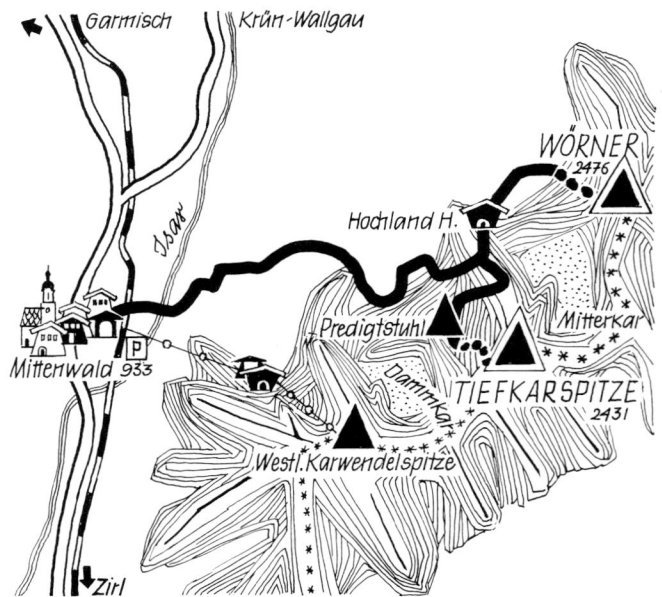

36 Brunnensteinspitze und Sulzleklamm

Stiller Vorposten im westlichen Karwendelkalk

1 oder 2 Tage   Anfahrt 90 km   Mit Kindern ab 14 J.
Bergwanderung

Das Karwendelgebirge wird von vier mächtigen Bergketten gebildet, die genau parallel in West-Ost-Richtung verlaufen und deren kraftvoll aufstrebende Kalkmauern strenge Zäsuren ziehen. An ihrem westlichen Ende über Mittenwald biegt die erste, nördliche Karwendelkette scharf gegen Süden um und senkt sich in einem schmalen, doch bald immer sanfteren Schrofengrat nach Scharnitz ab – wo Karwendelbach und junge Isar zusammenkommen. Die letzten Gipfel dieses Kammendes heißen Sulzleklammspitze, 2319 m, Kirchlespitze, Rotwandl- und Brunnensteinspitze – einst traumhaft verborgene, heute durch einen »Klettersteig« gefesselte Kammgipfel: »Mittenwalder Höhenweg« nennt sich die Attraktion! – Es gibt dorthin zwei Aufstiegswege: 1. den steilen, nur ganz trittsicheren Gehern zugänglichen Steig von Scharnitz, direkt vom beginnenden Karwendeltalweg aus links aufwärts führend, den Fischler-Pavillon links lassend, durch eine Steilwaldzone zum Brunnensteinköpfl, 1904 m, ziehend und die schrofige Grataufbäumung vor P 2065 m links umgehend – etwa 3 Std. bis auf 2180 m Gipfelhöhe an der Brunnensteinspitze! Ferner 2. den viel interessanteren, auch uns Münchnern näher gelegenen Anstieg von der Isarbrücke hinter Mittenwald links, beim ersten Kalkofen, ab und am »Gerber« vorbei zum »Leitersteig«, der den bewaldeten Hang mählich steigend quert, über die Lawinengräben von »Lindlahn« und »Sulzleklamm« setzt, um in kurzen Serpentinen steil den Latschenpelz zu überwinden. Schon nach gut 2½ Std. steht man da vor der Brunnenstein-Hütte, 1560 m (privat), und kann Brotzeit machen oder Quartier belegen . . . denn die 2-Tage-Tour ist noch schöner und bekömmlicher als die 1-Tage-Tour! Man kann schon an der Hütte beginnen, die Architektur von Wettersteinwand und Arnspitzenblock zu studieren, kann aber auch schon unterwegs, in der Sulzleklamm, ein »Studienprogramm« einlegen. Dazu bedarf es nur einer gewissen Trittsicherheit und etwas Bergerfahrung. Anderntags geht es steil gipfelwärts, durch letzte Latschenzüge südlich zur Roßlahn querend und dann am freien Hang steil hinauf zum wunderbaren Brunnensteinanger, 2100 m, – direkt am Grat zwischen Karwendel und Isartal. Hier steht die Tiroler Hütte, 2082 m (privat), man hat von Mittenwald hierher 3–4 Std. zu steigen. Jetzt warten Rotwandlspitze und Brunnensteinspitze (leicht) auf unseren Besuch, aber auch die nahe Kirchlespitze (Vorsicht in Steilschrofen). Hier sitzt man oft völlig allein und genießt einen phänomenalen Einblick in den nördlichen Kalkalpenbereich. Drei Haupttäler des Karwendelgebirges laufen zu unseren Füßen zusammen . . . Ebendort stand einst der Hof des schon 1280 mehrfach erwähnten »Perchtoldus Gerwendelaur«, nach dem Hermann v. Barth letztlich das ganze Karwendelgebirge benannt hat . . . Geheimnisvoller noch als diese Tiefblicke sind die Einblicke in sonst unsichtbare Karwendelkare; als einsame Hochkare haben wir sie zu Dutzenden vor unserem Auge, diese gespenstisch veröderten, auf der Nordflanke stets düsteren Geröllkammern unter brüchigem, grauweißem Gewänd – Kirchlkar, Lärchetkar, Neunerkar, Riedlkar, Bockkarl, Großkar, Marxenkar, Tiefkar . . .

TALORTE Mittenwald, 913 m. – Scharnitz (PORTA CLAUDIA), 948 m. – Nächtigung möglich bei 2-Tage-Tour auf Brunnenstein-Hütte, 1560 m (privat, 2 Std. ab Mittenwald), – oder Tiroler Hütte, 2082 m, am Brunnenstein-Anger.

CHARAKTER Dies ist eine stille steile Bergwanderung inmitten berühmter Tourenwege und Gipfel, ganz außergewöhnlich schön im Herbst, einige Stellen leichteste Kletterei (I–II). Diese Tour hat nichts mit dem »Mittenwalder Höhenweg« ab Bergstation südwärts zu tun! Sie zieht vom Talboden (ab »Gerber«) süd-, dann ostwärts direkt zur Tiroler Hütte am Rotwandlspitz hinauf! Ab Anfang Juli bis in den spätesten Herbst! Ausrüstung A! Trittsicherheit vonnöten!

FÜHRER/KARTEN AV-Führer Karwendelgebirge (Rother). – AV-Karte Karwendel, Westliches Blatt. – FB-Wanderkarte, Blatt 32.

BILD Ausblick vom Brunnensteinkopf – dem Südwestende der Ersten Karwendelkette – über das Tal der jungen Isar hinweg auf die Kette der Arnspitzen und den Südabfall des Wettersteingebirges: Rechts oben Berglental und Plattach unter den Dreitorspitzen. Tief unter den weißen Wolken der Bildmitte frieren die Grenzbeamten von Scharnitz . . .

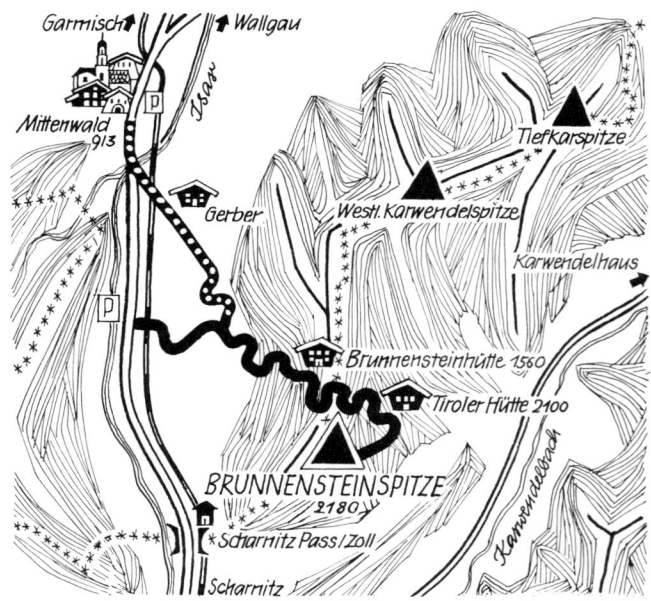

37 Reither Spitze und Eppzirler Alm

Stille Kanzel vor großer Ostalpenszene

Es ist einzigartig, abends allein vor der höchstgelegenen Karwendelhütte zu sitzen – vor der lieben alten Nördlinger Hütte am 2238 m hohen grünen Südsporn unter der Reither Spitze – und auf die blauschwarze, vom letzten Sonnengold umrandete Riesenkulisse der Hohen Munde zu schauen, und zugleich in den tiefsten Talgraben der Ostalpen, in dem der Silberstrom des Inns gelassen seine Schleifen zieht. Oder hinüber auf den wilden Eiskamm der Tuxer, Stubaier und Ötztaler Zentralalpen . . . Links Granitberge, rechts Kalkberge, dazwischen die Schürfarbeit des Innflusses über Millionen Jahre. Manchmal denkt man: ohne Almengrün und Wälder stünde man über einer Mondlandschaft – aber wir finden es »schön«, wie die Chiemsee-, ja selbst wie die Rheinlandschaft. – Ausgangspunkt ist in jedem Falle Seefeld oder die Bergstation am Seefelderjoch: ab hier genügt ein Tag bei 6–7 Std. Gehzeit, um über Seefelderspitze und Reither Spitze zur Nördlinger Hütte und weiter über den Ursprungsattel zur Eppzirler Alm und nach Gießenbach zu gehen: ein großer, ein herrlicher Wandertag! Wer aber zwei Tage dran gibt und auf der Nördlinger Hütte nächtigt (eine brave Wirtin, eine einfache Hütte, meist wenig Leute), der bummelt erstens auf dem Weg zur Reither Spitze hinüber, und der bummelt auch anderntags, wenn er zum Ursprungsattel und hinab in den grünen Riesenzirkus der Eppzirler Alm (Brotzeit) steigt oder südwärts hinab über Schoaßgrat (Schartlehner Wirtshaus), Schafleger und Ochsenleger in die steilen duftenden Lärchenwälder oberhalb Reith an der Zirlerbergstraße (wo ständiges Rasten beinahe eine lästige Pflicht wird) . . . der bummelt aber keineswegs, sondern schleunt sich ein bisserl, wenn er – als trittsicherer, schwindelfreier und besonnener Bergsteiger – den großartigen, aber oft sehr ausgesetzten »Freiungen-Höhenweg« (vom Ursprungsattel über die Freiungtürme und Kuhlochspitze, teilweise mit Drahtseilen gesichert) hinüber zum Solsteinhaus (4 Std.) geht und von dort hinunter zur Station Hochzirl (weitere 2½ Std.). Die kürzere Bergwanderung führt also ab Nördlinger Hütte in den Eppzirler Grund oder südwärts zur Station Reith oder westwärts nach Seefeld. Man kann den Wagen an der Talstation der Lifte-Gondel-Kombination zum Seefelder Joch stehen lassen, dann muß man von Gießenbach oder Reith oder Hochzirl nach Seefeld zurückfahren (Bahn). Besser ist es, man läßt den Wagen in Gießenbach, etwa 3 km südwärts Scharnitz, links an der Straße oder am Klamm-Eingang jenseits der Geleise der Mittenwaldbahn und fährt mit Bus oder Bahn (vorher Fahrplan studieren!) für wenig Geld nach Seefeld, – oder man läßt ihn in Reith und fährt nach Seefeld zurück: kurz, man stellt den Wagen an den Endpunkt der Tour und fährt von da nach Seefeld und zur Talstation. Ich habe alle Touren, die ich hier anrege, mit eigenen und fremden Kindern zwischen 8 und 12 Jahren gemacht, den längeren Freiungen-Höhenweg aber nur mit einem sehr geübten Vierzehnjährigen am Seil, wobei wir zwar mit großer Vorsicht, doch relativ schnell bis zum Solsteinhaus gingen; hinterher aber, in Hochzirl, hatten wir einen »sauberen« Knieschnackler (wir hatten auch den Solstein noch mitgenommen).

TALORT Seefeld in Tirol, 1175 m (Standseilbahn und Gondelbahn zum Seefelder Joch, 2074 m, ab Roßhütte auch Kabine zum Härmelekopf, 2023 m). – Für den Abstieg Reith, 1029 m, und Gießenbach, 1000 m, beides Stationen an der Karwendelbahn.

CHARAKTER Die hier vorgeschlagene Höhenwanderung hinab durch die Lärchenwälder über Reith oder in den Boden der Eppzirler Alm verlangt lediglich Trittsicherheit und etwas Orientierungssinn, sie verbietet Leichtsinn! Die Kletterei an der Reither Spitze ist kaum Schrofenkletterei, nicht einmal mäßig schwierig, aber Leichtsinn kann sie schon gefährlich machen. Auch beim Abstieg vom Ursprungsattel nach Norden gilt dies. Der Freiungen-Höhenweg (siehe Karwendelführer AV) ist trotz mancher fixen Drahtseile gefährlich, weil oft brüchig, abgetreten und exponiert. Nie bei Nässe oder unsichtigem Wetter begehen! – Ende Juni bis Ende September, beste Zeit Mitte September bis gegen Ende Oktober. Ausrüstung B!

FÜHRER/KARTEN AV-Führer Karwendel (Rother). – AV-Karte Karwendel 1:25 000 Westl. Blatt. – Evtl. FB-Wanderkarte, Bl. 32.

BILD Ausblick vom Steig Seefelder Hütte–Reither Spitze, über den verdeckten Inntalboden hinweg, auf die Zillertaler Alpen. In Bildmitte oben das Massiv des Tuxer Kammes mit seinen Eisdecken um Gefrorene Wand, Olperer und Schrammacher. Rechts oben am Bildrand der Hochfeiler.

38 Erlspitze und Großer Solstein

Eppzirler Alm – Erlsattel – Kristental – Gleirschtal

Die Eppzirler Alm wird von einem hufeisenförmigen Felsenrund umgeben, dessen Hauptgipfel Reither Spitze, Kuhlochspitze und Erlspitze heißen. Man wandert von der Station Gießenbach der Karwendelbahn (Parkplatz etwa 4 km südlich Scharnitz, beim »Hotel Maximilian«, links der Hauptstraße) erst durch eine klammartige Enge, dann dem frischen Gießenbach entlang, mitten in den innersten grünen Boden dieses Hufeisens hinein, etwa 2½ Std., bis man vor der Eppzirler Alm steht. Hier schaut man wie vom Boden eines riesigen Amphitheaters auf die gewaltigen Kulissen der zerrissenen Wände. Nichts ist zu spüren vom Bergbahnbetrieb droben am Seefelder Joch; der direkte Abstieg hierher wäre schwierig, ist auch nicht instandgehalten, also rasten wir in Ruhe. Der folgende Anstieg über eine anscheinend endlose Sandreiße im Kuhloch – einem riesigen Steilkar – zur Eppzirler Scharte auf 2093 m Höhe erscheint zunächst eine Zumutung: aber 600 Höhenmeter schafft jeder Bergsteiger gemütlich in 2 Std., wenn er langsam antritt und wenig Rasten einlegt. Zu schauen gibt's genug, auch die Spannung wächst von Meter zu Meter, je näher man der Scharte kommt. In winzigen Serpentinen schraubt sich der Steig empor, die Nordwand der Kuhlochspitze scheint über uns einzustürzen, dann endlich sind wir oben am Schnöllbödele und schauen entrückt auf die beiden Solsteine, von denen der Kleine mit 2641 m kurioserweise höher ist als der Große mit 2546 m, – links unten das einsame Kristental, im Süden die Brennerberge und der Tuxer Kamm. Also schnell den Steig südöstlich zum Solsteinhaus so weit abgestiegen, bis man ungefährlich nach links zum nahen Steig queren kann, der vom Solsteinhaus direkt zur Erlspitze zieht. Keinesfalls zu früh nach links queren! Der Steig zur Erlspitze, 2404 m, zieht zuerst durch einen Latschengürtel und dann in vielen kurzen Serpentinen, zuweilen Seilsicherung bietend, zum Gipfel – knapp unterhalb entdeckt man rechts über einer meist schneegefüllten Steilschlucht die (sehr schwierige!) »Gipfelstürmernadel«, ein Fotoobjekt ersten Ranges. Auf der Erlspitze wird man oft allein sitzen; sie beherrscht als höchster Gipfel die nach ihr benannte südwestliche Karwendelecke, zur Eppzirler Alm schaut man gerührt wie auf ein zweites »Hoamatl« hinab, so still und behütet liegt sie in ihrem Felsenzirkus. Nach dem Abstieg nächtigen wir recht angenehm im großen Solsteinhaus und steigen dann früh am nächsten Morgen den Steig zum Großen Solstein hinauf, von 1805 auf 2540 m, 2 Std. also höchstens, – oder 1¼ Std., wenn man vom hochgewachsenen Ältesten angetrieben wird. Vom Solstein-Blick verrate ich nichts: den mag jeder als Riesenüberraschung selber erfahren! Wir lagen 2 Std. oben im letzten Herbst, den Freiungen-Höhensteig hinter uns, mixten aus Schnee, Zitrone und Zucker einen erstklassigen Karwendel-Cocktail und sammelten neue Ziele. Heimzu pressiert's jetzt, wenn man den Wagen bei Gießenbach oder Scharnitz stehen hat: andererseits darf sich jeder auf diesen Abstieg freuen. Wer kennt schon das Kristental! Nur die Innsbrucker, ganz wenige Münchner. Vom Solsteinhaus hat man nach Scharnitz gut 4 Std. zu laufen, erst mit dem Kristenbach, dann mit der jungen Isar und Muskelschmerzen.

TALORTE Gießenbach, 1010 m, 4 km südl. Scharnitz. Eppzirler Alm, 1455 m (einf. bewirtsch.). Solsteinhaus AV, 1805 m, am Erlsattel (Nächtigung). – Abstieg Solsteinhaus–Kristental–Scharnitz etwa 4 Std. – Abstieg Solsteinhaus–Bahnhof Hochzirl, 3 Std.

CHARAKTER Eine lange, etwas anstrengende, aber ungewöhnlich schöne Karwendel-Durchquerung mit Besteigung zweier bedeutender Gipfel auf gut markierten, teilweise gesicherten Steigen. Ohne Schwierigkeiten für geübte und etwas ausdauernde Bergsteiger. Die Erlspitze darf KEINESFALLS direkt von der Eppzirler Scharte aus bestiegen werden, sondern NUR auf dem markierten Steig vom Solsteinhaus her! Beste Zeit: Juli bis September! Ausrüstung A!

FÜHRER/KARTEN AV-Führer Karwendelgebirge (Rother). – AV-Karte Karwendel Westl. Blatt. – Evtl. FB-Wanderkarte Blatt 32.

BILD Über dem abgelegenen Talboden der Eppzirler Alm sehen wir oben (links der Bildmitte) die runde Erlspitze, 2404 m. Über die ihr rechts vorgelagerten Sandströme führt der Aufstiegsweg zur Eppzirler Scharte bzw. zum Solsteinhaus. Links der Erlspitze rückwärts der Große Solstein, 2546 m. Rechts oben Kuhlochscharte und Östlicher Freiungturm.

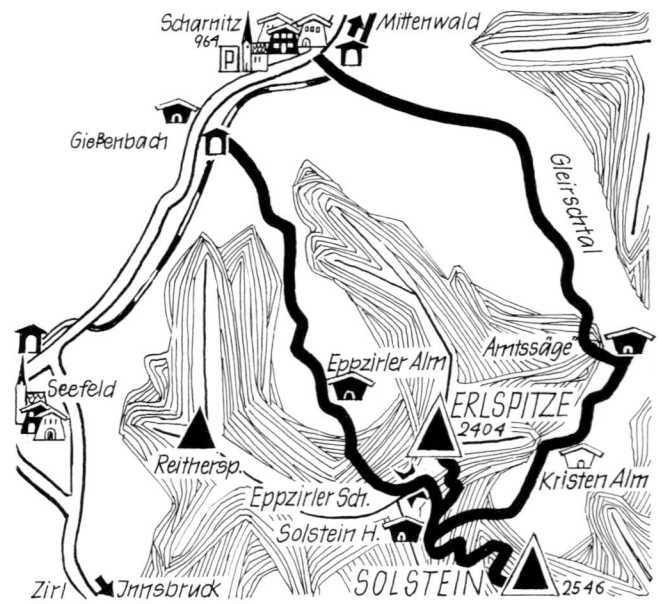

39 Die Speckkarspitze überm Halleranger

Hinterautal – Lafatscher Joch – Vomper Loch

Man kann natürlich in Gesellschaft von 10 000 Marschierern ein schlechtes Großstädtergewissen um den Starnberger See herum tragen und eine Medaille nebst wunden Füßen heimbringen – man kann aber auch nach einem uralten Münchner Bergsteigerrezept 5 Std. durchs einsame Hinterautal auf das Halleranger-Haus wandern, anderntags aus einem wunderschönen Zirbengrund auf die Speckkarspitze steigen und hinterher wieder 5–6 Std. durchs Vomper Loch nach Schwaz traben: ohne Medaille, allein auf gottverlassenen Gebirgspfaden . . . Diese Speckkarspitze, 2621 m hoch und im Grunde nur ein westlicher Pfeiler der Bettelwurfkette überm Inntal, in 3 Std. ab Halleranger-Haus auf Steig, dann in leichter, aber etwas mühsamer Schrofenkletterei zu ersteigen, ist dabei NICHT das große Ziel dieses schönen, langen und zuletzt auch sehr anstrengenden Unternehmens im Karwendel: das eigentliche Ziel ist die stille Bergwanderschaft durchs Zentrum dieses eigenartigsten Kalkstockes der Nördlichen Voralpen, der zweitägige Aufenthalt in den zauberhaften Talgründen zwischen den innersten Ketten des Gebirges. Denn links überragen uns die berühmten Mauern von Ödkarspitzen, Birkkar- und Kaltwasserkarspitze, Laliderspitze, Spritzkar- und Lamsenspitze, rechts die weniger hohen, nur passionierten Kletterern bekannten Gipfel von Hochgleirsch, Praxmarerkarspitze und Großem Lafatscher. Dabei begleiten wir die junge Isar bis zu ihrer Quelle, dabei genießen wir die Gesellschaft von Gamsrudeln im Gewänd. Das Halleranger-Haus erwartet uns zwischen alten Zirben, nur wenig unter der Waldgrenze, von zwei hohen Jochen überragt, und die hellen Kalktafeln von Speckkarspitze und Kleinem Lafatscher stellen imposante Urweltkulissen. Hier ist der Bergwanderer daheim, hier dominiert kein extremer Kletterer mehr. Zur Besteigung der Speckkarspitze zweigen wir vom Weg zum Lafatscher Joch oberhalb des Durchschlages links ab und winden uns in großen Schleifen bis in das kleine Kar zwischen Südwest- und Nordwestgrat durch; dort halten wir uns nach links hinauf zum Nordwestgrat, bleiben dann aber unter ihm, bis wir durch kleine Rinnen und Schrofen zum Gipfel ansteigen können. – Der erste Blick gilt dem eindrucksvollen Grat hinüber zum Bettelwurf, einem eleganten Himmelssteg hoch über der schaudererregenden Inntaltiefe – aber brüchig, und sehr schwierig und gefährlich zu begehen! Der zweite Blick streift die gewaltige Bettelwurf-Nordwand und senkt sich in die Urwelt des Vomper Loches, erinnert an Hermann v. Barths herrliche Schilderung und lädt uns energisch zum Abstieg ein. – Wir können aber auch, falls wir nicht durchs Vomper Loch absteigen wollen (weil der Wagen in Scharnitz steht) den Übergang Lafatscher Joch–Stempeljoch–Pfeis-Hütte–Gleirschtal–Scharnitz rekognoszieren: dabei würden wir ein zweites bedeutendes Karwendeltal kennenlernen. Der Abstieg durchs Vomper Loch, einem der faszinierendsten Abstiege im ganzen Kalkalpenbereich überhaupt, mit Worten nicht zu beschreiben, wird heute auf einem leidlich guten Steig zurückgelegt; er kostet aber viel Zeit, und es gibt keine Wirtschaft und keine Unterkunft bis hinaus zum Wirtshaus Karwendelrast, 829 m! Dort sitzt man mit Engeln beim Bier.

TALORTE Scharnitz, 964 m (Grenzstation). Ab hier gute 5 Std. durchs Hinterautal zum Halleranger-Haus AV, 1768 m, im Zirbenwald unter der Speckkarspitze. – Abstieg am gleichen Wege, oder 2. durchs Vomper Loch nach Schwaz in 5–6 Std., oder 3. über Lafatscher und Stempeljoch zur Pfeis-Hütte AV, 1920 m, und von dort das Gleirschtal.

CHARAKTER Die großen Talwanderungen zum und vom Halleranger-Haus bereiten keine Schwierigkeiten, aber sie erfordern große Ausdauer! Insbesondere der Abstieg durchs Vomper Loch, wenn am frühen Morgen die Speckkarspitze (leichte Tour, etwas mühsam, Trittsicherheit unerläßlich, 3 Std. Aufstieg, 1½ Std. Abstieg!) bezwungen wird. – Die hier empfohlenen Karwendel-Durchquerungen zählen zu den großartigsten alpinen Erlebnissen in den Ostalpen! Beste Zeit: Juli bis Mitte September. Ausrüstung A! Notproviant!

FÜHRER/KARTEN AV-Führer Karwendelgebirge (Rother). – AV-Karte Karwendel Mittl. Blatt – Evtl. FB-Wanderkarte Blatt 32.

BILD Ausblick vom Halleranger-Haus des Alpenvereins auf die schockierende Nordostwand des Kleinen Lafatscher: eine ungeheure Kalkverschneidung als urwelthafte Riesenkulisse.

Zu Foto S. 87
Blick aus dem Flugzeug auf Rumerspitze
(rechts oben) und Pfeiskessel (links unten die Pfeishütte). Nahe der Bildmitte
das Kreuzjöchl als Übergang ins Inntal
bzw. zum Rechenhof und nach Innsbruck. Im Hintergrund die Tuxer Schiefer-
alpen. Die Wegspuren von rechts kommen von der Mandlscharte (Goetheweg)
bzw. von der Arzler Scharte herab.

40 Goetheweg und Rumerspitze

Von der Innsbrucker Hungerburg ins Halltal

Ein ausgemachter »Innsbrucker Hausberg«, ganz klar, – aber wir haben ihn halt doch schon zweimal gemacht, von München aus in einem Tag. Und mußten keineswegs um 3 oder 4 Uhr früh wegfahren, weil man nämlich lediglich die erste Kabine von der Hungerburg zum Hafelekar erwischen muß, und die geht meist kurz vor 8 Uhr. Also vor 6 Uhr am Stachus oder auf der Schwanthaler Hochebene oder in Schwabylon starten, dann glangts noch! Man läßt das Fahrzeug an der Hungerburg, dann ist man 20 Minuten später schon auf 2256 m Höhe, 1700 Höhenmeter überm Inntal, und so hoch bleibt man die nächsten 3–4 Stunden: man bummelt den guten Goetheweg ostwärts dahin, mit einem Auge an den Windungen des Inns, mit dem anderen an den Tuxer und Zillertaler und Stubaier Gletscherbergen, oder auch einmal links hinab ins einsame Karwendel blickend. Ein großartiges Unternehmen, insbesondere mit Kindern: perfekter Geographie-Unterricht. Gleirschspitze und Mannlspitze werden umgangen, an der Mannlscharte tritt man nach einem Abstecher in die düstere, oft mit Firnflecken gefüllte Nordflanke, wieder ins Licht der Südseite, und da steht die Rumerspitze (nach knapp 2 Std.) schon unmittelbar gegenüber mit ihrem reizenden schartigen und gar nicht steilen Westgrat. Der ist ein »leichter Zweier« (II–), so steht's im Führer, und vermittelt eine regelrechte, dazu recht lustige Turnstunde. Wir haben uns die vier Kinder (zwischen 6 und 12 Jahren) aufgeteilt, es gab keinen Seilsalat, und obwohl der Fels rechts bacherlwarm, und einen Halbmeter links in der Nordseite sogar mit dünnem Neuschnee bedeckt war, ging es gut. Aufregend gut! Alle haben wir gestrahlt am Gipfel, an dem man wirklich knapp 2000 Meter überm Inn steht, das ganze Heil'ge Land Tirol unter sich. Dann haben wir einem Höttinger zugeschaut, wie er sich ganz langsam zwei Flascherl Bier in den Kragen hat laufen lassen, ehe er in den Steilschrofen der Südflanke verschwand. Wir stiegen damals nach, fanden aber erst nach heiklen Umwegen durch eine sperrige, damals gottlob wasserlose Klamm, und durch die Latschenzonen; worauf wir an der Rumeralm die schönste Brotzeit des Bergjahres veranstalteten. Heute empfehle ich angelegentlich: wer Frau und trittsichere, gewandte Kinder dabei hat, steige zwar auf dem Westgrat auf, aber keinesfalls vom Gipfel südwärts ab! Er meide auch den gefährlich brüchigen Ostabstieg und klettere wieder am Westgrat ab, um durch das Kar zu Pfeishütte oder Stempeljoch zu steigen. Dort schaut er verdutzt auf den gewaltigen Stock des Bettelwurf mit dem Vorwerk der Speckkarspitze. Wem es pressiert, der geht jetzt selbstverständlich, wiederum OHNE Abschneider, das Halltal hinaus zur klapprigen Innsbrucker Trambahn. Wer noch einen Tag dazulegen kann, der laufe vom Stempeljoch zum Lafatscherjoch und zur Halleranger-Hütte des AV, nächtige dort und steige anderntags langsam das berühmte Vomper Loch ab. Vorher lese er zuhause Hermann v. Barths Notizen »Verirrt im Vomperloch« (steht in Josef Hofmillers »Deutschem Wanderbuch«), dann hat er die vielfache Freude an diesem großartigen Talgang. – Am schnellsten steigt man von der Arzlerscharte südlich zu Rumeralm und Hungerburg ab!

TALORT Innsbruck, 570 m, bzw. Parkplatz Hungerburg, 863 m. Um zum Fahrzeug zurückzukommen, nimmt man in Solbad Hall die Innsbrucker Straßenbahn (die 1965 einmal vom Wind umgeweht wurde).

CHARAKTER Ungewöhnlich schöne Höhenwanderung fast 2000 m über dem Inntal dahin, leicht für trittsichere Bergwanderer bis zum Beginn des Rumerspitze-Westgrates. Der verlangt leichte Kletterei, ist mäßig schwierig, man kann Kinder ab 12 Jahren ans Seil bzw. an die Reepschnur nehmen. Der Abstieg von der Rumerspitze zum Stempeljoch ist schwierig, brüchig, gefährlich – mit Kindern unbedingt meiden! Besser am Westgrat zur Arzler Scharte zurück! Zeitdauer: Hafelekar–Rumerspitze–Hall 6–8 Std.! Verfolgt von einem plötzlichen Wettersturz, kann man VOR der Rumerspitze über die Arzler Scharte (riesige Sandreiße!) schnell ins Inntal absteigen! Dieselbe Tour ohne Rumerspitze-Kletterei 5–6 Std.! Beste Zeit: Juli bis Anfang Oktober. Ausrüstung A ohne, C mit Rumerspitze!

FÜHRER/KARTEN AV-Führer Karwendelgebirge (Rother). – AV-Karte 1:25 000 Karwendel, Mittl. Blatt. – Evtl. FB-Wanderkarte, Bl. 32 Karwendel, 1:100 000.

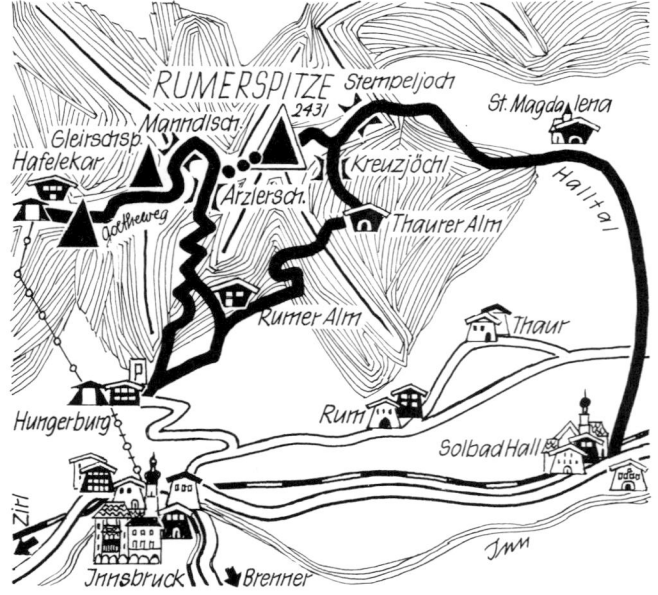

41 Über die Ödkarspitzen

Auf den Hauptkamm des Karwendelgebirges

2 Tage   Anfahrt 100 km   Ohne Kinder!   Bergtour

Das Karwendelgebirge steht nicht wie das Wetterstein als ein kompakter Gebirgsstock vor uns: es ist vielmehr ein arg verzweigtes, aus vier mächtigen, parallel laufenden Bergketten gebildetes, mit vielen Seitenzweigen und noch mehr abseitigen Karböden aufwartendes Gebirge: nicht leicht zugänglich, fast unübersehbar, schwer zu charakterisieren. Um so mehr hat es bei seinen Liebhabern, das sind seine intimen Kenner, den Ruf des geheimnisreichen Wunderlandes: es gibt und es gab viele Münchner und Innsbrucker, denken wir nur an den 1964 verstorbenen Erzkletterer Otto Herzog, denen das Karwendel zur Bergheimat wurde. Obwohl sein Dolomitgestein unzuverlässig, splittrig und leicht zerstörbar ist – im Gegensatz zum festen Wettersteinkalk. Wer einen besonders guten Einblick in dieses Karwendelgebirge gewinnen will, sollte diese Tour unternehmen: durchs Karwendeltal ansteigen, auf dem Karwendelhaus nächtigen und dann entweder: 1. über den Nordgrat (mäßig schwierig!) aufsteigen und die Ödkarspitzen überschreiten, um dann durch das Schlauchkar wieder zur Hütte zurückzukehren, oder 2. (leichter) durch das Schlauchkar aufsteigen und über Schlauchkarsattel und teilweise versicherten Gipfelanstieg auf die Östliche Ödkarspitze (Übergang zur Mittleren Ödkarspitze leicht, nur Vorsicht am oft geröllbedeckten Fels und an der 3-Meter-Steilstufe vor der Scharte); heimzu aber NICHT durchs Schlauchkar zurück, sondern vom Sattel aus südwärts (Steig) ins Birkkar und zwischen Kaltwasserkarspitze und Birkköpfen hinab ins Hinterautal. Hier marschiert man mit der jungen Isar noch reichliche 3 Std. zur Grenze nach Scharnitz hinaus. Ein ehrgeiziger Mann kann dabei vom Schlauchkarsattel schnell noch die leichte Birkkarspitze mitnehmen (ges. Steig, 20 Min.), den mit 2749 m höchsten Karwendelgipfel. Hier wie dort steht er auf den schönsten Gipfeln und im Zentrum der höchsten und interessantesten Karwendelkette, zu der auch die Laliderwände gehören, die Spritzkarspitze und die Lamsenspitze (als östlicher Eckpfeiler). Wer auf dieser Tour gar noch das Karwendeltal hinein und das Hinterautal hinaus spaziert, bekommt von der Herrlichkeit dieses Gebirges einen größeren Eindruck als mancher Gipfelstürmer; man muß nur die Augen offen halten, sich auf den Umgang mit jungen Bergwassern verstehen, Pflanzen kennen und vielleicht auch etwas von Geologie wissen. Wer klug ist, sollte als Münchner das neue Buch »Bergheimat Karwendel–Wetterstein« studieren und – dies vor allem – das Karwendel erst aufsuchen, wenn der sommerliche Fremdenstrom verebbt. Im September ist das Karwendel still und schön, im Oktober ist es am schönsten. Nicht nur am Großen Ahornboden, wo man sich über die Autos ärgern muß. Was das Schlauchkar betrifft, so stimmt sein Name in zweierlei Hinsicht: das Kar ist ein Schlauch, mit Sand gefüllt und Geröll, oft auch mit Firnresten, die man NUR abfahren darf, wenn der Firn nicht hart ist! Man muß auch wissen, daß dieses Kar unten in Felswänden senkrecht abbricht und NUR durch das gesicherte Steigerl über dem Karwendelhaus zugänglich ist. Der Münchner darf den Namen auch auf seine Weise richtig deuten: der Aufstieg ist ein »richtiger Schlauch«! Nichts als Plage…

TALORT   Scharnitz, 948 m (Grenzübergang). Ab hier Jeep-Möglichkeiten ins Karwendeltal bis unter das AV-Karwendelhaus, 1765 m, am Hochalmkreuz (Übergang zum kleinen Ahornboden). Nächtigung im Karwendelhaus AV (Sektion MTV-München), 4½ Std. ab Scharnitz.

CHARAKTER   Dies ist eine bedeutende, auch anstrengende Bergtour auf den zweithöchsten (dreigipfeligen) Karwendelgipfel. Der Aufstieg durch das Schlauchkar ohne Schwierigkeiten, lediglich Trittsicherheit erforderlich! Aufstieg über den Nordgrat kaum mäßig schwierig, wenn hochalpine Erfahrung zur Trittsicherheit kommt, Orientierungssinn und hochalpine Vorsicht! Die Tour ist nichts für Kinder! Ungewöhnlich aussichtsreiche Gipfel, teilweise Steiganlagen am Schlauchkar- und am Nordgratanstieg. Beste Zeit: Nicht vor Ende Juli (viel Schneereste im Schlauchkar!), dann bis Anfang Oktober! Ausrüstung B!

FÜHRER/KARTEN   AV-Führer Karwendelgebirge (Rother). – AV-Karte Karwendel, Mittl. Blatt. – Evtl. FB-Wanderkarte, Blatt 32.

BILD   Blick von Norden gegen Süden auf Birkkarspitze (links oben) und Ödkarspitzen (oben Mitte). Links oben unter der Birkkarspitze das Schlauchkar, unter ihm das (hier unsichtbare) Karwendelhaus.

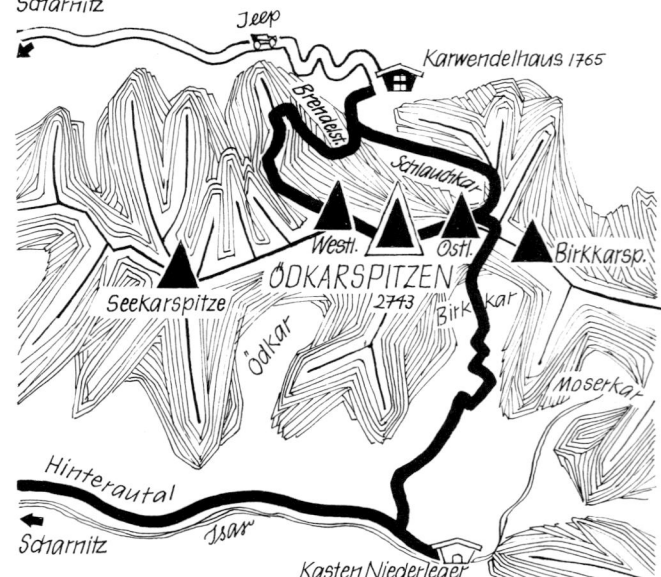

42 Alpspitze und Mathaisenkar

1000 m Aufstieg + 1850 m Abstieg = 1 Knieschnackler

2 Tage   Anfahrt 90 km   Kinder ab 14 J.   Bergtour

Keiner lügt, der sagt, das sei eine saftige Strapaze. Trotzdem bleibt es für mich die schönste Bergtour im ganzen Wetterstein. Was kann man da den Kindern alles zeigen! Ich kenne auch keinen schöneren Rastort als den mitten im Mathaisenkar, gleich nach dem letzten Drahtseil des steilen Abstieges, neben einem großen Firnbrett, die geschundenen Glieder auf dem ersten Rasenpolster ausgestreckt, ringsum von himmelhohen Wänden umgeben – und vollkommen allein. Hier kam ich letzten Sommer mit zwei Pariser und drei eigenen Kindern her, die hatte ich mir alle fünf am Beginn der »Schönen Gänge« und dann nochmals am Alpspitzgipfel an einem Seil aufgefädelt, und es ging alles gut. Dicht unter der Grieskarscharte begegneten uns elf »Giesinger« mit Aktenmappen, wir redeten sie an, da erfuhren wir umständlich, daß es blutjunge englische Düsenjägerpiloten in Urlaub waren. Die Armen! Sie haben den Weg umgekehrt gemacht, also falsch! Man muß vom Kreuzeck bzw. von der Hochalm herkommen, muß dort sehr früh aufgebrochen sein, damit man über die »Schönen Gänge« oder dem auch drahtseilgesicherten »Alpspitzsteig« schnell zum Alpspitzgipfel gelangt; das sind knapp 3 Std. Steigmühe, aber nie langweilig. Interessant schon am Hochalmjöchl, aufregend in den »Schönen Gängen« (oder am neuen »Alpspitzsteig«), spannend im Oberkar und am Ostgrat zum Gipfel. Hier folgt nach 1000 m Anstieg (ab Kreuzeck) eine herrliche Rast und eine besonders eindrucksvolle Aussicht: ins Höllental hinab, in die Hundsställe hinüber, auf den nahen, gewaltig aufschießenden Blassenkamm, auf die Dreitorspitzen überm Oberreintal – und weit, weit das Loisach- und das Isartal hinaus . . . Am Südwestgrat steigt man zur Grieskarscharte ab, einige Drahtseile helfen dabei, es ist ein reizender und exponierter Abstieg; aber dann geht es erst los! Wer von der Grieskarscharte senkrecht ins Mathaisenkar hinunterschaut, der erschrickt: »Wo geht's denn da hinunter?« fragten die Kinder besorgt. Aber es geht durchaus, es geht durch Rinnen und Verschneidungen, auf Steilrücken und Graten, der Weg, oft von Drahtseilen gesichert, schwindelt sich äußerst geschickt und windungsreich in die Tiefe. Es sind immerhin über 700 Höhenmeter, die man dergestalt absteigt, einmal darf man eine Eisenstange am Grat nicht übersehen, weil es da scharf nach links hinuntergeht. Wer die Trittspuren genau verfolgt, kann den Weg nicht verfehlen! Der Abstieg ist interessant, und doch ist jeder froh, wenn er gesund im Höllental unten angekommen ist. Nach der ersten Rast, bei der wir schon viele Gemsen beobachtet haben, die auf dem Schneefeld ihre Jungen das Abfahren lehrten, taucht man in steile Alpenrosenwälder ein; es folgen die ersten Latschen und spät, sehr spät dann die Birken und Kiefern . . . Die Radlermaß von der Höllentalanger-Hütte, heiß erwünscht, kommt erst nach einem langen Zickzack-Abstieg vor unsere Lippen, und dann rennt man durch die dunkle Höllentalklamm und ärgert sich, daß hinter ihr noch ein langer Hatscher nach Hammersbach folgt. Von Hammersbach fährt man mit der Bahn zur Kreuzeck-Talstation zurück, wo der Wagen steht, oder man marschiert 40 Min. hinüber. Aber eben – wunderbar eben nach dem Riesenabstieg.

TALORT Garmisch, 715 m, bzw. Kreuzeck–Talstation, 740 m. – Evtl. neue Kabinenbahn zum Osterfeldkopf benützen! Dann 1-Tage-Tour!

NÄCHTIGUNG Kreuzeckhaus AV, 1652 m. Naturfreundehaus Kreuzjoch. Am besten, wenn auch leider oft überfüllt, Hochalm, priv., 1705 m. (Seilbahn zum Kreuzeck und Osterfelderkopf.)

CHARAKTER Einzigartig schöne Hochgebirgswanderung, doch etwas anstrengend und lang. Die schwierigen Stellen des Abstieges unter der Grieskarscharte sind mit Drahtseilen gesichert. Trittsicherheit bei Kindern unerläßlich! Aufbruch nur bei gutem Wetter und in aller Frühe. Aufstiegszeit ab Kreuzeck 3¼ Std., ab Hochalm 2½ Std., – Abstieg Alpspitze–Hammersbach gute 4–5 Std. und mehr. Ausrüstung B! Beste Zeit: Mitte Juli bis Ende September.

FÜHRER/KARTEN AV-Führer Wetterstein I (Rother). – AV-Karte 4/2 Wetterstein. – AV-Karte Wetterstein – Mieminger Gebirge, Mittl. Bl.

BILD Die Alpspitze von Osten gesehen, links ragt der Hochblassen hoch über die Schattenrinne des Grieskares hinaus und läßt seinen Klettergrat nach links unten zum Hohen Gaif absinken. In der Gipfelfallinie der durch Drahtseilgarnituren erschlossenen Alpspitze liegt der grüne Kessel der Hochalm, aus der man beim Normalanstieg nach links durch »Schöne Gänge« oder über »Alpspitzsteig« ins Oberkar ansteigt.

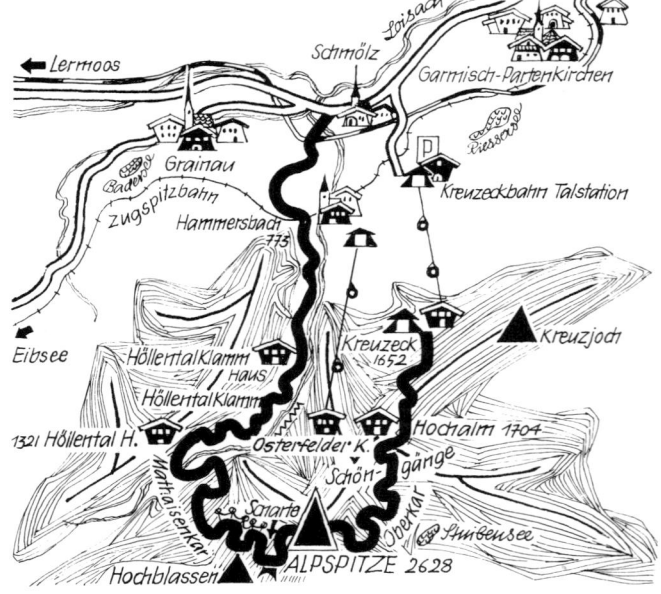

43 Prominenter Hausberg: die Zugspitze

Das Höllental hinauf, das Reintal hinunter

2 Tage   Anfahrt 95 km   Ohne Kinder   Große Bergtour

Mit drei Bergbahnen kann man heute auf die Zugspitze fahren, es gibt Hotels dort oben, Postkartenstanderl, und Leute mit einem Transistorgerät am Ohrwaschl, die nach Ruhe dürsten. Manchmal gibt es auch Schneesturm und Lawinen. Der Münchner Bergsteiger hat die Zugspitze noch nicht abgeschrieben: als Hochalpinist besteigt er sie auf dem »Jubiläumsweg«, einer nicht immer ganz leichten Kletterei von der Alpspitze über die Höllentalspitzen (8–10 Std.). Als ausdauernder Bergwanderer geht er auch durchs Höllental zum 2964 m hohen Gipfel (7 Std.). Weil ihm Münchens »Stachus« ein völlig neues Lärmgefühl vermittelt hat, durchquert er die kurze Lärmzone am Gipfel ohne Beschwer: vorher und nachher hat er ja »sei' Ruah«, das sind immerhin 15 Stunden . . . Die berühmten Attraktionen des Höllentalanstieges genießt er wie jene auf der »Wiesn«: den Wasserlärm der Klamm, »Leiterl« und »Brett« überm Talschluß, das letzte Wasser, Gletscherkühle und Randspalte, den Tiefblick von der Irmerscharte: das Bild von Tour 44 zeigt alle Pointen! . . . In aller Herrgottsfrühe ist er schon in Hammersbach, ärgert sich ein wenig über den steilen Weg zum Klamm-Eingang, haut sich in einem Tunnel den Schädel ans Gestein und gelangt, den Halskragen voller Klammwasser, zur Höllentalhütte. Schon wieder Ärger hier: er muß sich das Bier versagen. Es folgen ja noch 6 Std. Anstieg! Mißmutig steigt er weiter, passiert »Leiterl« und »Brett«, schleicht überm Abbruch durch die letzten Latschen, und genau zur selben Stunde, wo er sonst beim »Franziskaner« seine Weißwürste ißt, zapft er links unterm Ferner den letzten Wasserlauf an. Das freut ihn furchtbar! Über den Moränensteig flucht er, auf dem Ferner freut er sich seiner Grodeln (Halbsteigeisen) und vor allem seines Eispickels, ohne die er hier alle Nöte eines Todeskandidaten erleiden müßte . . . Die nahen Spalten sind doch keine Attrappen! An der Randspalte freut ihn sein Eispickel doppelt, und dann steigt er am Drahtseil schön grüabig zur Irmerscharte hinauf und zum Gipfel: hinauf ins ewige Licht und zu den ewigen Baustellen . . . Den Ausblick probiert er gar nicht erst, er weiß, daß man im Lärm blind ist. Den Westgrat hinabgestiegen, das Hotel unterlaufen und durchs »Weiße Tal« zur Knorrhütte gestromert: dort würde er jodeln, wenn er nicht so müde wäre. Aber er trinkt ein Bier und schläft lang. Am nächsten Morgen rutscht er die Sandreißen vor der Hütte hinab und steigt die Serpentinen unterm Brunntalkopf hinunter, passiert Geröll und Latschen, und am ersten ebenen Fleck am Reintalanger ist er prompt überglücklich. Seine Beine loben die Ebene! Er weiß, daß jetzt bis zur Partnachklamm, 5 Stunden lang, nichts Steiles mehr daherkommt, sondern nur gemütliches Bummeln unter der Hochwanner-Nordwand und unterm Blassenkamm dahin, an der Reintalangerhütte, am großen Wasserfall und an der »Blauen Gumpe« vorbei. In der Gumpe badet er, legt sich auf eine heiße Platte. Ab Bockhütte dehnt sich der Weg, aber die lustigen Partnachwasser neben dem Weg sind gute Begleiter, und endlich stiefelt er im Donner der Wasser durch die Partnachklamm und trägt einen Knieschnackler heim, Heißhunger, – und frag nicht was für einen schönen Durst! Man löscht ihn unter Tränen . . .

AUSGANGSPUNKT UND ENDPUNKT Hammersbach bei Garmisch, 773 m. Partenkirchen, 715 m.

NÄCHTIGUNG Höllentalanger-Hütte AV, 1381 m (2 Std. von Hammersbach). – Münchner Haus, AV, 2964 m (am Gipfel). – Knorrhütte AV, 2052 m am Abstiegswege. – Reintalangerhütte AV, 1366 m (4 Std. bis Partenkirchen).

CHARAKTER Trotz Drahtseilsicherungen eine lange ernste Bergtour, die bei Wetterumschlägen an den Rand einer Katastrophe führen kann. Keine besonderen Schwierigkeiten bei sicherem Wetter: Dann aber sehr früher Aufbruch. Nur in kompletter Ausrüstung D! Auf dem Gletscher Pickel angenehm! Nächtigung auf Höllentalangerhütte. Beste Zeit: Juli bis Mitte September.

FÜHRER/KARTEN AV-Führer Wetterstein I (Rother). – AV-Karten 4/13

BILD Im untersten Höllental der Zugspitze, unweit der wasserrauschenden Höllentalklamm, öffnet sich das obere Höllental wie eine Bühnenszene. Links oben der felsige »Jubiläumsweg« am Grat. Im Hintergrund oben die Zugspitze, ihr rechts vorgesetzt die dunklen Riffelwandspitzen vor der gut sichtbaren Riffelscharte – ein feiner Übergang zum Eibsee hinüber (für bergerfahrene Wanderer).

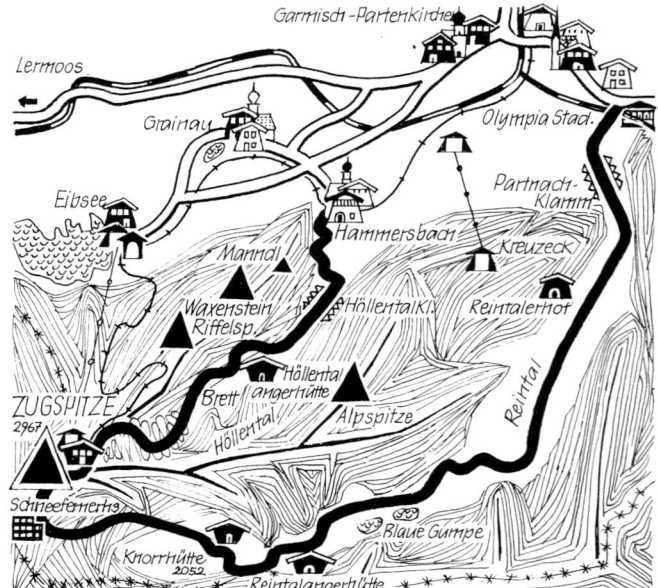

44 Der Kleine Waxenstein

Erste Klettertour übers Manndl

Zu den vielen Stationen, die Münchner Buben und Madln passieren, wenn sie vom Bergschwärmer über Jochbummler und Bergsteiger zum Kletterer aufsteigen, zählt stets der Kleine Waxenstein und dessen leichteste Führe »übers Manndl«: nach der Alpenskala mäßig schwierig, also ein IIer! Der Kleine Waxenstein ist der äußerste Vorposten des vom Zugspitzgipfel auslaufenden großen Waxensteinkammes, er steht als kühner Obelisk isoliert hoch über der Höllentalklamm und dem Stangenwald. Am schönsten sieht er vom Rießersee aus, und wenn man dort einem hübschen Mädchen aus Frankfurt oder Hannover erzählt, das sei das Matterhorn, dann glaubt sie es und ist hingerissen: von diesem Kolossalberg und oft auch vom Aufschneider. Ich hab's erlebt! . . . Leider ist das Waxenstein-Hütterl am unteren westlichen Ende der großen, von der Mittagsscharte herabkommenden »Mittagsreißn« nur für Sektionsmitglieder (S. München) da, und auch für Gäste nur zugänglich, wenn Sektionsmitglieder nächtigen: man steigt nämlich von Hammersbach glatte 4 Std. und mehr bis zum Waxensteingipfel auf, und von jenem auf 1380 m Höhe stehenden Hütterl stiege man nur 2¹/₂ Std. So oder so, jeder Münchner muß einmal übers Manndl auf den Kleinen Waxenstein gegangen sein, anders wird er kein »gestandener Mann«. Er steigt also von der Hammersbacher Kapelle genau nach dem Führer zur großen Reißn auf (etwa 1¹/₂ Std.), überquert sie aber nicht, sondern steigt an ihrem östlichen (linken) Rande aufwärts gegen die Mittagsschlucht, etwa die gute Hälfte, bis man den Schrofenhang erreicht hat, der linker Hand (östlich) steil hinauf in die gut sichtbare Scharte zwischen Manndl (dem Vorbau, 1889 m) und dem Nordgrat des Kleinen Waxenstein leitet. Man gewinnt die Scharte also von Westen her! Über geröllbedeckte Bänder kommt man leicht in die Schrofenwand hinein und bleibt hier dicht an den Latschen, die in die Wand hinaufziehen. Wo sie unmittelbar an die Wand anschließen, zieht ein auffallend breites, plattiges Band und danach Geröll zu grasigen Schrofen, über die man wieder leicht den grünen Einschnitt zwischen Manndl und Nordgrat erreicht. Jetzt gibt es zwei Möglichkeiten, um über den Nordgrat zum Gipfel zu kommen: 1. Gleich von der Scharte weg südlich durch einen schönen Stemmkamin, den sogenannten Manndlkamin, der über eine Höhle zu einer schwierigen Gratstufe führt, die links umgangen wird und zwar durch den folgenden luftigen Quergang nach rechts und eine brüchige, wieder auf den Grat führende Steilrinne. Von nun an bleibt man an dem gutgriffigen schönen Grat bis zum Gipfel. Der leichtere 2. Kletterweg führt von der grünen Scharte erst links (auf der Höllentalseite) zu den zwei Zacken im großen Schuttfeld, oberhalb davon steigt man in die Felsen ein und zwar durch ein schmutziges Klamml in eine Schrofenrinne nach links, und dann über ein leichtes Band und einen Kamin zum Hauptgrat. Ab hier bleibt man wie bei 1. mit nur kleinen Abweichungen am Gratrücken selbst und umgeht den letzten Steilaufschwung vor dem Gipfel links. – Beim Abstieg auf dem Anstiegsweg zurück! Keinesfalls den Westgrat zur Mittagsscharte absteigen, der mehrfaches riskantes Abseilen erfordert! Nur Abstieg am Aufstiegswege!

TALORT Hammersbach, 773 m (5 km westwärts Garmisch). – Als Zwei-Tage-Tour nur möglich bei Nächtigung in der Waxenstein-Hütte, 1380 m, unbewirtschaftet, 1¹/₂–2 Std. ab Hammersbach.

CHARAKTER Genußreiche Kalkkletterei in festem Fels bei recht anstrengendem Zugang über Schrofen und Geröll. Schwierigkeiten: nur mäßig schwierig (II) – also leicht für Geübte, riskant für Ungeübte! Der Ungeübte, wenn körperlich begabt, darf NUR am Seil eines erfahrenen Kletterers aufsteigen. Herrlicher Umblick vom isoliert stehenden Gipfelobelisk, der unmittelbar aus der Höllentalklamm auf 2163 m Höhe ansteigt. Beste Zeit: Mitte Juli bis Ende September! Früher Aufbruch unerläßlich! Ausrüstung C! Nichts für Kinder!

FÜHRER/KARTEN Voelk/Wettersteingebirge I (Rother). – AV-Karte Wetterstein, Mittleres Blatt. – Evtl. FB-Wanderkarte, Blatt 34.

BILD Luftbild der beiden Waxensteine (rechts), in dem die Kleine Waxenstein etwas links unterm Großen steht. Mitte oben die wolkenverhangene Zugspitze, darunter Höllentalferner und Höllentalboden. Links oben der »Jubiläumsweg« über die drei Höllentalspitzen.

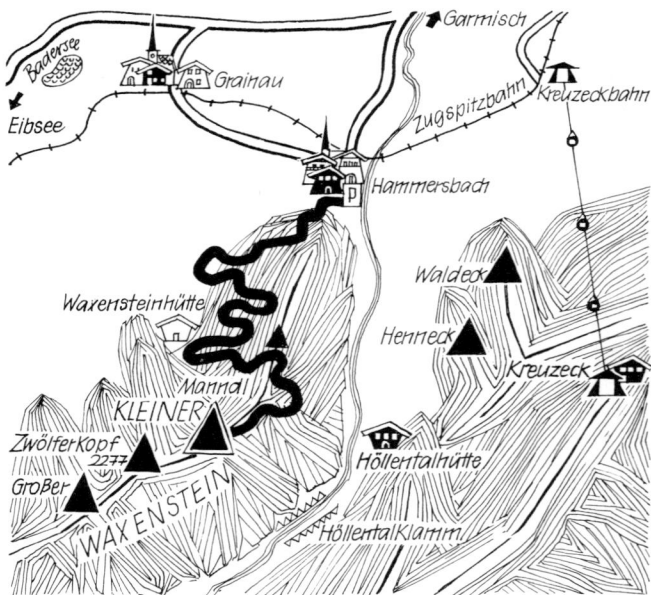

45 Vom Höllental über die Riffelscharte

und zum Eibsee hinunter

1½ Tage   Anfahrt 95 km   Kinder ab 12 J.   Wanderung

Kinder an die Leine! muß es bei diesem Muster einer Münchner Familien-Bergwanderung einmal heißen, und zwar beim – mit Drahtseilen gesicherten – steilen Abstieg von der Riffelscharte über glatte Platten hinab zur Sandreiße überm Eibsee. Unter Leine sei hier eine 7-mm-Reepschnur verstanden! Ansonsten ist diese 1½-Tagetour hinreißend schön und dazu ungewöhnlich dramatisch. Früher gingen alle bergbegeisterten Münchner Familien irgendwann mal über die Riffelscharte. Auch meine Mutter führte mich als Neunjährigen hinauf und hinunter, und wenn ich heute von der Loisach hinauf oder vom Jubiläumsweg hinunter schaue zur Scharte, dann wird meine liebe, stille, geduldige Mutter wieder lebendig und mit ihr der erste heiße Atem von Bergromantik, der mich damals überschlug. Als Bub habe ich damals wie alle Buben nur die Nähe gesehen, das Kleine war für mich groß: der Lärm in der Höllentalklamm, die gischtenden brausenden Wasserberge, die unverhofften Güsse aus dem Tunneldunkel in meinen Kragen, das erste Drahtseil, und eine Sandreiße zum Abfahren, die nie mehr aufzuhören schien. Sonst habe ich nichts gesehen . . . Man geht von Hammersbach, erst etwas steil, dann gemütlich zur Klamm und durch ihre kühlen feuchten Sensationen in 14 Tunnels, und erst in guten 2½ Stunden ist man vor der Höllentalanger-Hütte. Die felsige Arena rings um die Hütte, 1000-Meterwände vom Höllentorkopf und Hochblassen bis zur Zugspitze, ein blauer Gletscher über dem senkrechten »Brett«, die Waxensteine wie wankende Türme direkt überm Hüttendach, und dann das Schönste: die Stille über dem Höllentalgries, die Ahorne und Latschen, brave Veteranen der Vegetationsgrenze, im Verlieren geübt . . . Wir übernachten hier und gehen in der Morgenfrühe in den hintersten Talgrund, lassen aber »Leiter« und »Brett« links liegen und steigen beim Hinweistaferl nach rechts hinauf zur Riffelscharte: bald durch ein drahtseilgesichertes Klamml, dann von Mulde zu Mulde (Bild Tour 43!): links neben uns wachsen die Riffelköpfe zum Himmel, rechts der Waxensteinkamm, und im Rückblick erkennen wir die Alpspitze, Garmisch's kühnes Wahrzeichen, nur noch als unförmigen Schutthaufen. In Serpentinen gelangen wir zur Scharte, 2162 m hoch, schauen zum Eibsee aber erst vom Gipfel der Südlichen Riffelspitze, 2263 m, hinunter: in ein tiefblaues, tiefgrünes Waldrevier, eine geschlossene Fichtenwelt, aus der hell wie ein Juwel der Spiegel des Eibsees leuchtet. Seine Ufer liegen nur 972 m hoch, – wir haben volle 1300 Höhenmeter abzusteigen! Das ist viel. Zuerst geht es von der Scharte zu dem nach Nordwesten vorspringenden Kamm – mit einem Nahblick auf die wildzerrissenen Riffelwandspitzen –, dann nehmen wir den Steig, der nordseitig als sehr steile diagonale Verschneidung – oft von Firnresten markiert – mitten durch die plattige Wand zieht. Stifte und sichernde Drahtseile begleiten. Unten an der Sandreiße gibt es zwei Möglichkeiten: 1. auf der Sandreiße abfahren (Vorsicht bei hartem Schnee!) und unten rechts (östlich) zum Riffelsteig und durch Hochwald zum Eibsee, oder 2. schöner, sofort links an den Felsen entlang bis zum oben grünen, dann bewaldeten Kegel, wo wir den Weg bald zum Eibsee finden.

TALORT Hammersbach bei Garmisch, 773 m.

NÄCHTIGUNG Höllentalanger-Hütte AV, 1381 m.

CHARAKTER Hochalpine Bergwanderung an bez. Wegen. Drahtseilsicherungen am Klamml überm Höllentalschluß und von der Riffelscharte in der Diagonale zur Sandreiße herab. Kein Leichtsinn möglich! Der Anstieg Riffelscharte–Südl. Riffelspitze, 2263 m, ist leicht am begrünten schrofigen Grat, öfters Ausweichen nach rechts nötig (20 Minuten). Die ganze Tour erfordert außer Vorsicht etwas Trittsicherheit, eine gewisse Klettertüchtigkeit erleichtert An- und Abstieg sehr. Eisenstifte und Drahtseile sichern uns! Beste Zeit: nicht vor Ende Juli (harte Firnreste!), dann bis Ende September, Ausrüstung A!

FÜHRER/KARTE AV-Führer Wetterstein I (Rother). – AV-Karte Nr. 4/2 Wetterstein, Östl. Blatt. – FB-Karte Bl. 34.

BILD Blick vom nördlichen Eibsee-Ufer auf Riffelspitzen (links), Riffelscharte (links über der Sandreiße), Riffeltorkopf und Riffelwandspitzen (an die rechts, vom Geäst verdeckt, die Zugspitze anschließt). Man sieht genau den mit Drahtseilen gesicherten Abstiegsweg Riffelscharte–Sandreiße: im Bild oben (links der Mitte) als Firnrinne, von Sonne und Schatten markiert, – die Diagonale nach rechts unten zur hellen Sandreiße! Der Aufstiegsweg aus dem Höllental ist im Bild von Tour 43 (Zugspitze) vorzüglich zu sehen.

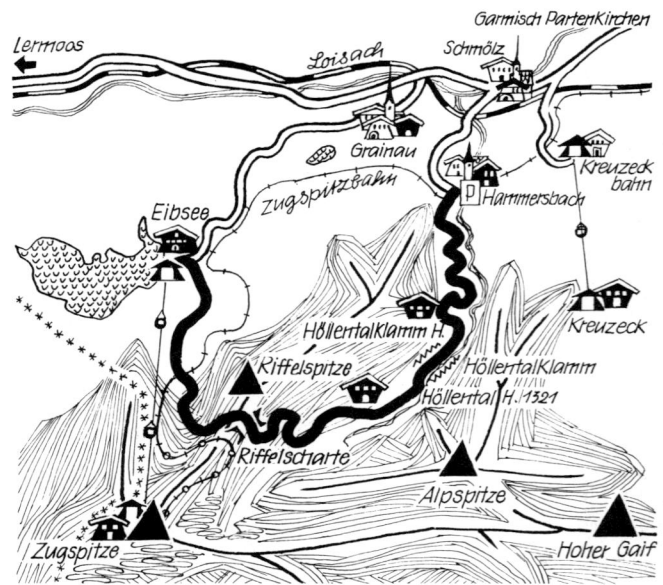

46 Schachen und Oberreintal

Unter den Dreitorspitzen: Königshaus und Alpengarten

Nächst dem Höllental gebührt dem Oberreintal unter den Dreitorspitzen der Preis für hochalpine Dramatik. Das Oberreintal ist ein geschlossenes Seitental des langen Reintals und ein be ühmtes Kletterparadies – freilich nur für Könner. Wer den Schwierigkeitsgrad III (schwierig) nicht beherrscht, darf das Oberreintal nur als Bergwanderer besuchen, als Zaungast sozusagen. Der günstigste Plan für diesen Besuch sieht als Ausgangspunkt die Partnachklamm hinterm Olympiastadion vor und als großen Rastpunkt (evtl. Nächtigung) das Schachenhaus, das zugleich ein Aussichtspavillon über dem Reintal wie über dem Oberreintal ist. Der Weg zum Schachenhaus ist lang, aber wenig steil und überaus still. Der Lärm der wilden Klammwasser hallt noch lange nach, wenn man vom Partnachufer erst am Ferchenbach entlang und dann in Kehren hinauf in den Schachenwald vorstößt, um dort auf den von Elmau kommenden bequemen Königsweg zu treffen: der erste starke Eindruck erwartet uns im Kessel der Wettersteinalm, direkt unter den Nordabstürzen der riesigen Wettersteinwand und des Mustersteins. Bald ist man auch am Schachenhaus, das neben dem Königshaus (Jagdhaus König Ludwigs II.) steht und zwar auf einem weit vorgeschobenen Felspfeiler des Dreitorspitzmassivs. Hier hat man mindestens 4 Std. Weges hinter sich, darf rasten und die vielfältigen Ausblicke ins Reintal, auf die Blaue Gumpe, auf das Zugspitzblatt, hinüber zum nahen Blassenkamm, und vor allem in die Kletterwände des Oberreintals genießen, – dann sollte man dem nahen Alpenpflanzgarten einen Besuch abstatten, um zu lernen, was man NICHT abreißen darf in den Alpen. Wer 2 Tage wandert, kann auch noch über das Frauenalpl auf bezeichnetem Steig die Meilerhütte erreichen und dort nächtigen. Unser Hauptplan aber führt vom Schachen weiter, und zwar im Zickzack hinab und hinüber ins nahe Oberreintal mit seinem kleinen Hüttchen unter den alten Bergahornen. Man lasse sich nicht durch Zelte der Gebirgsjäger-Lehrlinge beeinträchtigen, die hier ab und zu stehen. Man schaue um sich, schaue auf die Schauplätze unzähliger hochalpiner Heldentaten und – Tragödien (siehe Buch W. Pause / Der Tod als Seilgefährte). Nach dieser Umschau steigt man gemütlich zur (unbewirtschafteten) Bockhütte in der Reintalmitte ab und wandert neben den Reintalwassern hinaus zur Partnachklamm – wobei man unterwegs auch links zum Reintalerhof abzweigen und über den Unteren Kochelberg zum Bahnhof von Garmisch-Partenkirchen wandern kann. – Ein zweiter Vorschlag für die gleichen Ziele, etwas erleichtert: Man fahre zum Kreuzeck hinauf und wandere in 2½ Std., fast nur abwärts, zur Bockhütte im Reintal (unschwierig), steige in 2¼ Std. zur Oberreintalhütte oder in 3 Std. bis zum Schachenhaus auf und laufe anderntags den langen Schachenweg zur Partnachklamm abwärts. – Als erreichbare Gipfel kommen in beiden Fällen zunächst die Törlspitzen dicht über der Meilerhütte in Frage, 2430 bzw. 2444 m hoch und auf Steigspuren in reizender (nur mäßig schwieriger) Kletterei zu erreichen (25 Minuten ab Hütte). Ein weiteres Ziel, etwas anstrengender, doch höchst eindrucksvoll: der 1–2stündige Aufstieg von der Meilerhütte am gesicherten Steig auf die Dreitorspitzen!

TALORT Garmisch-Partenkirchen, 710 m.

NÄCHTIGUNG Schachenhaus, 1866 m (privat), 4–5 Std. ab Partenkirchen. – Evtl. Meilerhütte AV, 2380 m, 1½–2 Std. ab Schachen. – Evtl. Oberreintalhütte, 1530 m, AV.

CHARAKTER Bergwanderung für leidlich trittsichere Geher ohne Schwierigkeiten, in großartiger Umgebung und mit einzigartigen Ausblicken. Bezeichnete Wege. Nächtigung empfohlen! Beste Zeit: Nicht vor Anfang Juli, bis Mitte September! Ausrüstung A!

FÜHRER/KARTEN AV-Führer Wetterstein I (Rother). – AV-Karte Wetterstein 1:25 000 Nr. 4/2. Evtl. FB-Wanderkarte Bl. 34.

BILD Luftbild von Norden: im Vordergrund rechts das Königshaus am Schachen mit dem von links heraufkommenden Weg. Dicht überm Schachen (rechts) der Felssporn zum Frauenalpl (genau unter den Dreitorspitzen). Links überm Frauenalpl in der Scharte steht die Meilerhütte. Links oben Musterstein und Törlspitzen, rechts rückwärts oben Leutascher Dreitorspitze und Schüsselkarspitze. In Bildmitte links unten der gottverlassene Grünkessel der Wettersteinalm.

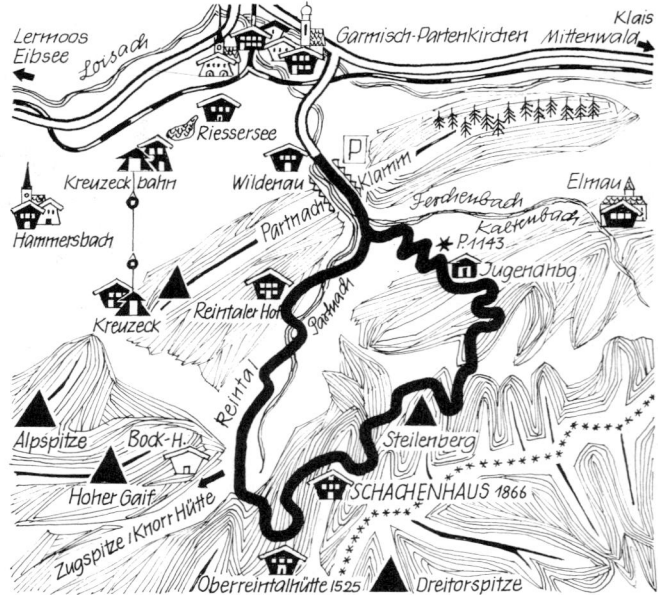

47 Zum Hohen Gaif

Kreuzeck – Schöne Gänge – Stuibensee – Bernardeinweg

Ohne Kreuzeckbahnen wäre diese Ein-Tage-Tour nicht zu unternehmen . . . Wir fahren also in Gottes Namen mit der Kabine auf 1650 bzw. 1900 m auf, und marschieren südwärts davon, erst zur Hochalm, 1704 m, dann den Kessel links hinauf zum Sattel am Bergwachthüttchen, und von da eben direkt auf die »Schönen Gänge« zu: das ist eine Verschneidung am rechten Rande der senkrechten, schwarzgefleckten Bernardeinwand (2144 m), mit Drahtseilen und Eisenstiften gesichert, steil, aber zugleich gutgriffig, manchmal zu steil für zaudernde Mädchen . . . immerhin steht man 2 Std. nach dem Start 2100 m hoch oben am grünen Saum des Alpspitz-Oberkares – und könnte über die Karrenfelder und den Ostgrat in 75 Minuten zum Gipfel gelangen . . . Aber diesmal haben wir anderes vor: wir steigen vom Ausstieg der »Schönen Gänge« sofort links abwärts, dicht am Felsensockel vom Oberkar dahin, passieren eine kurze Steilstufe und entdecken unter uns den kleinen Stuibensee. Wir lassen ihn links unten liegen, queren das breite untere Grieskar (im Bild unten) und vergessen dabei nicht, nach den Gemsen zu sehen, die in den unteren Felsen der Blassenspitzen kühne Kletterübungen veranstalten. Man achte auch auf Schneehühner (jetzt verfärbt) und auf Bergblumen! Nun gehe man direkt auf die Nordwand des Hohen Gaif zu. Der Hohe Gaif, 2289 m, ist der erste ausgeformte Felsgipfel im riesigen Blassengrat; seine Nordwand bildet in ihrem östlichen (linken) Teil eine karähnliche Mulde aus. Zu dieser müssen wir über leichte Schrofen direkt ansteigen, ganz unten eine Rinne mit einem Drahtseil benützend. In dieser karähnlichen Hochmulde bewegen wir uns auf deren östliche Begrenzungsrippe zu, über die wir den Ostgrat des Hohen Gaif dort erreichen, wo er keine Schwierigkeiten mehr bietet: bald stehen wir auf dem spitzen Gipfel, unmittelbar gegenüber der 1500 m hohen Hochwanner-Nordwand, 1000 m unter uns die »Blaue Gumpe« des Reintals. Nur die Alpspitze dämpft unseren Überschwang, denn aus dem stolzen Garmischer Dreikant ist ein schäbiger Steinhaufen geworden. Ewig schad'! – Wem der Schrofenanstieg (höchstens mäßig schwierig, I–II) zu riskant erscheint, der steige, vom Grieskar kommend, am Gaif-Nordsockel nach links weiter ab und auf, bis er das steile Steiglein in die Mauerscharte erspäht hat: bald steht er dann am 1928 hohen Mauerschartenkopf, genießt dieselbe Ausschau wie vom Hohen Gaif, und darf sich darauf besinnen, daß er auf einem der allerschönsten Logenplätze in unseren Kalkalpen rastet. Absteigend nimmt man vom Gaif-Gipfel GENAU den Anstiegsweg und KEINESFALLS den Ostgrat! Der ist NUR für erfahrene Kletterer! Dagegen kann der vom Mauerschartenkopf Absteigende entweder den Anstiegsweg ins Grieskar zurückgehen – oder, schöner, den Almhang oberhalb der Stuibenmauer hinablaufen, am Stuiben-Hüttchen vorbei, zum Bernardeinweg. Auch vom Grieskar gelangt man unterhalb der Waldgrenze auf diesen vom Reintal heraufkommenden Bernardeinweg, der nordwärts über eine Quelle und das private Bernardein-Hüttchen bis zum Kreuzeck verfolgt wird. – Zeiten: Kreuzeck–Hoher Gaif oder Mauerschartenkopf, etwa 3–5 Std., Abstieg bis Kreuzeck 2–3 Std.: dies sind Normalzeiten.

TALORT Garmisch-Partenkirchen, 700 m, bzw. Kreuzeckbahn-Talstation, etwa 750 m (Parkplatz, Bus vom Bahnhof), – bzw. neue Kabinenbahn zum Osterfelderkopf.

CHARAKTER Diese sehr schöne Bergwanderung in den stillen Bezirk des Grießkars zwischen Alpspitze und Blassenkamm erfordert an den »Schönen Gängen« (oder am neuen »Alpenspitzsteig«!) Trittsicherheit, außerdem am Hohen Gaif, 2289 m, der über seine Nordwandmulde über Schrofen erstiegen wird (bis mäßig schwierig, I–II), etwas Talent zum Klettern. Es wird NICHT der untere Gaif-Ostgrat (III) begangen! Beste Zeit Mitte Juli bis Anfang Oktober. Ausrüstung B!

FÜHRER/KARTEN Voelk/Wetterstein I (Rother). – AV-Karte Wetterstein, Mittleres Blatt. – Evtl. FB-Wanderkarte, Blatt 34.

BILD Ausblick vom Oberkar unter der Alpspitze gegen Süden auf den Hohen Gaif, 2289 m, mit seiner dreigestuften Nordflanke. Rechts unterm Gaifgipfel beginnt der »Blassengrat« mit der Abseilstelle am ersten Turm. Im Hintergrund die komplette Umrahmung des Oberreintales von den Dreitorspitzen (links oben) bis zum Teufelsgrat.

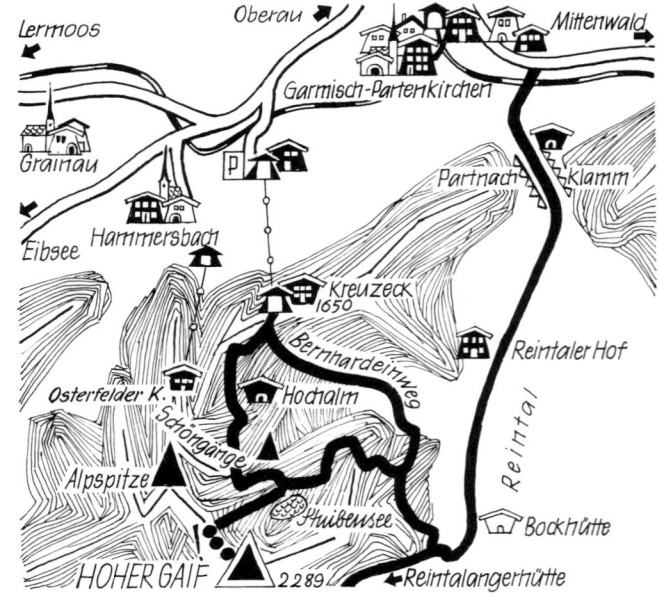

48 Auf den Kramer

Ein stiller Tag über dem Werdenfels

Keiner, der über die Olympiastraße nach Garmisch-Partenkirchen einfährt, sieht den Kramer. Man ist geblendet von den Riesenmauern des Wetterstein, und Zugspitze, Waxensteine, Alpspitze und Dreitorspitzen regieren wie Filmstars den Augenblick unserer Ankunft. Selbst bei Nebel. Erst wenn man sich in den reichlich gefüllten Garmischer Straßen etwas ernüchtert hat, gewahrt man, der Starparade des Wettersteinmassivs unmittelbar gegenüber, den gar nicht imposanten, gar nicht schönen Kramer, einen schlimm zerfurchten Wald- und Latschenberg mit sichtlich morschen Felsgraten: 1982 m hoch. Man steigt die 1267 Höhenmeter in reichlichen 4½ Stunden auf, dann folgen noch 3 Std. Abstieg über die Stepbergalm: macht 7½ Stunden. Den Anstieg passiert man größtenteils in einer heißen Südflanke, in der dichte Latschengehege dafür sorgen, daß man ausreichend schmort. Kurz und gut: der Berg verhält sich recht abweisend, und die vielen vornehmen Garmischer Kurgäste halten eine Besteigung des Kramers für »Unfuch« und für eine nur Urbayern zustehende Strapaze. Deshalb kann man oft mitten in der »Hochsaison« von Garmisch auf den Kramer steigen, ohne einem einzigen Menschen zu begegnen. Gewiß, man schmort am Anstieg zwischen Grasberg und Kramergrat, aber man muß halt um 5 Uhr in der Früh weggehen – dann schmort man nicht. Außerdem ist der Ausblick vom Krameranstieg im scharfen Licht der Morgenfrühe tausendmal schöner als im Dunst der Mittagsstunden . . . Man geht vom Garmischer Sommerkeller nach St. Martin auf dem Grasberg, 1031 m, eine kleine Stunde, ignoriert die Wirtschaft, geht ein Stück am Reitweg weiter, an der Eisernen Kanzel vorüber, bis eine Hinweistafel nach links hinauf deutet in die steilen Latschenhänge. Hier hängt einem mittags die Zunge heraus. Frühmorgens hat man die Serpentinen bis zum Kramergrat, 1740 m, in 2 bis höchstens 3 Std. leicht »derpackt«, und nun geht es recht interessant den Grat hinauf. Man umgeht einige steile Stellen rechts, der gut bezeichnete Steig führt uns sicher, auch in den Reißen der schattigen Nordflanke, und bald sind wir wieder auf dem Grat und am einsamen Gipfelkreuz. Man braucht kaum noch erwähnen, daß der Hauptgewinn dieser Kramerbesteigung aus der Aussicht besteht, die man allenthalben auf das gegenüber aufragende Wettersteingebirge hat: man möchte Sandkasten spielen, so genau sieht man dem Zugspitzmassiv in alle Falten. Und wer jetzt ein Fernglas vorm Auge hat, der ersteigt drüben die rassige Zwölferkante, die gewaltige Schönanger-Nordwand, den türmereichen Blassengrat oder den grandiosen Jubiläumsweg über die Höllentalspitzen mühelos, – und so genußreich, wie man eben klettert, wenn man faul neben dem Kramerkreuz liegt . . . Was Oberammergauer Berge und Karwendel noch an Schaufreuden bieten, das verrät uns ein einziger Blick auf die Karte. Jedenfalls: der Krameranstieg verlohnt sich! . . . Absteigend nach Westen passiert man bald die bewirtschaftete Stepbergalm, 1488 m, in einer grünen Almmulde gelegen, und dann geht es erst eben, dann manchmal recht steil – die Wildbachgräben der Kogerlaine und Durerlaine querend – zum Kramerplateauweg und nach Garmisch.

TALORT Garmisch, 815 m (man parkt in der Nähe des Hotels »Husar« zwischen Loisachbrücke und Grasberganstieg).

CHARAKTER Lange, etwas anstrengende, doch unverhofft lohnende Bergwanderung, im Anstieg viel an steilen Südhängen; also: sehr früh am Morgen aufbrechen! Kinder scharf unter Aufsicht halten, niemals vom bezeichneten Steig abgehen: es gab schon viele schwere Unfälle am Kramer, alle aus Leichtsinn! Für trittsichere Geher sind Anstieg wie Abstieg ohne Schwierigkeiten zu passieren. Großartiger Ausblick schon im Anstieg und überragend vom Gipfelkreuz auf Wetterstein, Karwendel und Ammergauer Berge. Beste Zeit: ab Juni bis Anfang Oktober! Ausrüstung A!

FÜHRER/KARTE AV-Führer Voelk/Wettersteingebirge I. – FB-Wanderkarte Bl. 34, Wettersteingebirge.

BILD Ein feiner Ausblick vom Kramer-Aufstieg auf das Wettersteingebirge, wie man ihn beinahe unausgesetzt genießt. In Bildmitte Kleiner Waxenstein und (nach rechts) Zwölferkopf, Großer Waxenstein, Schönangerspitze. Ganz links oben der »Jubiläumsweg«.

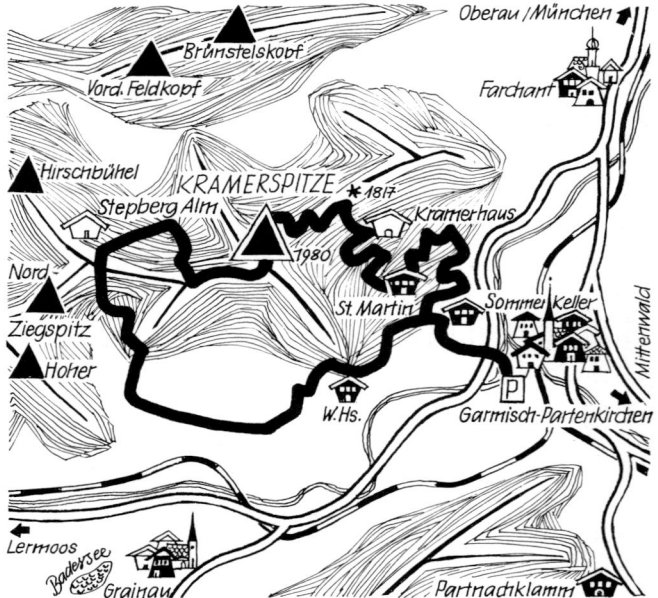

49 Auf die Große Arnspitze

Feldherrnhügel vor Karwendel und Wetterstein

1 Tag   Anfahrt 96 km   Mit Kindern ab 12 J.   Bergtour

»Feldherrnhügel« bei gutem Wetter natürlich. Die drei Arnspitzen, aus Wettersteinkalk gebaut, stehen recht unentschlossen zwischen den Felsmauern von Karwendel und Wetterstein, das Schicksal hat sie auch noch isoliert zwischen junge Isar und Leutascher Ache plaziert – doch eben dadurch zum Aussichtspunkt erster Klasse vorbestimmt. Von hier ostwärts gegen das Karwendel zu sehen, in den Windtobel gleich hinter Scharnitz, wo drei gewaltige Karwendeltäler zusammenlaufen – Karwendeltal, Hinterautal, Gleirschtal – das ist dem passionierten Bergfreund eine helle Freude. Die verwegen parallele Reihung der vier Karwendelketten und der Einblick in Dutzende typischer Karwendelkare – es sind meist hoch überm Haupttal abbrechende, von Steilgewänd umrahmte Nischen, Prachtbeispiele: Neunerkar, Marxenkar, sie konservieren die Stille für die Ewigkeit – das ergibt aufregende Einsichten. Wem das nicht genug ist, der erinnere sich auf dem Gipfel daran, daß das Gletschereis an der Arnspitze vor Jahrmillionen bis auf 2000 m Höhe reichte – (ob Sie's glauben oder nicht: die leider nur 1955 m hoch liegende kleine Arnspitz-Hütte mußte damals vorübergehend geschlossen werden!). Ich lege Ihnen ans Herz: Gehen Sie schleunigst auf die Große Arnspitze! Am nettesten vom Gasthof Mühle aus, gleich hinter der Grenzstation in der Leutasch (mit dem Auto keine 10 Minuten hinter Mittenwald): in einer Stunde ist man schon über viele kleine Kehren an der Riedbergscharte, 1450 m, und dann geht es ganz reizend am Grat dahin, auf und ab, den Blick rechts auf die Wettersteinwand oder links auf die Praxmarerkarspitze gerichtet, die Achterköpfe werden überschritten, dann führt uns der bezeichnete Steig nach links durch die Ostflanke der Großen Arnspitze zum kleinen Unterstandshüttchen – kurz zuvor stieß der Steig von Scharnitz auf unseren Weg. Beim Gipfelangriff wird vom Hüttchen aus ein begrünter Sattel im breiten Südostgrat gewonnen; am selben Grat führen uns dann kleine Serpentinen, zuweilen mit einem kurzen Drahtseil gesichert, über Schrofen und steiles Geröll zum Gipfel (Bild). – Nur sehr erfahrene, schwindelfreie Bergsteiger dürfen den weglosen Grat zur Mittleren bzw. Hinteren Arnspitze (genau nach dem Führer) weiterverfolgen: alle anderen Bergfreunde seien vor einem Abstieg nach Westen eindringlich gewarnt. – Der Abstieg könnte auch nach Scharnitz erfolgen: der Weg hinab in die großartig stille Mulde der Haselähne, dann nach rechts im Nordgehänge des Arnkopfes zum Riedboden ist bezeichnet. Man sieht von ihm aus nach links zu der merkwürdig kahlen Ostflanke des Schartenkopfes auf, in der ein schwerer, 8 Tage wütender Waldbrand vor 30 Jahren die gesamte Vegetation, Bäume, Latschen, Gras, Blumen für immer vernichtete – denn nachfolgender Regen schwemmte den letzten Fruchtboden von dem steilen Gehänge (Bild links!) . . . Ich selber bin beim Abstieg stets für das Ziel »Gasthof zur Mühle«, um dort immer wieder andächtig einer Sonntagmorgenstunde des Jahres 1948 zu gedenken, als ich dort mit meiner Frau, von einem Biwak am Wettersteingrat kommend und vor Durst verlöschend, 2 Liter Wasser »stahl« – die Leute waren alle in der Kirche, Haus und Küche leer, aber offen . . . ich wurde zum Dieb!

TALORTE Unterleutasch, 1040 m (Gasthof zur Mühle, etwa 600 m jenseits der Grenze), ab hier 4 Std. zum Gipfel. – Scharnitz, 948 m.

CHARAKTER Zum Unterschied von der mit mäßigen Schwierigkeiten zu ersteigenden Mittleren und Hinteren Arnspitzen ist die große Arnspitze, 2196 m, für trittsichere und leidlich schwindelfreie Bergfreunde leicht zu ersteigen. Bezeichnete Steige! Das Unterstandshüttchen in 1955 m Höhe an der Latschengrenze ist NICHT bewirtschaftet, Vorraum geöffnet, kein Wasser! – Beste Zeit: Juli bis Oktober! Ausrüstung A!

FÜHRER/KARTEN Führer Wetterstein, Voelk (Rother). – FB-Wanderkarte, Blatt 34.

BILD Flugaufnahme von Osten: wir schauen auf die isoliert zwischen Leutaschboden und Seefelder Becken aufsteigende Gruppe der Arnspitzen. Links die Große Arnspitze, die wir über die im Bild besonnte Südflanke ersteigen. Rechts unten im Bildeck der Gasthof »Mühle« im Leutaschtal, von dem wir durch Wald nach links hinauf zum Schrofengrat ansteigen. Ganz links, stark besonnt, die vor 30 Jahren abgebrannte Südostflanke. Im Hintergrund links oben der Lisenser Fernerkogel neben dem dunklen Roßkogel.

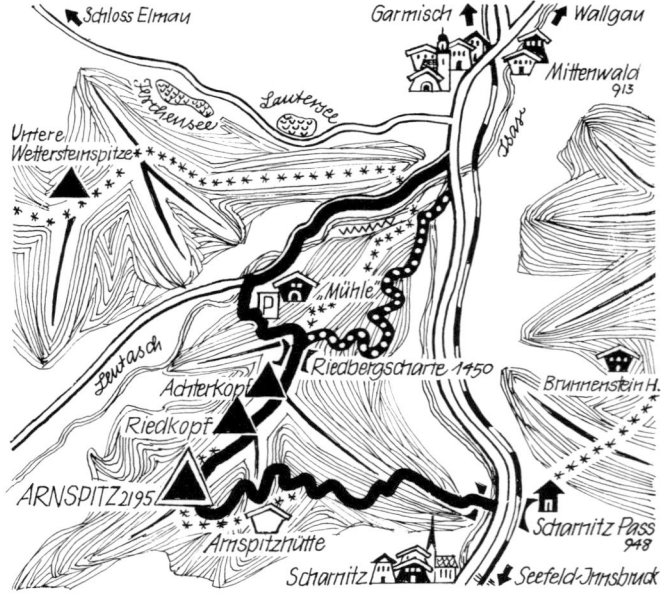

50 Der kühne Daniel

Vielbewundert – immer vergessen

Jeder Münchner Bergfreund sieht ihn zehn und mehr Jahre von Garmisch aus, vom Kreuzeck, vom Wank, vom Waxenstein, und sagt sich immer wieder vor: da mußt du mal hinauf! Allzu faszinierend steht da im Westen über den Eibseeforsten das kühne Felshorn, bald unersteigbar aussehend. Dann kommt man irgendwann drauf, daß der kühne Daniel »auf Krampf ausgeht«, denn von Südwesten ist er ja nur ein besserer Gras- und Schrofenberg. Weil aber soviel »echte« Berge ringsum stehen, Berge, die vorn und hinten kühn sind, die Sonnenspitze, die Zugspitze, die Waxensteine, der Wamperte Schrofen und wie sie heißen, so geht kaum einer auf den Daniel hinauf . . . auch mir ist es 30 Jahre so gegangen. Als ich ihn dann endlich mal »derpackt« hab, war es zwar ein bisserl mühsam, aber lustig. Grund: ich ging mit einem Münchner, der fast 220 Pfund Lebendgewicht hinauftrug und seelenruhig erklärte, er gehe nicht aus Idealismus hinauf, sondern nur um sein Fett auf anständige Manier loszuwerden. Hinterher hab ich mit ihm eine geradezu dionysisch-üppige Brotzeit gemacht, worauf er ohne Kümmernis sagte: Oh mei, jetzt bin i halt wieder umsonst aufi! Diesen netten Zwangsalpinisten habe ich erst unten an der großen Eisenbahn- und Loisachbrücke zwischen Ehrwald und Lermoos getroffen; dort geht der bezeichnete Steig aus vielleicht 1000 m Talhöhe über die Duftelalpe, also ab 1483 m Talhöhe, zum 2342 m hohen Gipfel des Daniel hinauf: erst über Wald und Almwiesen, dann über ein paar freie Almböden und endlich durch lichten Bergwald. Das ist recht gut so, denn schließlich steigen wir auf einer Süd- und Sonnenseite an, und wer da 4 Std. geht, der weiß was er tut, und der lobt den Waldschatten. Gäb's hier keinen Wald, im Juli, mittags, bei 30 Grad! . . . Oberhalb der Waldgrenze, in einem Spalier von Latschen aufsteigend, begeht man den steilen und schließlich ganz interessanten, weil freien und etwas ausgesetzten Südgrat; er endet mit Schrofen, über die man – falls man trittsicher ist – ohne Schwierigkeiten den höchsten Punkt des kühnen Horns erreicht. Unser Bild deutet die Aussicht nur kümmerlich an: den Tiefblick auf die inmitten so schrecklich vieler Berge tröstlich ebene Moosplatte zwischen Ehrwald, Lermoos und Biberwier, den Aufblick zum steilsten Abbruch der massiven Zugspitze – und dann kommen die nahen Mieminger Berge, die Lechtaler, die Ammergauer, die Allgäuer, und jenseits der Fernpaßseen die Ötztaler Eisberge. Übrigens ist es hier so schön und so still zu sitzen, daß man gar keine Bergnamen wissen muß: man ist auch so durch und durch froh. Auch mit 220 Pfund Lebendgewicht. Was die Südseite betrifft: 1. Man steigt auf den Daniel nur in aller Herrgottsfrühe, oder 2. wenn das Gebirg wieder entleert ist, also ab Anfang September, aber dann gleich bis Anfang November. – Es gibt außer dem genannten Anstieg vom Bahnhof Ehrwald (Viadukt) auch einen Anstieg direkt von Lermoos (Bahnhof) über den Kohlberg zur Duftelalpe (noch mehr Südhang), und einen dritten von den westlicher gelegenen kleinen Flecken Lähn und Wängle, oben das Heberjoch, 2050 m, nicht überschreitend, sondern von dort östlich unter die Upsspitze, 2334 m, querend und deren Südgrat hinauf . . . keine Hütte, Südhänge, Durst!

TALORTE Ehrwald, 996 m (Bahnhof). – Leermoos, 995 m (Bahnhof). – Lähn, 1128 m.

CHARAKTER Bei gut 1300 m Höhenunterschied und Anstieg am Südhang (durch Wald gemildert) hat man 4–5 Std. Mühe vor sich. Man gehe nicht zu spät weg, vor allem nicht an heißen Tagen! Schönste Zeit: Ende Mai bis Mitte Juni, dann September bis Anfang November! Eine ausgesprochen stille, schöne Bergwanderung mit souveränen Ausblicken vom Gipfel. Wenig besucht! Kinder in den Gipfelschrofen zur Vorsicht anhalten! Ausrüstung A!

FÜHRER/KARTEN Kl. Führer Ammergauer Alpen (Rother). – An sich genügt FB-Wanderkarte, Bl. 34 Wetterstein, oder die schöne 1:50 000 Topogr. Karte Bl. L 8530 Füssen.

BILD Blick aus dem Grundbachtal bei Bichlbach – dicht ostwärts von Heiterwang – auf den Daniel (links oben). Im Hintergrund das von hier aus wuchtige Massiv des Wetterstein mit Zugspitze (links) und Schneefernerkopf (rechts).

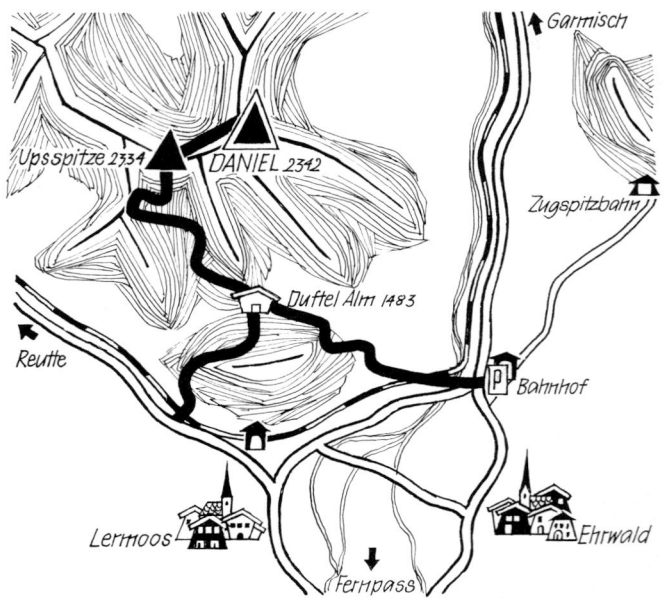

51 Die Hohe Munde

2000 Meter über der Innfurche

Diese Hohe Munde über Leutasch und Inntal, ein kühn aufgeworfener Doppelgipfel mit felsstarrenden Flanken, demonstriert den Stand des »Alpinismus« von heute: von den 20 000 Sommergästen des berühmten Seefeld dicht am Sockel des schönen Berges, die alle wortreich von den Bergen schwärmen, gehen auch am schönsten Tag keine 5 auf den Gipfel. Grund: der 4- bis 5stündige Anstieg. Also sind die richtigen Bergfreunde, die gar nichts anderes kennen als für ihre Gipfelfreude auch einen guten Preis zu bezahlen, wieder unter sich . . . es ist also, merkwürdigerweise, auch um die Hohe Munde still. Dabei gibt es dicht am Normalweg Edelweiß zu sehen, nicht zu glauben. Als ich das letzte Mal auf die Hohe Munde stieg, war der Berg im Neuschneekleid und verlangte eine besondere Vorsicht; ich mußte zwei Kinder fest an eine Reepschnur binden, damit sie mir nicht aus den Tritten rutschten. Ganz oben, wo der Weg vom steilen Rücken über die Kante auf das Gipfeldach führt, da gab es damals eine Wächte, und die kann einen im späten Oktober immer wieder erwarten. Ohne Schnee ist die Hohe Munde, vor allem ab September, reines Entzücken, und zwar schon an der Rauth-Hütte. Die hat man von Oberleutasch-Obern (wo man den Wagen stehen läßt) schon in 1½ Std. erreicht, meist durch Wald, und dann beginnt schon der Zauber des Berges zu wirken: das ist der fortgesetzte Tiefblick in die gewaltige Inntalfurche, die zuletzt, am Gipfel, mehr als 2000 m unter uns liegt. Von der bewirtschafteten, einfach-freundlichen Rauth-Hütte steigt man über ein aussichtsreiches Jöchl in steile Latschengassen ein, auf die bald steiler Rasen und dann Schrofengelände folgt; dabei kommt man der (im Bild nicht sichtbaren) tief eingerissenen Kluft nahe, die den mächtigen Rücken an seiner Südostflanke buchstäblich spaltet. Ebenda kann, wer seine Finger im Zaum und sein Gewissen am Zügel hat, viele Edelweiß stehen sehen. Der Rücken verengt sich, und plötzlich steht man jenseits der Kante auf dem dachartigen Gipfelplateau und ist bald auf 2592 m Höhe am Ostgipfel. Weil den aber nur eine gut begehbare Scharte vom Hauptgipfel, 2659 m, trennt und Ab- und Anstieg nur gute 20 Minuten dauern, geht man natürlich hinüber. Dort ist man mit großer Gewißheit meist allein und kann nun mit doppeltem Gewinn modernen Alpinismus studieren – etwa an den berühmten Südwänden des Wetterstein dicht gegenüber (Schüsselkar-, Scharnitzspitze) – oder Geologie – indem man die Uhr der Tiroler Bergwelt um viele Jahrmillionen zurückstellt bis in die Zeit, in der der mächtige Inngletscher bis in 2200 m Höhe reichte und durch die Seefelder Senke einen Seitenast bis über Mittenwald hinaus entsendete . . . Der geschulte Bergsteiger sollte die Hohe Munde einmal überschreiten: der Westgrat ist reizend, wenn man sich genau an den Aeberli-Führer hält und beim Zwischenabstieg (für Kletterer nicht nötig) ins »Rauhe Tal« Orientierungssinn beweist: nicht bei unsichtigem Wetter! – Man kann dann, wenn man die Überschreitung in Ost-Westrichtung macht, rechts hinab zur Leutascher Ache bei der Tillfußalm absteigen und das kurze Stück nach Oberleutasch herauswandern – falls man nicht nach Wildermieming will. Aber der Abstieg am Normalweg bleibt mein Tip!

TALORTE Oberleutasch–Obern, 1166 m (über Mittenwald). – Evtl. Lift zur Rauth-Hütte!

CHARAKTER Eine der prächtigsten Bummeltouren für etwas ausdauernde und trittsichere Bergfreunde mit »glücklichen Augen«. Ungewöhnlich umfassende Aussicht gegenüber den Zentralalpen. Die Tour am Normalanstieg über die Rauth-Hütte ist nicht schwierig, wenn man (beim verbotenen Edelweiß-Suchen!) am Steig bleibt! Aufstiegszeit Normalweg vom Tal 4–5 Std., ab Rauth-Hütte 3 Std.! Vorsicht im späten Herbst bei Neuschnee! Beste Zeit: nach der Saison, September und Oktober! Sonst SEHR früher Aufbruch empfehlenswert! Ausrüstung A, bei Überschreitung B!

FÜHRER/KARTEN Führer Mieminger Kette (Aeberli, Rother). – FB-Wanderkarte Bl. 34 Wetterstein.

BILD Aufblick vom »Kirchplatzl« im oberen Leutaschtal (1133 m hoch) zur Hohen Munde, 2592 m. Wir schauen hier von Norden auf dieses südöstliche Bollwerk des Wetterstein. Wer geschulte Augen hat, sieht schon an dem elegant gezwiebelten Kirchturm, und dann an den weniger eleganten als kühn aufgestülpten Dachhauben des Kircherls selbst, daß hier die altbayrischen Tiroler ihr Barock brillant beherrscht haben. Auch wenn die »Zwiebel« letztlich aus dem fernen russischen Moskau kommt . . .

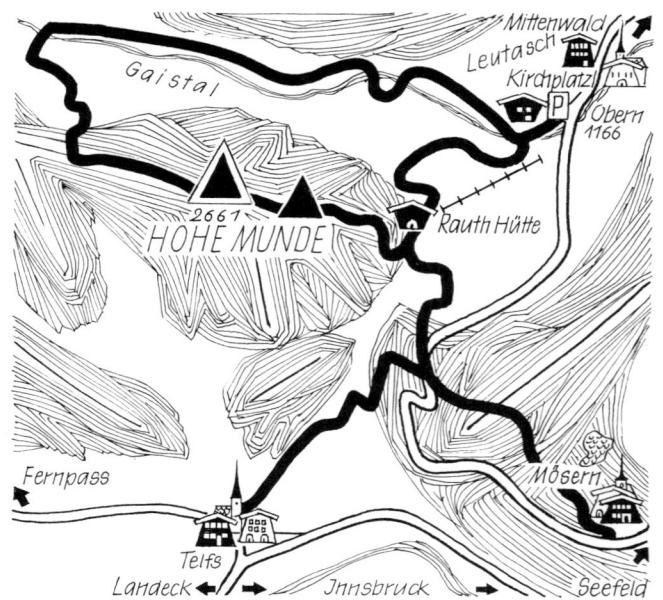

52 Der Hochwannig überm Fernpaß

Mittenau-Alm – Marienbergjoch – Weißensee

Machen wir uns nichts vor: wir Münchner haben diesen Gipfel, als »Wanneck« bekannter als unter seinem richtigen Namen, immer übersehen. Ich weiß nur noch, daß ich einmal mit einem Münchner Maler Ende Mai mit Skiern zum Marienbergjoch aufstieg und durchs Berglkar auf den Hochwannig wollte, daß wir aber schon unterm Nordgrat aufgeben mußten, weil scharfer Wind einen in den Kammschnee gesteckten Ski lockerte, umblies und auf Rekordfahrt ins Kar schickte . . . Wer heute auf den Hochwannig geht, bleibt allein. Dabei steht dieser immerhin 2493 m hohe Gipfel, westlichstes Bollwerk der großen Mieminger Kette, vollkommen isoliert überm Fernpaß, hoch überm Ehrwalder Moosboden . . . Man höre den angenehmsten Weg: Vom Fernpaß geht oder fährt man südlich einige hundert Meter, bis nach der ersten großen Linkskurve links ein Balken mit einer Verbotstafel auf ein Forststräßchen deutet; hier müssen wir hinein, hier kann man den Wagen stehen lassen! Man versuche also NICHT, direkt von der Fernpaßhöhe auf den Stuck- oder Römerweg zu kommen, dabei verläuft man sich nur! Also jenes Forststräßchen brav bis zum »Grünen Bankl« und dann in großen Serpentinen hinaufmarschiert, bis einem die Sache langweilig zu werden beginnt – denn immer noch hört man das unaufhörliche Geschnurre der Autos von der Paßstraße: da plötzlich steigt man völlig überraschend in einen herrlichen grünen Boden hinein, in dem die Mittenau-Alm steht, 1718 m, – und leider auch manchmal die Autos von Nasereither »Fremden«, die, das Verbot mißachtend, das Forststräßchen befahren . . . Um die Mittenau-Alm ist es bereits ruhig, der Lärm ist verstummt, das Gebirge wird groß und weit. Wir wandern nun streng südlich ein Stück dahin, bis der Steig nach links abzweigt, ein armer Steig, denn er muß in unzähligen Serpentinen Latschen- und Alpenrosenreviere durchbrechen, und er muß sich höher oben mit Geröll plagen – dann endlich kann er am hohen Kamm direkt auf den Hochwanniggipfel zielen. Welch ein Rastort! Welch ein Behagen nach einem steilen Aufstieg in einer Südwestflanke, die den, der zu spät aufgestanden ist, auch noch mit Hitzegraden plagen kann! 2000 m tiefer zieht der Inn ostwärts – und nordwärts unter uns liegen fünf Fernpaßseen . . . wir suchen uns den nördlichsten, den verstecktesten aus, um ihn am Abend als Kurbadestrand zu frequentieren. – Abwärts steigend müssen wir am felsigen Nordgrat achtgeben! Die alten Versicherungen sind abgerissen, man soll die Frau oder größere Kinder (für kleinere ist die Tour zu anstrengend!) besser an die Reepschnur nehmen und sichern! Nichtsdestoweniger findet der trittsichere Mann gut sein Durchkommen und kann bald vom Schrofenkamm aus rechts ins Berglital hinabsteigen – einen wundervoll einsamen grünen Kessel. – Der weitere Abstiegsweg quert unterm Marienbergjoch (das nicht berührt wird) die Hänge, bis er links hinab zur Fernpaßstraße beim Gasthaus Lärchenheim ziehen kann. Dort steigen wir um einige Rundkuppen nordwestlich davon, vielleicht 15 Minuten, dann haben wir jenen versteckten fünften Fernpaßsee gefunden – er heißt Mittersee, liegt 1077 m hoch, und genau 100 m nördlich verlockt die Loisachquelle zum heimlichen Bade . . .

TALORTE Fernpaßhöhe, 1212 m. – Gasthof Lärchenheim, 2 km südlich Biberwier, 1080 m. – Nassereith, 837 m.

CHARAKTER Überaus schöne, meist einsame Bergtour über dem Fernpaß, großartiger Blick in die Ötztaler Alpen. Aufstieg über Mittenau-Alm ab Fernpaß 4 Std., anstrengend, doch ohne Schwierigkeiten. Abstieg über den Nordgrat, oben felsig, unten begrünt, hinab ins Berglital. Für trittsichere Bergsteiger kaum mäßig schwierig. Der Ab- (oder Auf-)stieg über den Handschuhspitzenkamm ab Marienbergjoch ist unschwierig, muß aber auch mit Vorsicht begangen werden. Beste Zeit Juli bis Oktober! Der Marienbergjoch-Lift erleichtert den Anstieg von OSTEN!

FÜHRER/KARTEN Aeberli/Mieminger Kette (Rother). – AV-Karte Mieminger/Wetterstein, Westliches Blatt. – FB-Wanderkarte, Bl. 34.

BILD Der Hochwannig steht hier dicht über den Fernpaßseen und zwar mit seiner Westflanke. Links unten Fernpaßstraße, darüber Wettersteinstock, Sonnenspitze und Wamperter Schrofen. Wer ihn von Westen besteigt, muß aus dem unteren linken Bildeck ins rechte obere Bildeck hinauf: viel Wald, viel Schutt, viel Ehr'!

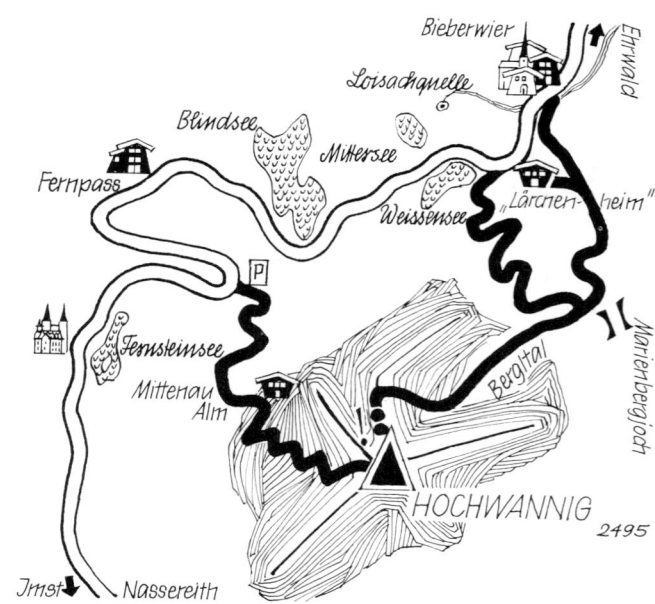

53 Der Wamperte Schrofen

Zwischen Schwärz- und Schartenkar in den Miemingern

»Wampert«, so heißt es, wurde dieser mächtige Mieminger Kalkklotz wegen seiner bauchigen Westflanke benannt. Ich glaube das nicht. Sicher hat er seinen gemütlichen Namen nur bekommen, weil er der eleganten Sonnenspitze gegenübersteht. Die ist nämlich »zum Malen« schön und schlank ... Der Wamperte Schrofen sieht in seinem Gipfelaufbau, von ferne gesehen, hübsch rundlich aus; in Wahrheit setzt sich sein schön ausgeprägter Nordostgrat im Gipfelkamm fort, und nur die schrofige Ostflanke sieht etwas harmlos aus. Durch diese Ostflanke führt der Normalanstieg, leichte Kletterei (I+) aus dem östlich gelegenen Schwärzkar. Der Einstieg ist von der Coburger Hütte aus in einer guten Stunde zu erreichen, indem man den Sockel der Drachenköpfe umwandert und in den obersten Boden des Schwärzkares aufsteigt; man steigt von links unten nach rechts oben gegen das begrünte Geschröfe (zwischen Schwärzscharte und dem vom Gipfel kommenden tiefsten Sporn) an, dann führt die südlichste Rinne unschwierig in die Scharte zwischen Nord- und Südgipfel und von hier eine steile brüchige Rinne (links) zum Grat und zum Südgipfel. Der Übergang zum Nordgipfel ist mäßig schwierig (II), der Mittelgipfel wird westlich umgangen. – Interessanter als der Normalanstieg ist der Aufstieg aus dem oberen Schartenkar: von seinem obersten kleinen Kessel aus hält man sich links an eine steil zum Nordgrat führende, von einem großen Block gesperrte Rinne; der Block wird links umklettert und gleich hat man den Grat erreicht, von dem man südöstlich zehn Meter in einer Schuttrinne absteigt; weiter auf einem ansteigenden Band bequem, um eine Rippe herum, in eine zweite, längere Rinne, die an einer durch ein abgesprengtes Türmchen gebildeten Scharte endet. Von hier erst gerade empor, dann links leicht zum Grat und zum Gipfel (II, mäßig schwierig). – Der zweite interessante Anstieg führt über den ganzen Nordostgrat, und zwar schon von den Sockelfelsen (im Bild, das von Südwesten geschossen wurde, völlig verdeckt) ab: auf steile Schrofen folgt hübsche Kletterei, teils auf der Schneide, teils südlich darunter; man landet an dem großen Klemmbock vom soeben beschriebenen Kletteranstieg aus dem Schartenkar ... Das Bild zeigt den Wamperten Schrofen inmitten seiner »Kollegen«; es gibt in meinem Buch »Von Hütte zu Hütte« (Tour 42) ein ganz besonders instruktives Bild vom Wamperten Schrofen, da sieht man ihn zwischen Schwärz- und Schartenkar aufragen, und auch der Verlauf des Normalaufstieges in der Ostflanke wird einem sofort klar. – Zum Wamperten Schrofen (den man natürlich auch an EINEM Tage machen könnte) gehört meiner Ansicht nach der gemütliche Anstieg von Ehrwald über den »Hohen Gang«, einen wahrhaft köstlichen Steig (teilweise gesichert) aus dem ebenen Ehrwalder Becken erst durch Lärchen- und Tannenwald gegen die abweisende Seebenmauer hinauf, dann durch Latschen und Geröll hinter ein vorspringendes Eck zur aussichtsreichen »Coburger Bank«; über steileres Geschröfe wird endlich der Seebensee erreicht (in dem sich die Zugspitze spiegelt), da sieht man schon die Hütte über sich, das Drachenkar bewachend, bald begrüßt man die braven Wirtsleute: ist aufgehoben!

TALORTE Ehrwald, 1000 m. – Biberwier, 991 m. – Coburger Hütte AV, 1916 m, im Drachenkar (3 Std. von Ehrwald). Lift zur Ehrwalder Alm, 1493 m, von dort 1½ Std. zur Hütte, ab Biberwier 3 Std.

CHARAKTER Der Wamperte Schrofen, 2520 m, verlangt auf dem Normalweg absolute Trittsicherheit und mäßig schwierige Kletterei. Auch die beiden weiteren hier genannten Anstiege, aus dem Schartenkar und über den Nordostgrat – schwierig, III – dürfen nur von erfahrenen Bergsteigern gemacht werden. Beste Zeit: Juli bis Ende September. Ausrüstung C!

FÜHRER/KARTEN Aeberli/Mieminger Kette (Rother). – AV-Karte 4/1.

BILD Im linken unteren Bildeck die Loisachquelle unterm Fernpaß. Oben von links: Sonnenspitze, Biberwiererscharte (verdeckt), Wamperter Schrofen, Marienbergspitzen und Grünstein. Rechts oben am Bildrand das Hölltörl, darunter am Bildrand das Marienbergjoch.

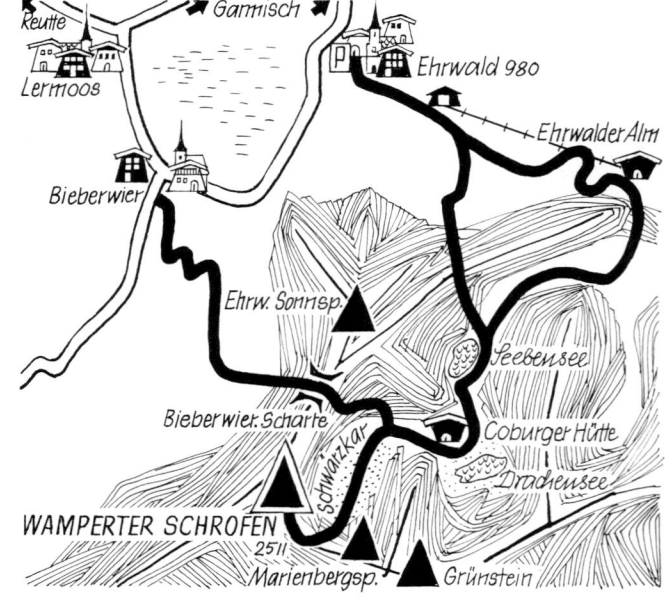

54 Die Notkarspitze über Ettal

Stille Insel zwischen Loisach und Ammer

Die »Noth«, wie man in Oberammergau sagt, ist 1889 m hoch, steigt von der Ettaler Bergstraße weg als hoher Schrofenkamm gegen Westen auf und senkt zum Ammerknie vor dem Passionsdorf drei gut ausgeprägte Seitenkämme ab, zwischen denen die Wasser ihren Weg suchen. Diese Wasser muß man einmal nach starken Regentagen gesehen haben, vielleicht von der Falkenwand her: da ist die stille Noth plötzlich lebendig geworden, da stürzen und platzen kleine und große Wasserfälle in die Waldtiefen und krachen da und dort in ausgewaschene Gumpen ... das hat mich zuerst für die Noth entschieden. Wir kamen aus der Ettaler Klosterkirche, deren gotischen Zentralraum der Wessobrunner Meister Joseph Schmuzer so kühn wie elegant zu einem hellen spätbarocken Festsaal zu verwandeln wußte, und vor den der Graubündner »kurfürstliche Hofarchitekt« Enrico Zuccali (der Schloß Nymphenburg zu Ende baute und mit François Cuvilliés die Theatinerkirche errichtete) eine herrliche Schaufassade setzte, – kurz, wir kamen hochgestimmt aus der großen bayerischen Kunsthistorie und hörten jene Wasser fallen, rauschen, spritzen und donnern. Da liefen wir schnell zur nahen Ettaler Mühle, 842 m, dicht am Waldsockel der Notkarspitze, und wollten uns Gumpe für Gumpe badend erobern. Aber es war gar nicht immer leicht hinzukommen in dem steilen Geschröfe, immer wieder mußten wir uns an den Steig retten, der von der Mühle rechts (westlich) des Schluchtgrabens aufwärts führt; dann machte uns das Steigen langsam Spaß, und so gingen wir den mittleren Seitenkamm immer weiter hinauf, links unten die verfallene Kotalm, rechts die alte Großkaralm im Kotkar, bis wir das Kreuz bei Punkt 1743 erreicht hatten, wo unser Seitenkamm an den Hauptkamm zwischen Ochsensitz, 1515 m, und Notkarspitze, 1889 m, stößt. Dort war längst klar, daß auch der Gipfel bestiegen werden mußte, und so stiegen und kletterten wir auf und in den Flanken des Gipfelkammes bis zum Gipfelzeichen hinauf. Hier hatten wir keine zehn Minuten Zeit, Generalstabsarbeit zu leisten und Ammergauer Gebirg und Ammer- und Loisachtaler Wasserwirtschaft zu erkunden, denn eine ungeheure schwarze Wolkenwand blies sich über der Scheinbergpyramide auf und verschluckte hintereinander Scheinberg, Kreuzspitze, Klammspitze – und steckte Schloß Linderhof hinter ihre Regenwand und Dorf Graswang ... da erst rannten wir los: erst den Nordgrat hinab, dann rechts ins Notkar und hinüber zu unserem Aufstiegsweg. Noch am Nordgrat überfielen uns die Güsse von oben, wir hatten kein Verlangen mehr nach Gumpen und Wasserfällen. – Bei gutem Wetter wäre ich gerne den ganzen Ostkamm über das Kreuz, den Ochsensitz und die Notalm hinab bis zum scharfen Bergstraßenknie hinter Ettal gelaufen, auf hohem, latschengesäumtem Himmelssteg direkt auf die Loisachbögen zu. Oder auch vom Gipfel südwärts hinab bis zum Hasenjöchl, und dann scharf östlich in den Gießenbachgraben hinab; denn da ist man wirklich allein, kann sich mit frischen Bergwassern abgeben und sieht und ahnt nichts von den zehntausend »Naturfreunden«, die unten in ihren Wagen durch das wundervolle Graswangtal jagen, weiter, nur weiter, nur immer schneller, solange der Gashebel hält ...

TALORT Ettal bei Oberammergau, 878 m. – Ettaler Mühle, 842 m, wenige 100 m westlich Ettal am Bergfuß.

CHARAKTER Bergwanderung ohne Schwierigkeiten für geübte, trittsichere Wanderer! Da viel Schrofengelände, ist immerzu eine gewisse Vorsicht vonnöten. Nie den Steig verlassen, der ohnehin manchmal nur aus Spuren besteht! Höhenunterschied Ettal–Gipfel (1889 m) immerhin gute 1000 m, also muß mit gut 3 Std. Gehzeit gerechnet werden für den Aufstieg und mit guten 2 Std. für den Abstieg. Beste Zeit: Nicht ZU früh im Jahr! Am besten Juli bis Ende Oktober! Ausrüstung A!

FÜHRER/KARTEN Führer Ammergauer Alpen (Haber/Rother). – Topogr. Karte 1:50 000 L 8532. Evtl. FB-Wanderkarte, Blatt 34.

BILD Oberammergau (unten) und die Notkarspitze (rechts der Bildmitte oben) vor dem dahinter liegenden Wettersteingebirge mit der Zugspitze (rechts oben). Ganz rechts am Bildrand der Kofel, 1342 m, links der Waldsockel des Laber. Man erkennt an der Notkarspitze deutlich das nordwärts eingelagerte Notkar, dessen Wasser in den Moosboden des von rechts kommenden Graswangtales einmünden.

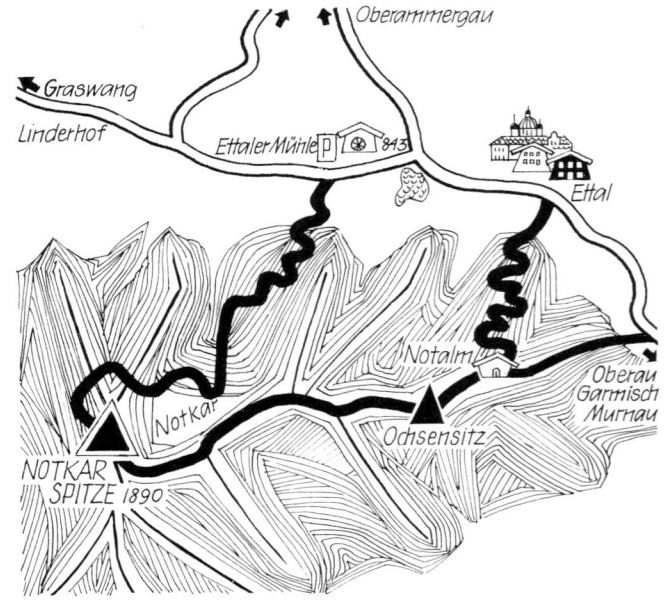

55 Die Kreuzspitze über dem Linder Gries

Alpine Oase hinterm Graswangtal

Ich bin früher oft auf Scheinbergspitz und Hochplatte gestanden, doch die Kreuzspitze gegenüber – mit 2185 m höchster Gipfel der Ammergauer Berge – hat mich nie interessiert. Aber kürzlich parkte ich »Bei den sieben Quellen«, halbwegs zwischen Linderhof und Plansee, wo oberhalb die Hundinghütte stand, und wo der wilde Kiesstrom des zwischen Geierköpfen und Kreuzspitze eingeklemmten Neualpbaches Straßen, Wege und Fichten brutal überschwemmt – es war Pfingstsonntag und vor dem Gipsschloß des armen Ludwig parkten ungelogen 80 Busse und 1000 Autos – kurz und gut, da hielt ich es nicht mehr aus und stieg auf die Kreuzspitze. Welch eine Bekehrung! Ich erlebte eine meiner schönsten Vorgebirgswanderungen und die stillste seit Jahren dazu. Während unten Autokolonnen das schöne Tal mit Gaswolken bedachten, begegnete ich am Berg nur zwei Menschen, einem zünftigen Ehepaar aus Weilheim . . . Zuerst glaubte ich, mich zu verlaufen, der Weg war unter Kiesbergen begraben. Dann querte ich das breite Kiesbett und stieg jenseits einen guten sanften Steig ostwärts an, bis ich nach 40 Minuten am grüngefaßten Lawinenschneekrater des Hochgries stand: eine Todesbahn noch vor Wochen. Bequeme Serpentinen zogen seitlich zur Waldgrenze, und dann öffnete sich plötzlich das riesige Hochgrieskar wie eine Felsenbühne: oben die Nordwand der Kreuzspitze, links Kuchelbergkamm, rechts Schwarzenkopf. Weil Pfingsten war, konnte ich über den alten Lawinenschnee schnurgerade in die Scharte zwischen Kreuzspitze und Schwarzenkopf ansteigen. Letzterer ist 1887 m hoch, früher mußte man ihn westlich umrunden, neuerdings führt aber auch der erneuerte Sommersteig direkt in die erwähnte Scharte, von der aus man den stufigen Westnordwestgrat angeht, immer etwas rechts des stumpfen Grates; Steigspuren und Steinmänner führen leicht zum Gipfel hinauf, nur einige wenige Male muß man einfachste Klettergriffe üben. Oben steht die gewaltige Zugspitzmauer dicht gegenüber. Gern wäre ich den (nicht ganz leichten) Südgrat hinüber geklettert, aber es war schon zu spät dazu. Ich schaute mir noch den zweiten Abstiegsweg an, der vom normalen An- und Abstiegsweg (WNW-Grat) noch mitten in den Felsen nach Osten abzweigt (Taferl) und der wirklich NUR von trittsicheren Bergsteigern und NUR bei trockenen und schneefreien Felsen anzuraten ist: er führt etwas ausgesetzt hinüber zur Kuchelbergschneid und weiter zum Kuchelbach hinab und zum Elmau Gries. Dann stieg ich hochbefriedigt ab. Das heißt, ich fuhr von der Scharte weg im Firn das ganze herrliche Hochgrieskar ab und trabte dann den Weg zu den Sieben Quellen zurück, vorbei zuletzt an der völlig verfallenen Hunding-Hütte König Ludwigs II. Wenig später stand ich unter Zeillers Deckengemälde in der Kuppel der Ettaler Klosterkirche und war, unter fremden und frommen Menschen, so allein wie droben auf der Kreuzspitze. Eine Stunde später stand ich dann auch in der Rottenbucher Kirche, dem Pendant zu Ettal, denn auch hier vermählt sich alte Gotik glanzvoll mit dem bayerischen Spätbarock. Im Ammergrund nahm ich ein Schnellbad, dann fuhr ich über Böbing, Peißenberg und Seeshaupt heim. Denn der Tag war lang und groß und schön.

TALORT Linderhof, 937 m (ab hier 6 km über die nahe Grenze bis Neualpgries und »Bei den sieben Quellen«, 1081 m, Parkmöglichkeit westlich des Neualpbaches, 50 m hineinfahren).

CHARAKTER Ideale Bergtour für trittsichere Bergwanderer. Keine besonderen Schwierigkeiten. Am Gipfelgrat in den Felsstufen und Schrofen auf Steigspuren und Steinmänner achten. Vorsicht bei Neuschnee! Im Herbst glanzvolle Bergwanderung in großer Einsamkeit! Ausrüstung A! Juni (Firn im Kar) bis Mitte Oktober! Aufstiegszeit: 4–5 Std., Abstieg 2¼ Std.

FÜHRER/KARTEN Führer Haber / Ammergauer Alpen (Rother). – Topogr. Karte 8431 Linderhof, 1:25 000 – oder Topogr. Karte L 8530.

BILD Luftbild der Kreuzspitze und ihrer Nordflanke. Links oben der Kuchelbergkamm, rechts über der oberen Sandreiße der Schwarzenkopf. Unser Weg vom Lindergries herauf zieht in engen Serpentinen rechts der das Bild diagonal teilenden mächtigen Sandreiße und führt dann durch das mächtige Hochgries nach rechts oben in die Scharte zwischen Schwarzenkopf und Kreuzspitze. Von hier steigt und klettert man leicht nach links zum Gipfelkamm hinauf. Ganz links oben die Zugspitze.

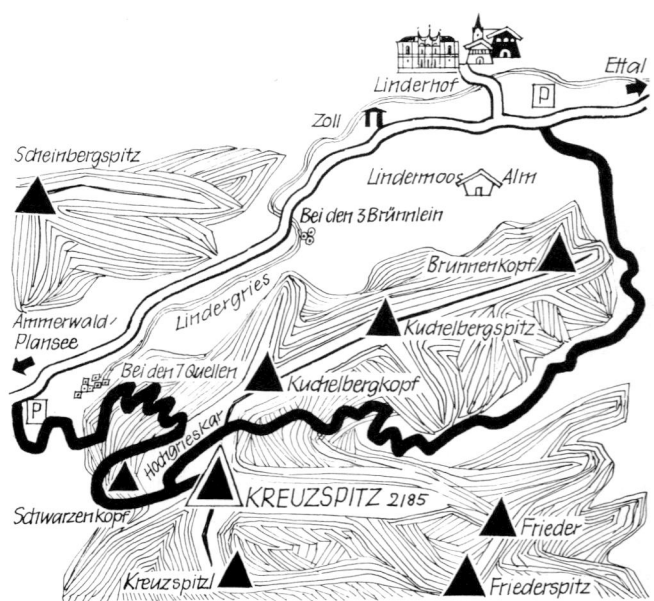

56 Die Klammspitze über Linderhof

Ammergauer Höhensteig im Naturschutzgebiet

2 Tage   Anfahrt 90 km   Mit trittsicheren Kindern ab 12 J.
Bergwanderung

Es ist keine Empfehlung für die reisende Menschheit unserer Tage, wenn zwei Alpenvereinshütten im Naturschutzgebiet der Ammergauer Alpen – Pürschling-Häuser und Brunnenkopf-Häuser, beide in gut 2stündigem Aufstieg gefahrlos zu erreichen – in den Hochsommermonaten kaum besucht werden. Während Schloß Linderhof und Oberammergau täglich von Tausenden von Autofahrern heimgesucht werden, die nach »Natur« dürsten! Jedenfalls sei diese Situation für jeden richtigen Münchner Bergfreund eine Empfehlung! Ob man den Jagdsteig von Schloß Linderhof zu den Brunnenkopf-Häusern ansteigt, oder von Oberammergau über die Kolben-Alm, oder von Unterammergau durchs Längental (kürzester Anstieg!), in jedem Falle wird man auf diesen schönen Wegen alsbald allein sein – allein mit Rehen, Hirschen, und bald auch Gemsen. Man braucht sich KEINE Kopfschmerzen über überfüllte Hütten zu machen! Diese einzigartig schön gelegenen Hütten werden gut bewirtschaftet, aber wenig besucht. Abends auf die Pürschling-Häuser, oder, wenn man schon morgens aufsteigt, dann an den Pürschling-Häusern vorbei und den wunderschönen Höhenweg zu den Brunnenkopf-Häusern begangen: auf diesem Wege wird man, falls man sich ruhig und besonnen verhält, immer viele Gemsen, und oft auch Schneehühner sehen. Freilich, man muß auf dem nicht gut ausgebauten schmalen Steig recht trittsicher gehen und Kinder sollten nicht vorausspringen! Der Weg verläuft immer in der hohen Südflanke des großen nördlichen Ammergauer Ost-West-Kammes, also immer mit dem Blick seitwärts ins Graswangtal hinab und zum Zugspitzklotz hinüber; nur an den Jochen und an den Gipfeln schaut man auch nordwärts hinaus – hinab auf das ganze westliche Oberbayern zwischen Pfaffenwinkel und Loisachbecken. Auf diesem schönen Weg zwischen den beiden Hütten unterwandert man gut ein Halbdutzend frecher Felstürme, die sich Teufelsstättkopf nennen, 1758 m, Hennenkopf, 1768 m, Dreisäulerkopf, 1620 m, Brunnenkopf, 1718 m, und so fort, – und erst am Ende wartet ein richtiger Gipfelstock auf, die Große Klammspitze mit 1925 m Höhe. Dort hinauf führt von den Brunnenkopf-Häusern ein leidlich guter Steig durch das gegen Osten offene »Wintertal«, in dem man im Frühsommer oft noch Altschneetafeln passieren muß: sind diese am frühen Morgen hart, so können sie (ohne Pickel) auch unpassierbar sein! Also auch hier: Vorsicht im Vorgebirge! Ist der Schnee weich oder abgeschmolzen, dann ist der Anstieg nicht schwierig, eher leicht – aber auch dies gilt wiederum NUR für trittsichere Geher. Meine Kinder, alle trittsicher, waren alle schon auf diesem Gipfel: aber mir war oft nicht wohl dabei, wenn sie, wie Kinder es tun, selbstsicher bis zum Übermut, den Steig verließen. Dies zur Warnung! Wirklich schwierig (für Bergwanderer, keinesfalls für geübte Bergsteiger) ist nur der Weiterweg Klammspitze–Feigenkopf, weil der alte Steig etwas verfallen und abgerissen ist. Wer also dort wirklich etwa zur Kenzenhütte gehen will, muß sich vorsehen. Der Abstieg nach Schloß Linderhof am alten Reitweg ist dagegen einfach. Gehzeit Ammergau – Pürschling – Klammspitze – Linderhof 7–8 Stunden! Mein Rat: Genaues Studium der FB-Wanderkarte!

TALORTE Oberammergau, 837 m. – Unterammergau, 837 m. – Linderhof, 937 m. – Nächtigung: Pürschling-Häuser AV, 1564 m, am Pürschling-Sattel; 2–2½ Std. ab Ober- oder Unterammergau, bez. Weg. – Brunnenkopf-Häuser, AV (ehem. königl. Jagdhäuser), 1650 m, am Brunnenkopf, 2 Std. ab Pürschling, oder 2 Std. von Linderhof (unregelmäßig bewirtschaftet).

CHARAKTER Ungewöhnlich reizvolle Bergwanderung im Naturschutzgebiet mit großem Wildbestand. Ohne Schwierigkeiten für trittsichere Bergwanderer! Kinder MÜSSEN diszipliniert am oft schmalen Steig bleiben! Auch am oft steilen, an Schrofen ausgesetzten Aufstieg zur Klammspitze unbedingte Vorsicht üben! Weiterweg über Feigenkopf NUR für Geübte! Beste Zeit: Juli bis Oktober! Brunnenkopf-Häuser (wegen schlechten Besuchs!) meist nur am Wochenende offen. Bei AV-Sektion erkunden! Ausrüstung A!

FÜHRER/KARTEN Ammergauer Alpen (Dr. Haber/Rother). – FB-Wanderkarte Blatt 34. – Besser: Topogr. Karten L 8530 und 8431.

BILD Luftbild von Südosten – Klammspitze mit teilweise sichtbarem Steig durchs »Wintertal«, rechts Brunnenkopf. Darunter die Brunnenkopfhäuser und der alte Reitweg von Linderhof zur Hütte.

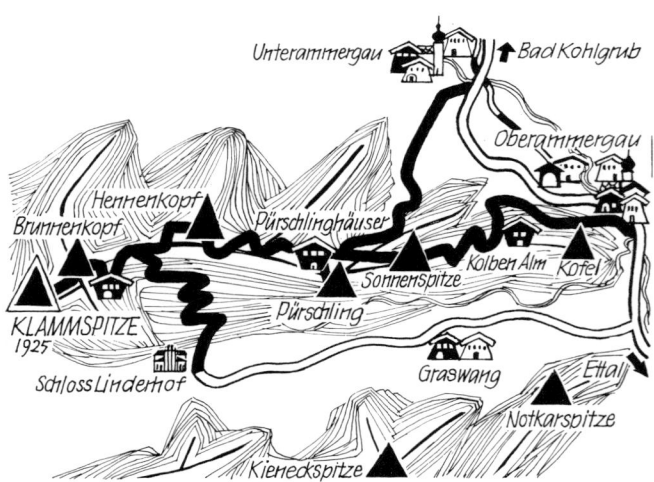

57 Die Ammergauer Hochplatte

Wankerfleck–Beinlandl–Schlössl–Wilder Freithof–Gamsangerl

1 oder 2 Tage   Anfahrt 105 km   Kinder ab 12 J.   Bergtour

Die Hochplatte, mit 2082 m Höhe höchster Gipfel der Ammergauer Berge nördlich von Graswangtal und Ammerwald, schaut von der Ebene her nicht so überwältigend aus wie auf nebenstehendem Flugfoto. Zwischen Flachland und Bergsockel liegen in Wahrheit noch riesige Forsten, Waldbuckel, Waldgräben, versteckte Bergbäche, zerfurchte Flanken und – der »Wankerfleck«, der einzigartige flache Wiesenboden dicht unter der Nordwand des Geiselstein. Man geht von Halblech gute 2½ Std. über den Wankerfleck zur Kenzen-Hütte, und von dort übers Beinlandl, das Karrenfeld um das »Schlössl«, den Wilden Freithof und einen ganz schmalen (gesicherten) Felsgrat – rechts unter sich das Gamsangerl –, zum Ostgrat und auf den Gipfel: das sind nochmals 3 Std., wenn man gemütlich steigt! Man kann auch andere Wege gehen: zum Beispiel vom wohlversteckten Wirtshaus Bleckenau, 1167 m, 1½ Std., oberhalb Schloß Neuschwanstein, über das Jägerhüttl, das »Fensterl« (ein Gratfenster zwischen Krähe und Hochplatte) und den Westgrat, das sind wieder 3 Std. und obendrein etwas verzwickte, aber leichte Kletterei zwischen Fensterl und Gipfel. – Oder vom Hotel Ammerwald, 1082 m, dicht vor dem Plansee, in guten 3¼ Std. durch das völlig vereinsamte Roggental zum Normalweg zwischen Schlössl und Wildem Freithof: aber diesen Weg sollte man sich für den Abstieg vorbehalten. – Und nun mein letzter und mutmaßlich schönster Vorschlag: Gehen Sie, wie in der Tour 58 zum Geiselstein beschrieben, von der Grenzstation bei Schloß Linderhof aus durch das Sägertal, aber nicht bis zur Bäckenalm oder gar zum Bäckenalm-Sattel, sondern wenden Sie sich an der Talgabelung auf etwa 1120 m Höhe nach links in den Hasentalgraben hinein, steigen Sie steil etwa 150 Höhenmeter auf und queren Sie dann den Graben scharf nach links, um in das weltabgeschiedene Lösertalmösl zu kommen. Rasten Sie hier, auf einem grünen Boden, dessen umliegende Hänge von vielen Felssäulen bekrönt werden, legen Sie sich in den Schatten der letzten gewaltigen Fichten, die dort stehen, niemand wird Sie sehen, niemand stören, es wären denn Gemsen; und dann steigen Sie die mählich ansteigende Wiesenmulde westlich zum Lösertalsattel an auf 1679 m, wo Sie der Hochplatte bereits gegenüberstehen. Dreißig Meter hinab, nach links das weite Beinlandl querend, hinauf zum nächsten Joch am Schlössl, weiter zum Wilden Freithof, hinauf zum schmalen Felsgrat und auf den Gipfel der Hochplatte! Das sind gute 4 Std. ab Grenze bei Linderhof, aber welch ein Erlebnis! Die Einsamkeit wird zum Ereignis. Keiner der 1000 täglichen Gäste von Schloß Linderhof ahnt jene Wonnen, kein Leser wird sie mir glauben – bis er den Weg selber gegangen ist. – Auf diesem Wege, genauso wie am Wege vom Hotel Ammerwald durchs Roggental, kann man die Hochplatte also auch als Eintagestour machen – als stramme Eintagestour! Von Norden her über die Kenzenhütte, oder von der Bleckenau her übers Jägerhüttl und Fensterl, braucht man ZWEI Tage. Der Kenzen-Anstieg ist überaus abwechslungsreich, wir sind ihn mit Kindern immer wieder gegangen, nur sonntags trifft man dort Leute . . . nette Leute! Denn den Preis von 4–6 Std. stillen Laufens zahlen nur diese.

TALORTE Schloß Linderhof (Grenzstation), 937 m. – Hotel Ammerwald, 1082 m, (Bus, 10 Autominuten vom Plansee), – Halblech, 826 m, an der Straße nach Füssen vor Buching. – Hohenschwangau, 815 m. Hütten: Kenzen-Hütte AV, 1285 m (2½ Std. von Halblech). – Wirtshaus Bleckenau, 1167 m (1½ Std. von Hohenschwangau).

CHARAKTER Eintagestour ab Linderhof oder Ammerwald mit jeweils 3–4 Std. Zeitaufwand für Aufstieg, – 2½ Std. und mehr für Abstieg. Leichte, außerordentlich abwechslungsreiche Bergwanderung in stillem Naturschutzgebiet. Mit Kindern ab 12 Jahren nur, wenn langsam angestiegen wird. – Beste Zeit: Juli bis Oktober. Ausrüstung A!

FÜHRER/KARTEN Ammergauer Alpen (Dr. Haber/Rother). – FB-Wanderkarte, Bl. 34. Topogr. Karten 8331 oder 8430/31.

BILD Die Ammergauer Hochplatte, von Norden aus dem Flugzeug gesehen. Rechts unten der berühmte Grünboden des Wankerfleck. Rechts oben die Scharte (Fensterl), die Hochplatte von der Krähe trennt. Der Anstieg erfolgt meist von links her, man erreicht den Gipfelkamm dann an der ausgeprägten Vorgipfelstufe links oben. Die Kenzenhütte liegt links unten, knapp außerhalb des Bildrandes.

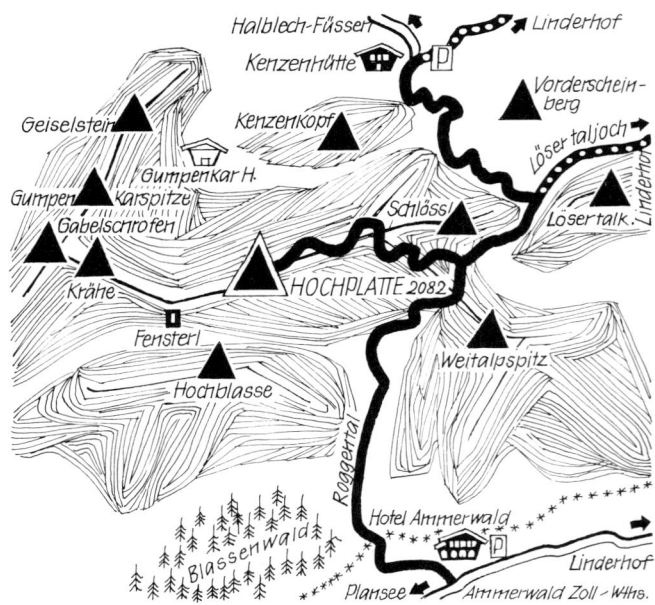

58 Geiselstein und Wankerfleck
Die Welt über dem Gumpenkar

Das Ammergauer Gebirge, erst kürzlich zum »Naturschutzpark« erhoben, ist ein wunderbar stilles Bergwanderrevier. Die maßlos überfüllten Sommerkurorte ringsumher können dem so wenig Abbruch tun wie – hoffentlich, Herr Staatsminister! – die maßlose Geschäftsgier, die an neuen Bergbahnen verdienen will, an neuen Kraftwerken und künstlichen Seen. Im Zentrum ist es am schönsten. Zum Beispiel am »Wankerfleck« zwischen Halblech und Hochplatte – da ragt aus walddunklen Kuppen über einem brettebenen Rasenboden eine weiße Flamme auf, der Geiselstein. Diese herrliche Kalksäule wäre anderswo Stein unter Steinen, aber hier, zum Preise aller Vorgebirge sei es gesagt, erhöht das harmonische Waldgrün den schroffen Aufbruch der Erdrinde zu einem erregenden Naturschauspiel. Auf unserem Bild sehen wir den Geiselstein nur von Südost, etwa von der Hochplatte (siehe Tour 57) – aber auch da schon, mit der plattigen Südwand über den Reißen und den Latschengärten des Gumpenkares und dem blauen Vorland im Hintergrund, wirkt er bedeutend: lädt er zum Besuch ein . . .
Man muß zuerst auf die Kenzen-Hütte, 1285 m, etwa 25 Minuten südlich überm Wankerfleck. Dahin führen zwei bekannte und ein völlig unbekannter Weg – 1. von Halblech (Buching), 826 m, an der Straße Steingaden–Füssen in 2¹/₂–3 Std. durch Mischwald über den Wankerfleck (von Norden), ein gewiß stiller Weg, das Sträßchen ist für Kfz. streng verboten; – 2. ein kaum begangener Weg von der Grenzstation bei Schloß Linderhof, 937 m, durchs Sägertal und über den Bäckenalm-Sattel, 1540 m, in 3–4 Std., ein Weg, den Füchse queren und Hirsche; – und 3. der Weg der winterlichen Skibergsteiger – Linderhof–Sägertal bis zur Gabelung unter der Bäckenalm, dann links durch den Hasentalgraben ins wildeinsame Lösertalmösl (dem schönsten Rastfleck Europas, wie ich einmal legitim übertreiben darf!), Lösertaljoch–Kenzenhütte = höchstens gute 4 Std . . . Man kann aber 6 Std. draus machen. – Andertags, von der liebenswerten Kenzen-Wirtin mit Kaffee verabschiedet, geht es südlich der Hütte links vom Wasserfall empor und dann gleich rechts in die »Gasse«, das ist ein steiles Canalone zwischen Hochplatte und Kenzenkopf, da wächst vielerlei Schönes zwischen den Kalkquadern, und wie verzaubert kommt man auf den Kenzensattel, 1720 m, das Entree ins hohe Gumpenkar. Man steigt, immer auf guten Spuren, durch Latschengärten, die mit viel Fels und kleinen Rasenböden aufgelockert sind, während über einem wilde Wände aufwachsen: Krähe, 2012 m, Gabelschrofen, 2010 m, Gumpenkarspitze und Geiselstein. Zwischen den beiden letzten liegt das wenig eingeschartete Geiselsteinjoch, 1729 m, und da geht's los – die Kletterei nämlich. Von vornherein: nur erfahrene Kletterer sind zugelassen! Wer's nicht ist, MUSS am Seil eines Kletterers gehen! Also: leicht hinauf auf die (im Bild sichtbare) Grasschulter unter der Südwestkante, dann (im Bild nicht sichtbare) Querung zur Nordwestkante und hier durch eine steile, sehr gutgriffige Rinne mit einigen Absätzen, manchmal etwas ausgesetzt, in hübscher, mäßig schwieriger Kletterei zum Gipfel auf 1884 m Höhe. Triumphgefühle warten dort; seien Sie dennoch besonders vorsichtig beim Abstieg!

TALORTE Halblech, 826 m, bei Buching an der Straße nach Füssen. – Linderhof im Graswangtal (Zollgrenze), etwa 937 m – Hotel Ammerwald, 1082 m, 10 Autominuten vor dem Plansee, von Ettal kommend.

CHARAKTER Einfache Bergwanderung für trittsichere Geher bis zum Geiselsteinjoch, 1729 m, – ab hier NUR für Kletterer am sichernden Seil möglich. In mäßig schwieriger Kletterei durch die Rinne neben der NW-Kante des Geiselstein! Alles in allem: eine der schönsten und stillsten Vorbergwanderungen überhaupt! Naturschutzgebiet. (Der Geiselstein weist einige besonders schöne Kletterführen auf, wie die Originalführe durch die S-Wand [III+], den SW-Grat [III], ferner ein Dutzend sehr schwieriger und äußerst schwieriger Führen; siehe Führer.) Beste Zeit: Anfang Juli bis Anfang Oktober. Ausrüstung A, für Kletterer C!

FÜHRER/KARTEN Ammergauer Alpen, Haber (Rother). – FB-Wanderkarte, Bl. 34. – Topogr. Karte 8331 bzw. 8430/31.

BILD Ein »Ammergauer Prachtgemälde« – unten Wankerfleck, oben (von links) Hochplatte, Fensterl, Krähe, Gabelschrofen, Gumpenkarspitz und Geiselstein: alles von Nordost gesehen. Unten liegt, knapp außerhalb des Bildrandes, die nette Kenzenhütte (AV), – nur zu Fuß, nie mit Autos zu erreichen!

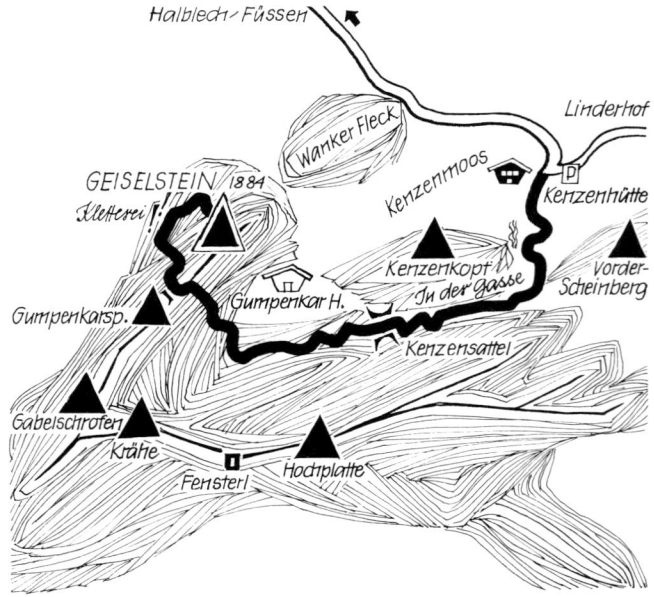

59 Friederspitz und Frieder

Zwischen Elmau-Gries und Kuchelbachtal

Auch wer die Ammergauer Berge nur flüchtig kennt, weiß bereits, daß hinter Ettal das Graswangtal beginnt, das sich im Linder Gries bis zum Plansee fortsetzt, und daß von diesem schönsten Vorgebirgstal südwärts der wild verworfene Kiesstrom des Elmau-Gries quer durch die Berge nach Griesen an der jungen Loisach zieht. Über diesem Elmau-Gries, das im Gegensatz zum einst so friedsamen Graswangtal von der Auto-pest verschont geblieben ist, steht westwärts, wie ein Festungsgürtel im Halbkreis geordnet, die Gruppe Kuchelbergspitze, Kreuzspitze (Tour 55), Kreuzspitzl, Frieder-spitz und Frieder. Diese immer noch recht selten besuchte Berggruppe hütet noch alle alten Bergsteigerfreuden, ist freilich auch nicht so perfekt erschlossen wie vielbe-suchte Berge: manchmal muß man seinen Weg noch suchen. Man steigt zum Frieder NICHT von Norden, also nicht vom Graswangtal her durchs Elmau-Gries an, sondern fährt mit großem Vorteil den längeren Weg nach Griesen an der Straße Garmisch–Ehr-wald, dicht vor der Grenze. Hier läßt man den Wagen stehen, wandert nördlich auf der (gesperrten) Planseestraße nur 400 m weit, biegt dann nordöstlich auf den Weg ein, der sich nach 1 km im breiten Friedergries verliert. Hier NICHT nördlich weiter zum teils verfallenen Schneckensteig, sondern noch mitten im Gries (Geröllfeld) etwa 300 m scharf nach Westen, wo die Wasser der Friederlaine aus einer engen Tal-schlucht münden: genau hier zieht streng nördlich und anfangs ziemlich steil ein alter Steig durch Wald auf einen fast ebenen Absatz empor – die Schlucht der Friederlaine bleibt also links unten, das Tal ins Elmau-Gries bleibt rechts unten. Der nun erst nörd-lich am Rand des Einschnittes, dann stets nordostwärts in der Südostflanke des Frie-der nur noch mäßig ansteigende, fast eben dahinziehende Steig läßt das Scharfeck links oben liegen und gewinnt am Auslauf des Gaißtales den von rechts, also von der Rotmoosalm im Elmautal steil heraufkommenden (jetzt wieder instandgesetzten) Steig. Jetzt ist alles einfach: man steigt streng nördlich zur Friederalm an und weiter auf den Ostkamm des Friederspitz, in dessen südlicher Flanke man dann relativ leicht zum Gipfelkamm gelangt. Wir stehen nun 2049 m hoch und sehen nördlich gegenüber den Frieder selbst, der freilich auch nur 2049 m hoch ist. Also: man muß nicht unbe-dingt hinüber! Kaum nötig zu sagen, daß dieser Weg von der Friederlaine bis hierher reich ist an stillen starken Eindrücken, und daß nun eine Aussicht wartet, die ihres-gleichen sucht: Zugspitzmassiv, Allgäuer Alpen, Lechtaler Berge. Am längsten bleibt der Blick am großen Friederberg hängen, das ist die mächtige Urweltflanke vom Ku-chelbach herauf, eine wilde, von Abbrüchen und unbegehbaren Gräben durchrissene Nordflanke, die auch noch die Kreuzkuchl unter Kreuzspitze und Kreuzspitzl einbe-zieht. Ein guter Hochalpinist mit Ausdauer darf sich auch den langen Grat hinüber zum Kreuzspitzl und den (etwas leichteren) zur Kreuzspitze ansehen, eine solide Ta-ges-Kletter-Leistung: 9–10 Std.! Wir steigen am Anstiegswege ab – doch auf keinen Fall, weder vom Friedergipfel noch vom Friederspitz-Ostkamm, nordwärts auf Steig-spuren; dort kommt man »ins Holz«, also in heikle Gräben und frische Abbrüche.

TALORT Griesen, 830 m, 11 km westlich Garmisch, dicht vor der Grenze (Zollamt). Ab hier zum Friedergries, 921 m, 45 Minuten.

CHARAKTER Teils bezeichneter Steig, unschwierig für Geübte, wenn sie sich streng an Steig und Fußspuren halten. Der etwas nähere Steig vom nördlichen Elmau-Gries her am Saurücken hinauf ist instandgesetzt und könnte für trittsichere Geher als Auf- oder Abstieg dienen. Aufstieg Grie-sen–Frieder 3–4 Std., Abstieg 2–2½ Std. Beste Zeit: Ende Juni bis Oktober!

FÜHRER/KARTEN Kl. Führer Ammergauer Alpen (Rother). – FB-Wander-karte Bl. 34 Wetterstein. – Topogr. Karte Bl. L 8530 Füssen.

BILD Die beiden Frieder rechts oben – vorne der »Frieder«, dahinter der »Friederspitz« – sind beide 2049 m hoch und regieren zwischen Linderhof und Eibsee eine traumhaft stille Voralpenszene. Unten zieht das Elmau-Gries in die typische Ammergauer Walddichte. Wir besteigen beide Frieder von der Rotmoosalm her, die wir links am Bildrand oben weiß auf Wald-schwarz entdecken. Von der Bildmitte unten sind wir – nach rechts hin – in fünf Minuten vor Schloß Linderhof.

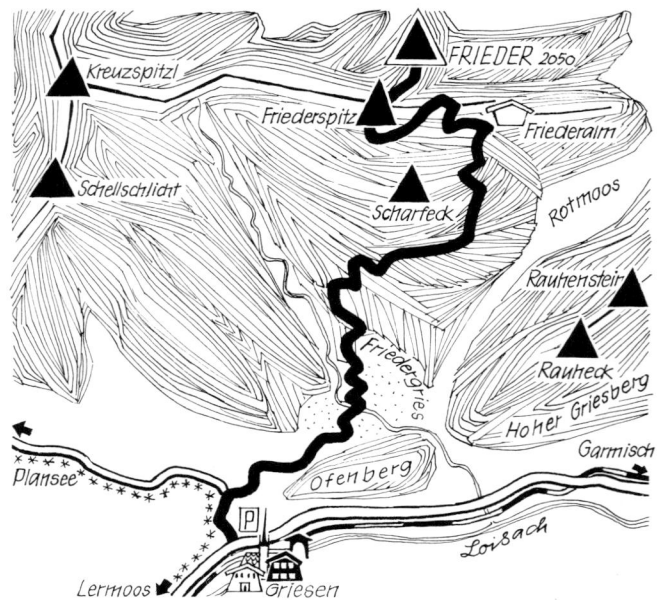

60 Auf den Thaneller

Vorwerk der Lechtaler Alpen überm Heiterwanger See

Kein Münchner Hausberg, machen wir uns nichts vor – und doch als Eintagestour ohne jede Hetze zu besteigen: trotz 2343 m Höhe. Falls man eben ein Frühaufsteher ist. Natürlich hat es der besser, der am Vortage aufbricht, über Peißenberg ins tiefe Ammertal und drüben steil hinauf vor die herrlich barockisierte Rottenbucher Stiftskirche fährt, um die Vermählung von Gotik und Barock zu studieren, wie ½ Stunde später abermals im alten Münster von Steingaden. Er darf aber auch nicht an der kleinen Wallfahrtskirche von Ilgen vorbeifahren, an der die Künstler unserer Münchner Theatinerkirche mitgeschaffen haben, und er sollte auch die Wieskirche nicht auslassen, um das reinste und edelste Rokoko – eine urbayrische Meisterleistung von heiterster Grazie – zu studieren; hinterher darf er dann geschwind zu dem 200 Meter entfernten, wohlversteckten Moorsee fliehen, um zu schwimmen . . . Nächtigen kann man dann recht angenehm in Steingaden, in Reutte, in Heiterwang oder Berwang – und ein Zelt in den Lechauen tut's auch. Dann kann man anderntags früh am Berg sein, den Morgen genießen (und das scharf zeichnende Fotolicht), früh am Gipfel und zum Mittag am Ufer des Heiterwanger Sees sein, um zu schwimmen, oder am wilden Lech, um Steine zu schmeißen und sich von den (schlechterzogenen) Kindern besiegen zu lassen . . . Von Berwang sind gute 1000 Höhenmeter, von Heiterwang sogar 1350 Höhenmeter zu schaffen, das sind gute 3 bzw. gute 4½ Stunden. Der Aufstieg von Heiterwang durchs Thanellerkar (Bahn- und Busfahrer starten an der Haltestelle Thanellerkar) ist in der Morgenfrühe besonders schön und von den mächtigen Reißen weg am »Werner-Riezler-Steig« durchaus interessant, denn der zieht durch steile Felsen und Schrofen direkt auf den Nordgrat zu und windet sich da über Schichtplatten zum höchsten Punkt: wer sich gerne exaltiert, hat hier eine prächtige Gelegenheit! Der Anstieg von Berwang ist kürzer, leichter, beinahe bequem: man steigt über Wiesen, dann durch den Rainwald bis zur kleinen Hütte am Kampeleplatz, dann zielt man auf den Südgrat und bleibt auf ihm bis zum höchsten Punkt. – Der Abstieg kann auf den Anstiegswegen, aber auch weglos über den Ostgrat erfolgen, erst hinab zum Achseljoch (im Bild nicht sichtbar!), dann über den Achselkopf und ostwärts so weit hinab, bis der Weg von der Heiterwanger Hochalpe links durch Wald nach Heiterwang führt – oder rechts ins nahe Berwang. – Was die Aussicht vom Thaneller-Gipfel betrifft, so ist sie ohne Überschwang »kaum zu beschreiben«. Falls man nämlich nicht im Nebel steht, studiert man von diesem hohen und recht isoliert stehenden Kalkgipfel aus den Durchbruch des Lech hinaus in die bayrische Ebene, wo er, der herrliche Wildstrom, sofort in Dutzenden von Kraftwerken geknechtet und geknebelt wird, – man studiert, für uns Münchner nun doch etwas Neues, das architektonische Gefüge der östlichen Lechtaler Alpen um Heiterwang und Muttekopf, man nimmt gegenüber die Parade der Tannheimer Kalkberge ab, gafft verblüfft auf den übermächtigen Hochvogel, grüßt die Ammergauer Bekannten Hochplatte und Kreuzspitze – und freut sich diebisch am Gedränge auf der Autostraße. Und steigt dann endlich abwärts . . .

TALORTE Berwang, 1336 m, oberhalb der Straße Reutte–Lermoos. – Heiterwang (Haltestelle Thanellerkar), 922 m.

CHARAKTER Ab Berwang eine 3½stündige, ab Heiterwang eine gut 4½stündige Bergtour ohne besondere Schwierigkeiten, jedoch nur für trittsichere, ausdauernde Bergfreunde. Beide Wege bezeichnet, der »Werner-Riezler-Steig«, der aus dem eigentlichen Thanellerkar über Bänder zum Nordgrat führt, muß mit Vorsicht begangen werden. Bedeutende Aussicht! Beste Zeit: Juli bis Ende Oktober. Ausrüstung A!

FÜHRER/KARTEN Lechtaler Alpen, v. Rogister (Rother). – FB-Wanderkarte, Bl. 34 Wettersteingebirge. Oder Wanderkarte »Füssen – Pfronten – Reutte« des Bayerischen Vermessungsamtes.

BILD Ausblick vom Anstiegsweg zum Thaneller. Unten Dorf Berwang. Die Berge von links oben: Kamp, Bleispitze, Grubigstein, Gartnerwand, Roter Stein. Links oben am Horizont: Wettersteingebirge.

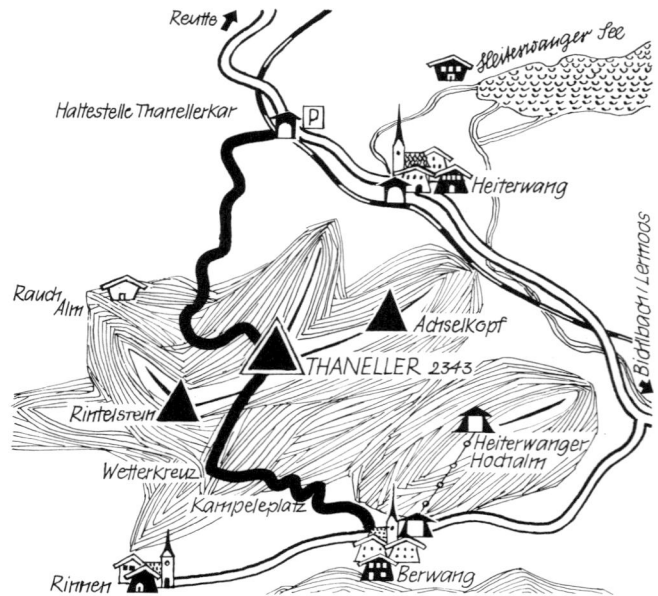

61 Der Hochgern überm Chiemsee

Von Marquartstein über die Schnappenkapelle

1 oder 2 Tage   Anfahrt 95 km   Mit Kindern ab 12 J.
Bergwanderung

Hätte unsere Generation die Autokrankheit unseres Jahrhunderts schon hinter sich, dann würden viele Münchner nicht am Hochgern vorbeirasen, diesem allerschönsten Aussichtsberg über dem Chiemgau. Dann würden sie schon bei Bernau aus der Autobahnkolonne ausscheren und gemütlich über Grassau nach Marquartstein fahren, dicht unters 1000jährige Schloß, das ein Marquart von Hohenstein errichtete, das den Herzog Heinrich XIII. von Niederbayern beherbergte, dann ein Pfleggericht, dann die Freiherrn von Tautphoeus und jetzt die Schüler eines Landerziehungsheimes . . . Rings herum stehen die für den Chiemgau typischen Bauernhöfe wie ländliche Burgen zwischen ihren Obstbäumen, und dreihundert Meter abseits der Hauptstraße beginnt bereits die große Stille. Es gibt zwei sehr schöne Wege zum Hochgern-Haus, also von 608 m Talhöhe auf 1560 m Hüttenhöhe: 1. den weniger steilen Südweg über die Agergschwendalm, 1129 m, zum Weitalmboden, – oder 2. den etwas steileren Weg über die Schnappenkapelle und die Staudacheralm, etwa 1300 m, – in jedem Falle wird man 3–4 Std. steigen, erst durch Wald, dann über Almböden mit immer freierem Ausblick. Wer sich 2 Tage Zeit nimmt, nächtigt am Hochgern-Haus und wird es kaum bereuen: falls es noch genügend Platz gibt. Auf dem Hochgerngipfel, den man vom Haus aus in einer knappen Stunde über einen von interessanten Karrenfeldern und Wetterfichten begleiteten Steig erreicht, kann man als Liebhaber Altbayerns die Träne der Rührung nur schwer unterdrücken: hier haben wir alles, was wir lieben, zu Füßen! Den großen See mit den Inseln und weißen Segeln, die dunklen Moosböden zwischen Gebirgssockel und See, dazu hundert Zwiebeltürme über hundert Dörfern – und im Rücken das große Kalkgebirge über Lofer, im Wilden Kaiser, an Watzmann und Reiteralm, und noch ein Stück weiter und höher die eisbedeckten Zentralalpen am Tauernkamm. Gleichviel, welchen Abstieg man nimmt, man wird hier meist die große Ruhe genießen, die das Hochgerngebiet auszeichnet, den Atem der großen Forste, und wenn man Glück hat, auch noch einen weißblauen Himmel . . . Über den dann und wann riesige gelbe Vögel ziehen und, wenn sie nahekommen am Gipfelgrat, mit rasendem Zischen knapp über uns hinwegschießen: das sind die Segelflieger von Unterwössen! – Wer übrigens nicht auf einen in Marquartstein geparkten Wagen angewiesen ist, der steige doch vom Gipfel des Hochgern weiter zum Hochfelln, 1670 m (mit Haus am Gipfel), und zwar zuerst hinab zur südlich gelegenen Bischofsfellner-Alm, 1385 m, dann über die Hinter-Alm, den Weißgraben und den Thoraukopf – alles in allem noch gute 2 Std., nicht weniger, wozu dann noch die Zeit für den Abstieg kommt. Der Abstieg erfolgt am schönsten über die Steinberger-Alm, den Scheichenberg und die Wallfahrtskirche Maria Eck nach Eisenärzt oder Siegsdorf oder, viel kürzer, hinab nach Ruhpolding, den Chiemgauer Parade-Ferienort . . . Wer heimfahrend Angst vor der Autobahnschlange hat, steuere über Grabenstätt, Chieming, Seebruck und Obing nach Wasserburg und München. – Die neue Bergbahn von Bergen zum Hochfelln muß uns nicht genieren: Verrat mitten im schönsten Bayernland.

TALORT Marquartstein, 608 m (Autobahn-Abzweigung Bernau, über Grassau). – Ab hier 3 Std. Aufstieg zum Hochgernhaus, privat, 1560 m, auf der Weitalpe westlich des Hochgerngipfels.

CHARAKTER Unschwierige Bergwanderung für trittsichere und – bei nassem Boden – vorsichtig steigende Bergwanderer. Bei gut 1100 Höhenmetern Tal-Gipfel für einen Tag etwas anstrengend. Die Nächtigung beim Wirt am Hochgernhaus, 1560 m, ist zu empfehlen! Vom Gipfel die sicher eindrucksvollste Aussicht auf das östliche Oberbayern, den Chiem- samt Rupertigau, den großen See, den Wilden Kaiser, die Reiteralm, die Loferer Steinberge. Beste Zeit Juli bis Ende Oktober. Ausrüstung A!

FÜHRER/KARTEN Iro-Führer 602a Chiemgau mit Karte. – FB-Wanderkarte Blatt 30. – Besser Topogr. Karte L 8340 Ruhpolding 1:50 000.

BILD Blick (aus dem Flugzeug von Nordwest) auf das Massiv des Hochgern im Chiemgau. Nach rechts folgt am Gipfelgrat der dunkle Hochlerch, 1561 m. Links oben im Hintergrund die Loferer Steinberge.

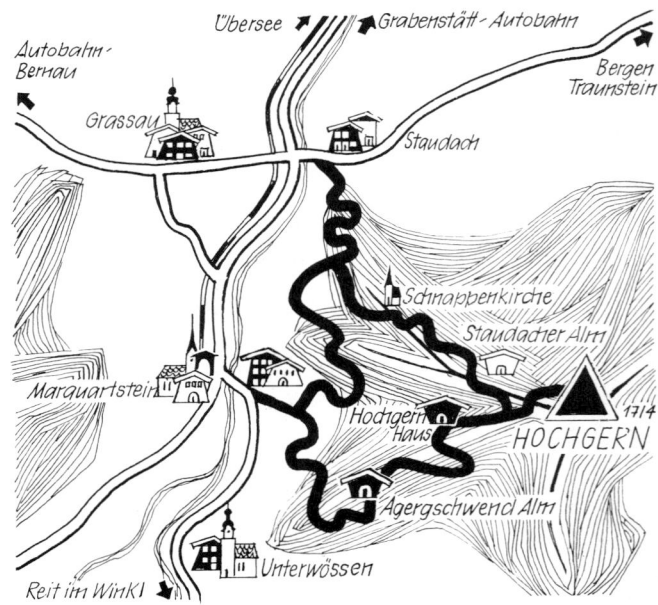

62 Vom Priental zum Geigelstein

und über die Achentaler Wände in den Klausgraben

1 oder 2 Tage   Anfahrt 100 km   Mit Kindern ab 14 J. Bergwanderung

Wer es nicht fertigbringt, in aller Herrgottsfrühe aufzustehen und München vor 5 Uhr zu verlassen, um kurz nach 6 Uhr den Wagen in Sachrang abzustellen, der soll lieber am Vorabend ins Priental kommen, wo überall kommod zu nächtigen ist. Soll aus der Ein-Tage-Tour gleich eine Zwei-Tage-Tour machen und noch am Samstag auf die Priener Hütte ansteigen, das sind 3 Std. – oder mehr! Man nimmt nämlich auf diese einsame Bergwanderung weder Eispickel, Seil noch Steigeisen mit, sondern lediglich die Badehose (für die Gumpen beim Abstieg durch den Klausgraben) und ein Körberl für die Schwammerl. Beim Schwammerlsuchen werden aus 3 Stunden leicht 4 und 5 Std. . . . welcher Schwammerlsucher wüße das nicht! – Der Geigelstein, um dieses Unternehmen richtig darzustellen, bildet mit den Achentaler Wänden einen kräftigen Vorgebirgsstock zwischen Prien- und Achental. So wild es die Skifahrer um Geigelstein und Wuhrstein-Alm im Winter treiben, so still ist es dort im Sommer. Gar, wenn man von Sachrang ausgeht, direkt östlich hinauf zur Wirtsalm (hier ist man nur 200 Meter von der Staatsgrenze entfernt), dann nördlich um den Wirtsalpkopf, 1246 m, herum zur Grenzhuber- und über den Bach zur Talalm . . . hier muß man seine Steinpilze, Champignons und Reherl schon beisammen haben, denn jetzt sind wir an der Waldgrenze. Es gehen zwar links oben noch Schwammerlwälder her, aber der Weg führt östlich schnurgerade auf die Priener Hütte zu, Grünbodenalm und Moosberg jeweils rechts lassend. Man kann auch, auf besserem Steig, von Berg bei Sachrang, also einige hundert Meter nördlich und auch nördlich des Talgrabens, zur Talalm und zur Priener Hütte ansteigen. Von der Hütte aus geht man in einer Std. auf den Gipfel des Geigelstein, um hier, 1808 m hoch, entzückt auf den Wilden Kaiser zu schauen . . . Draußen läge der Chiemsee, westlich drüben unsere Tour 64 von der Hochries über den Spitzstein nach Sachrang, im nahen Osten stünden Loferer Steinberge und Reiteralmabstürze, – aber man sieht als Münchner halt zu gern den Kaiser »von der Näh«, auch wenn Pyramidenspitze und Roßkaiser viel verstellen. Den Chiemsee sehen wir ja noch lange genug, wenn wir vom Gipfel nordwärts zur Roßalm, etwa 1580 m, ab- und jenseits zur Scharte im großen Schrofenzug der Achentaler Wände, 1741 und 1694 m hoch, ansteigen.IVon der Scharte aus sieht man die Kampenwand gegenüber, die von der Bergbahn segensreich »erschlossene« und nun von Tausenden von fußkranken »Bergfreunden« heimgesuchte – von denen keiner geht. So sind wir auch beim steilen Abstieg zu den Dalsen-Almen, etwa 1000 m, allein, und auch noch beim weiteren Abstieg, wenn wir nach einer energischen Linkswendung den Klausgraben hinabsteigen, gemütlich, allein, besinnlich – bis wir linker Hand ein Plätschern vernehmen. Das kommt von den Gumpen, wunderbar glatt ausgewaschenen Kalkwannen, die durch kleine Wasserschwälle neben- und übereinandergereiht sind. Besinnlichkeit ade! Jetzt muß man alles liegen lassen, jetzt muß jeder seine eigene Gumpe suchen und baden oder sich unter eine kalte Dusche stellen. Es braucht keinen Streit um beste Plätze zu geben! Weiter unten folgen neue Gumpen, – prall von Lebenslust.

TALORTE Sachrang im oberen Priental, 738 m. Ab hier knapp 3¹/₂ Std. zur Priener Hütte AV, 1410 m, am Geigelstein, 1808 m. – Abstieg über Achentaler Wände, Klausgraben nach Hainbach im Priental, 665 m (Bus zwischen Sachrang und Aschau). Abstiegszeit 3¹/₂ Std.

CHARAKTER Sehr schöne, einsame und lange Bergwanderung für ausdauernde Geher. Evtl. Nächtigung in Priener Hütte! Gesamtgehzeit etwa 7–8 Std. Nahsicht auf Zahmen und Wilden Kaiser, Blick auf Loferer Steinberge, Reiteralm, Chiemsee und Voralpenland. Mit Kindern sehr frühzeitig aufbrechen! Wenn in Geigelstein-Nähe Schlechtwetter droht, besser am Anstiegswege zurück. Beste Zeit: Juli bis Ende Oktober! Ausrüstung A!

KARTEN FB-Karte, Blatt 30. – Topogr. Karten 1:50 000 L 8338 u. L 8340.

BILD Ausblick am Steig von Sachrang zur Priener Hütte am Geigelstein: wir entdecken dabei unmittelbar südlich das Kernstück des Wilden Kaiser mit (oben, von links) Maukspitze, Ackerlspitze, Goinger Halt, Fleischbank, Karlspitzen, Kopftörlgrat zur Ellmauer Halt.

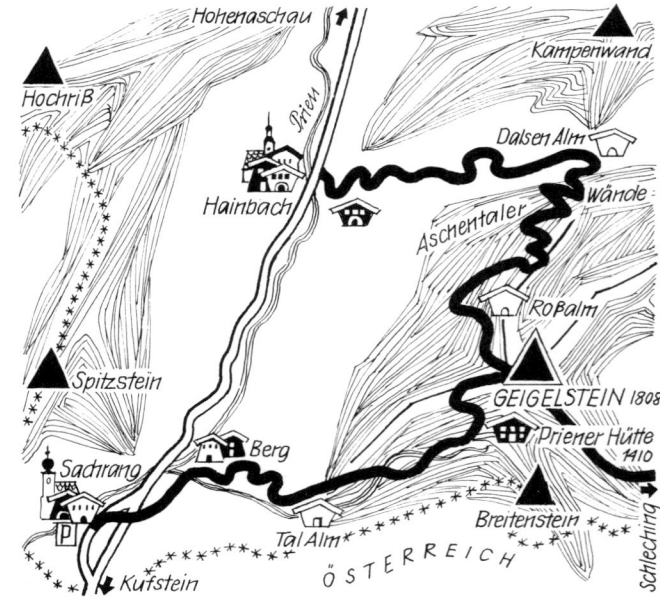

63 Die Chiemgauer Hochplatte

Zehn Filzböden, ein See und drei Inseln – von oben

1 oder 2 Tage   Anfahrt 90 km   Für Kinder ab 12 J.
Bergwanderung

Man steigt 2¹/₂–3 Std. von Grassau oder Marquartstein bis zum Gipfel der Chiemgauer Hochplatte – einem unmittelbaren Nachbar der mit ihr durch einen Hochgrat verbundenen Kampenwand. Dann rastet man in 1587 m Höhe, genau 1000 Meter über dem Chiemseespiegel, dann ist die laute Autobahn unten längst zu einer stummen Ameisenstraße geworden, auf dem glänzenden See schwimmen drei Inseln wie Lustschiffe, hundert Zwiebeltürme lugen über Wälder und Wiesenkuppen, und in den zehn Filzböden um den See stauen sich Geheimnisse. Welch eine gesegnete Landschaft – prall und heiter im Hell-Dunkel ihrer Kontraste, man versteht sogleich, weshalb ein Bauernsohn aus dem Chiemgau so ganz anders aussieht als ein westfälischer Bergmann aus Wanne-Eickel ... Als alter Bergsteiger habe ich sie nie sehr ernstgenommen, diese Chiemgauer Hochplatte, Grasberg unter Grasbergen, niemals so attraktiv wie die unmittelbar benachbarte Kampenwand mit ihren »Sechser«-Südwänden und der entzückenden Genußkletterei über alle Gipfel hinweg. Dies einerseits – andererseits wimmelt es auf der Kampenwand von Bergbahngästen, und auf der Hochplatte ist es trotz neuem Sessellift relativ still. Übrigens hat diese Hochplatte über dem Damberger und dem Kendlmühl-Filz durchaus eigenes Profil: denn zwischen den Alm- und Waldkuppen des Massivs recken sich immer wieder scharfe Felsnadeln und Schrofentürme gegen den Himmel: Teufelstein, Breitwand, Zwillingswand, Haberspitz und Friedenrath. Dementsprechend ist der Aufstieg von Osten her alles andere als langweilig, gleich, ob man von Marquartstein über Hofkapelle, Niedernfels und Platten-Alm ansteigt, oder von Grassau her über Strehtrumpf, Grassauer Alm und Haberspitz. Der Ausblick ins weit ausgebreitete altbayrische Stammland zwischen Inn und Rupertigau, über das fliehende Wolken Licht und Schatten wie Lust und Leid verteilen, ist bedrängend stark, und um so stärker, je älter man als Bergfreund geworden ist. Auch der Blick nach Süden ist immer gleich erregend, verführerisch: Wilder Kaiser und Loferer Steinberge, Hohe Tauern und Watzmannstock, und die bezaubernde Nähe des Geigelstein-Reviers (Tour 62) und des Hochgern-Massivs (Tour 61). Wer sich auf der Hochplatte übrigens partout »hochalpin« bewähren will, und er hat es im Kreuz, der erklettere halt den steilschrofigen Friedenrath, einen Kalkpfeiler im Nordsporn ... Wer nicht nach Grassau oder Marquartstein zurück muß, sollte den Übergang von der Hochplatte über die nur 15 Minuten westlich unterhalb liegende Grassauer Hütte (Bild) und den ganzen Kamm zur Steinling-Alm bzw. Kampenwand machen: das ist im zweiten Teil ein Felssteig mit einigen Drahtseilsicherungen, der freilich etwas Schwindelfreiheit und Trittsicherheit erfordert. Aber der Weg ist herrlich schön, eine Promenade hoch überm Chiemgau, mit der verwegenen Felskulisse der Gederer Wand zur Rechten und des Hammersteins zur Linken, Gehzeit nur gute 2–3 Std. Dann kann man entweder östlich unter der Gederer Wand dem Weißenbach entlang nach Rottau (Bus) absteigen, oder über Gschwendt nach Bernau an der Autobahn, oder südwestwärts ins Priental (Bus). Für die Stille am Übergang sorgt die Faulheit der Kabinenfahrer!

TALORTE Grassau, 538 m. – Marquartstein, 608 m. – Hohen-Aschau, 617 m. Evtl. Nächtigung in der Grassauer Hütte (privat), 1335 m, auf der Hochalpe am Kamm zwischen Kampenwand und Hochplatte.

CHARAKTER Die Hochplatte von Osten her ist eine leichte Bergwanderung ohne Schwierigkeiten, falls man keinen der kleinen Felstürme zu ersteigen versucht. Relativ kurze Gehzeit, wenig begangen. Nur der Übergang zur Kampenwand erfordert Schwindelfreiheit und Trittsicherheit; der Steig ist teilweise ausgesetzt, dann aber meist mit Drahtseilen gesichert. Er führt mitten in den östlichen Felskamm der Kampenwand hinein mit den »Kaisersälen« und dem »Hexentanzplatz«. Beste Zeit: Ende Juni bis Ende Oktober. Ausrüstung A!

FÜHRER/KARTEN Kein guter Führer. Es genügen die Topogr. Karte L 8340, Ruhpolding, auch die FB-Wanderkarte, Blatt 30.

BILD Ausblick von der Grassauer Hütte, 1335 m, dicht westlich unterm Gipfel der Chiemgauer Hochplatte, auf die Kampenwand. Man sieht den Steig auf dem beide Gipfel verbindenden Kamm; dieser Steig zieht einige Male etwas exponiert durch Schrofenzonen.

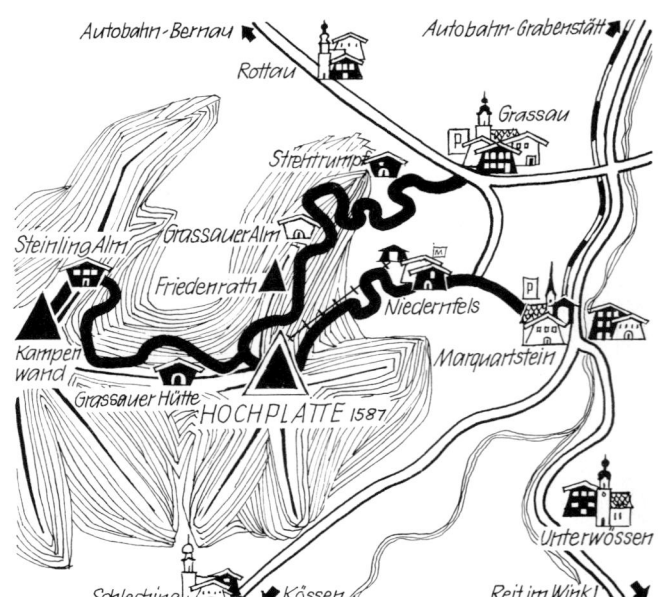

64 Auf Hochries und Spitzstein

Permanenter Kaiserblick über Inn- und Priental

Wer, im Wagen vom Irschenberg in die Aiblinger Filze hinabrollend, aufschaut, sieht als Vorboten des Chiemgaues die Hochries, eine unauffällig flache Pyramide, mehr ein stumpfer Kegel, aber hoch, 1000 Meter hoch den rauchigen Inntalboden überwölbend. Diese Hochries verspricht schon vom Tale aus eine bedeutende Fernsicht: auf die Innschlingen bis Wasserburg, auf die Chiemseefluten und in die Feilnbacher und Aiblinger Filzbecken, – aber das ist alles nichts gegen den Hochries-Ausblick gegen Süden (Bild). Da ziehen alle Gipfel des Wilden Kaiser zu einer glanzvollen Parade auf ... Unsere Überschreitung Frasdorf–Hochries–Spitzstein–Sachrang (mit Bus-Rückfahrt nach Frasdorf) kann nur in EINER Richtung, nämlich von Norden nach Süden, gemacht werden. Denn wer könnte schon den Wilden Kaiser im Rücken, nach Norden marschieren! – Also steigen wir vom spitzigen Frasdorfer Kirchturm aus südwärts über den Sagberg und das Frasdorfer Berghaus hinauf in die schöne Skimulde zwischen Spielberg und Riesenberg und dann gleich auf den Grat und zur Hütte am Gipfel: gute 3–4 Std.! Schon nach 1 Std. hört man keine Autobahngeräusche mehr, und im Hochwald sind es nur noch verworrene Skigeister vom letzten Winter, die das Schweigen brechen. An der Riesen-Hütte öffnet sich ein freier Boden mit den letzten Wetterfichten, und auf dem Grat schauen wir zum erstenmal über jene mächtige Mulde südwärts hinweg, die den Hochries-Kamm vom Spitzstein-Kamm trennt. Der Klausenberg gegenüber ist fast so hoch wie die Hochries, wir wollen aber nicht viel an Höhe verlieren, um dorthin zu kommen: also müssen wir am anderen Morgen vom Hochries-Gipfelhaus am Grat etwas zurück, und erst kurz vor dem Spielberg zweigen wir rechts ab, wandern östlich zur jenseitigen Aberg-Alm und zur Klausen-Hütte, 1508 m, dicht vor dem Zinnenberg, 1566 m. Von hier weg geht es auf freiem Kamm leicht abwärts dahin (Bild, Mittelgrund, links), dann läuft der Steig in Latschenfelder hinein. Nur wenig steigend wandern wir südwärts auf den nahen Spitzstein zu, um vor dessen steilem Nordabsturz östlich auszuweichen und absteigend, den Gipfelstock dabei umwandernd, das Spitzstein-Haus auf 1237 m Höhe zu erreichen. Vom Zinnenberg bis hierher sind wir immer genau auf der Staatsgrenze gewandert, und auch auf dem Gipfel des Spitzstein, 1596 m, stehen wir immer noch auf der Grenze. Man steigt vom Haus nur 45 Minuten bis zur Kapelle am höchsten Punkt. Nun ist man dem Kaiser abermals ein beträchtliches Stück näher gerückt, beinahe ZU nahe, darf man sagen. Aber der Blick das lange Unterinntal hinauf, am Pendling vorbei bis zur Kundler Klamm, der Blick bis zum Rofan und östlich wiederum auf Loferer Steinberge und Reiteralm, der beschäftigt uns auch auf der langen schönen Gipfelrast, und wieder einmal segnen wir unser Vorgebirge ... denn wohl niemals ist das Spitzstein-Haus so überfüllt wie im August beinahe alle Stubaier-, Ötztaler und Zillertaler Hütten. Deshalb steigen wir auch heiteren Mutes nach Sachrang ab, das in einem prachtvollen Talboden liegt, der, von der neuen schönen Straße abgesehen, noch fast unberührt ist von der trostlosen, wenn auch neuerdings stark abgeebbten Neubauwelle unserer Zeit.

TALORTE   Frasdorf, 598 m (an der Autobahn zum Chiemsee). Ab hier gute 3–4 Std. zur Hochries-Gipfelhütte AV, 1569 m. – Ab Hochries-Gipfel Übergang 3 Std. zum Spitzstein-Haus AV, 1237 m, am Südabhang des Spitzstein, 1598 m (Grenzübertritt). – Sachrang, 738 m, im obersten Priental (Bus nach Hohen-Aschau bzw. Frasdorf).

CHARAKTER   Überaus reizvolle Höhen- und Kammwanderung hoch über dem Inntalboden und dicht vor dem Wilden Kaiser. Keine Schwierigkeiten für trittsichere Geher! Als 1-Tage-Tour ziemlich anstrengend, als 2-Tage-Tour ideal. – Verkürzung durch neue Seilbahn möglich, aber nicht nötig! – Beste Zeit Juni bis Oktober!

FÜHRER/KARTEN   Kein guter Führer. Jedoch gute Topogr. Karte L 8338 Oberaudorf (ausgezeichnet!), oder FB-Wanderkarte, Blatt 30.

BILD   Blick aus dem Flugzeug dicht über dem Gipfel der Hochries, 1569 m, mit dem Alpenvereinshaus. Im Mittelgrund der zu begehende Bergkamm über den Klausenberg zum Spitzstein, 1598 m (ganz rechts). Im Hintergrunde der Wilde Kaiser mit (von links) Maukspitze, Ackerlspitze, Törlspitzen, Goinger Halten, Ellmauer Tor, Fleischbank, Karlspitze (davor Totenkirchl), Kopftörlgrat, Ellmauer Halt und Sonneck.

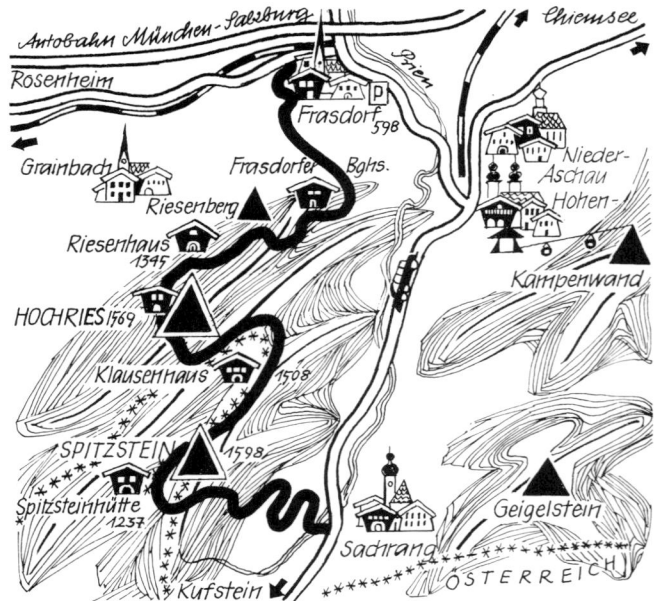

65 Pyramidenspitze und Vorderkaiserfelden

Stille Wege vor dem Wilden Kaiser

2 Tage   Anfahrt 90 km   Mit Kindern ab 14 J.
Bergwanderung

Die blutjungen Münchner, die allsonntäglich in den »Kaiser« fahren, kennen sie kaum, diese um einen einzigen Meter betrogene, nur 1999 Meter hohe Pyramidenspitze, den höchsten Gipfel im Zahmen Kaiser . . . völlig klar, wenn man gerade herzklopfend den Einstiegen von Totenkirchl, Fleischbank, Predigtstuhl oder Kleiner Halt zustrebt. Aber die älteren Münchner kennen sie alle, für sie ist die Pyramidenspitze auch mehr als nur eine bequem zu erreichende Königsloge vor der großen Felsszene des Wilden Kaiser: sie wissen halt von der Einsamkeit, die dort oben, 1500 Höhenmeter über dem Innboden, aus dem verlassenen Felszirkus des Winkelkares aufsteigt. Klettern im Kaiser ist fein, Klettern muß sein – aber nicht ewig. Auch das Lästern der Jugend muß sein – bis sie selbst das Kleine im Großen sieht und ebenfalls beginnt, das Bergwandern zu lieben: mit einem Kind an jeder Hand . . . Man steigt von Kufstein über den klassischen Bergpfad der Sparchenstiege, dicht über der tiefen Sparchenklamm, erst die alte Festung im Rückblick bewundernd, dann über die Steile des Weges lästernd, etwa 2³⁄₄ Std. zur Vorderkaiserfelden-Hütte auf – immerzu den Wilden Kaiser vor den Augen . . . Sie liegt in 1389 m Höhe dicht unter der Naunspitze, dem ersten Gipfel der zur Pyramidenspitze ziehenden Kette. Auf Vorderkaiserfelden nächtigt man, um den Wilden Kaiser auch im letzten Abend- und im frühesten Morgenlicht zu sehen, jedes Mal in jenem interessanten Streiflicht, das den mächtigen Wänden wie den Geröllkaren und Riesenfurchen eine so starke Struktur verschafft. Anderntags steigen wir am besten durch die Steingrube auf (2 Std.) und über das Plateau ab (2 Std.); der Höhenunterschied beträgt nur gute 600 m, also können wir uns jene »Zeit lassen«, die der einzigartige Ausblick zu Recht fordert. Es gibt in den Kalkalpen wenig große Szenen dieser Geschlossenheit und Wucht auf engem Raume – und den Ausblick von Vorderkaiserfelden oder gar von der Pyramidenspitze auf die nackten Plattenwände des Wilden Kaiser über einem von Blumen duftenden Talgrund kann nur der vergessen, dem alles Geschaute nichts als »Film« bedeutet: gesehen, vergessen. – Dieser Aufstieg über Hinterkaiserfeldenalm, 1485 m, Steingrube und Zwölferkogel-Ostgrat, am »Vogelbad« vorbei, ist mehr als ein langweiliger Latschenschlauch: schon an Steingrubenschneid und Kaiserzinne beginnen dramatische Effekte zu wirken, und der erste Blick jenseits hinab auf Walchsee und Inntal, dazu jener ins Winkelkar, machen den Weg zum Erlebnis. Nicht anders wird man absteigend den Höhensteig westwärts über Peterskopf und Einser-Kogel empfinden – nur muß man halt früh, sehr früh aufstehen in Vorderkaiserfelden, damit man in der Südflanke keine Mittagshitze erleidet! . . . Am Freitagabend auf Vorderkaiserfelden steigen, am Samstag auf die Pyramidenspitze, am Sonntag den (langen) Höhenweg von Vorderkaiserfelden über Hochalm und Feldalmsattel zur »Strips« und durchs Kaisertal »heim ins Auracherlöchl« nach Kufstein: das wäre ideale Münchner »Freizeitgestaltung«. Vorsicht am großen Übergang Vorderkaiserfelden–Stripsenjoch–Kaisertal! Sehr früh aufbrechen! Bei Hitze in dieser reinen Südflanke ist die Tour besonders anstrengend!

TALORT Kufstein, 484 m. Ab Kufstein 2³⁄₄ Std. Aufstieg zur Vorderkaiserfelden-Hütte AV, 1389 m (ganzjährig bewirtschaftet). – Evtl. Durchholzen vor Walchsee, 684 m (Aufstieg über 1317 Höhenmeter, 5 Std. durchs Winkelkar auf Pyramidenspitze. Anstrengend! Vorsicht!)

CHARAKTER Ungewöhnlich schöne und aussichtsreiche, relativ wenig begangene Bergwanderung. Ohne Schwierigkeiten für trittsichere Geher. Übliche alpine Vorsicht in Karrenfeldern und am Zwölferkogel-Ostgrat. Beim großen Übergang früher Aufbruch! Wenig Wasser! Am schönsten im Juni und September! Nichts für Kinder! Übergang Vorderkaiserfelden-Hütte–Stripsenjoch 5–6 Std. mindestens (+ 3 Std. Kaisertal!!!).

FÜHRER/KARTEN AV-Führer Kaisergebirge (Rother). – AV-Karte Kaisergebirge (1961, 1:25 000). – Evtl. auch FB-Wanderkarte, Blatt 30.

BILD Ausblick vom Gipfel der Pyramidenspitze im Zahmen Kaiser gegen Norden auf Jovenspitzen (Bildmitte), Walchsee, Dorf Kössen und das Reit im Winkler Grünbecken (rechts). Die Vorberge draußen sind (von links) Hochplatte, Hochgern, Hochfelln und Hörndlwand.

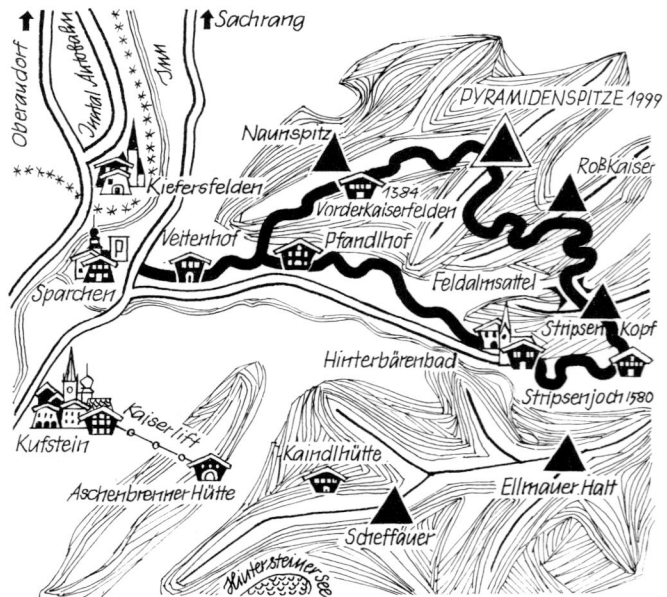

66 Scheffauer und Zettenkaiser

Genußkletterei vor dem Auracher Löchl

Im Wilden Kaiser setzt der junge Münchner Bergfreund fort, was er an Ruchenköpfen, Plankenstein und Benediktenwand begonnen hat: den Umgang mit Kalkfelsen. Der »Knigge für Bergsteiger« fordert, daß man mit leichten Touren beginne, um sich – indem man mit den Gefahren vertraut wird – langsam zu steigern. Im Kaiser fängt man mit den Nordwänden an, die dicht geballt zwischen Maukspitze und Scheffauer bis zu 1000 Meter beinahe senkrecht aus dem grünen Kaisertal aufsteigen. Durch die Nordwand des Scheffauer führt ein versicherter Klettersteig, der »Widauersteig«, den jeder trittsichere und schwindelfreie Bub ab 12 Jahren begehen kann, freilich möglichst im Banne von Vater oder Bruder, am besten an eine Reepschnur gefesselt, denn jeder ungebärdige Seitensprung kann tödlich enden. Dann folgen sogleich Klettertouren, die man nur in einer Seilschaft begeht, hier die reizende Ostler-Route durch die Nordwand, ein III– (wenig schwierig), und beinahe noch etwas mehr, wenn man nach Durchsteigung der (leichten, aber ausgesetzten) Großen Platte nach rechts über den Überhang aussteigt, statt ganz leicht nach links. – Dies genügt an Tips für diese Nordwand, denn der Caupert-Kämmerer-Kamin ist zwar interessant, aber ein feuchter »Schluf« und gar nicht zu empfehlen. – Am Zettenkaiser gibt es keinen versicherten Aufstieg, sondern NUR reine Klettertouren, diese sind entzückend nur für den, der bereits eine gewisse Klettererfahrung besitzt und mit der gebotenen Vorsicht, also auch stets gesichert am Seil, ansteigt: etwa den fast 1 km langen hübschen Westgrat, sehr leicht bis zur ersten tiefen Scharte (die 10 m vorher südseitig absteigend umgangen wird); die folgenden Gratzähne sind streng nach dem Kletterführer anzugehen, dann nur mäßig schwierig, – besonders hübsch ist der Ostlerschacht aus dem (schwierig durch Latschendickicht zu erreichenden) Kleinen Friedhof, eine Lieblingstour von mir (mit Buben), und die beinahe noch leichtere Genußkletterei aus dem Kleinen Friedhof oder vom Großen Friedhof westwärts entlang der Nordkante, – überall absolut fester Fels und gute Griffe. Wer nicht leichtsinnig ist, gewinnt hier die größte Freude am Kalkklettern. – Vom Gipfel des Zettenkaiser ist der beste Abstieg der zuletzt erwähnte Anstieg »entlang der Nordkante«. Vom Scheffauer-Gipfel aus steigt man entweder den »Widauersteig« nach Norden ab (Vorsicht!), oder südwärts steil zu einer Drahtseilsicherung hinab und dann über große Sandreißen und durch Latschenfelder zur Steiner Hochalm und über den Hintersteiner See zur Steinernen Stiege (dort unten Bus nach Kufstein). – Die Anfahrt nach Kufstein ist beinahe ideal kurz: man fährt vom Stachus nur eine gute Stunde bis zur Kaiserlift-Talstation in Kufstein, braucht insgesamt also nur 1½ Std. bis zum Lautsprecher bei der Bergstation (er soll die Liftfahrer vor der Bergwaldstille schützen), und knapp 2½ Std. bis zur alten Kaindlhütte . . . Einst lief man nach der langen Bergfahrt stets über Vorder- und Hintertux talwärts! – Zeit: Kaindlhütte–Scheffauer 3 Std. – Abstieg zur Steinernen Stiege (Südabstieg) 3 Std. – Kaindlhütte–Zettenkaiser/Westgrat 3½ Std. – Abstieg Zettenkaiser – Nordkante – Hütte 2½ Std. – Unser Bild im Gegenlicht: für mich »Kaiser-Gemälde«!

TALORT Kufstein am Inn, 503 m, Anfahrt Autobahn-Inntalstraße.

CHARAKTER Am Zettenkaiser gibt es NUR Kletteranstiege für Geübte! Am Scheffauer gibt es nur einen Anstieg ohne Kletterei, den »Widauersteig«, drahtseilgesichert, aber ausgesetzt durch den linken Teil der Nordwand ziehend! Westgrat, Ostlerschacht und Nordkante am Zettenkaiser nur mäßig schwierig, bei lästigem Zugang durch steile Latschengassen. Kletterausrüstung (Seil, Reepschnur).

FÜHRER/KARTEN Führer Kaisergebirge (Rother). – Ideale AV-Karte Kaisergebirge (1961), 1:25 000!

BILD Blick von Norden (aus dem Flugzeug) auf das Massiv des Scheffauer samt Zettenkaiser über dem »Großen Friedhof« (Kar). Unterhalb des Bildrandes liegt die alte Kaindlhütte als Ausgangspunkt aller Touren. Parallel zur vertikalen Bildmitte sehen wir links vom Scheffauergipfel (Bildmitte) die von Latschen markierte Rinne des »Widauersteiges« herabziehen. Dicht links unterm Scheffaugipfel sind Große und Kleine Platte gut zu sehen. Die Kleine Platte wird rechts unterlaufen, die Große Platte genußvoll durchklettert.

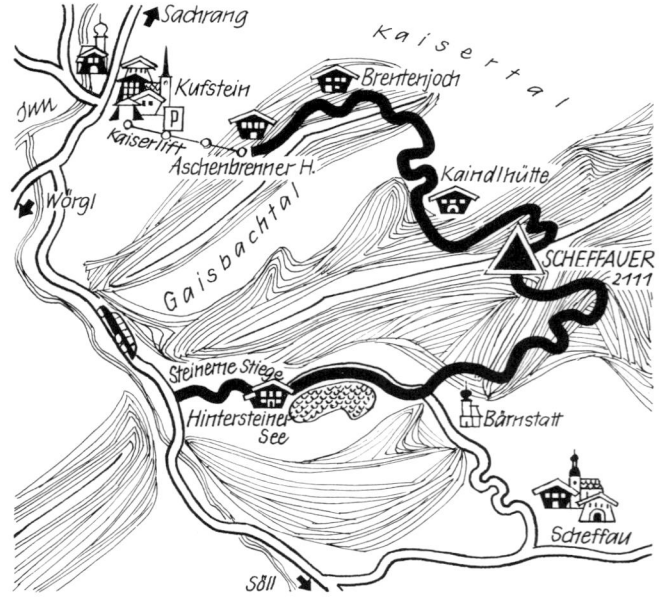

67 Die Ellmauer Halt

Der höchste Kaiser-Gipfel: großartig, aber anstrengend!

2 Tage   Anfahrt 110 km   Kinder ab 14 J.   Lange Bergtour

Der höchste Gipfel im Wilden Kaiser bietet dem Ersteiger wahrhaft überwältigende Eindrücke, aber die Besteigung ist auch am einfachsten Wege anstrengend, und auf allen Wegen nicht ganz ungefährlich. Oft wird die Kletterzeit am berühmten Kopftörlgrat – der schönsten Genußkletterei im Wilden Kaiser (III) – unterschätzt, regelmäßig versteigen sich die Anfänger bei der Überschreitung der drei Halten (Kleine Halt, Gamshalt, Ellmauer Halt), und immer wieder gibt es schwere Unfälle durch Steinschlag in der Süd-(Abstiegs-)Flanke des großartigen Kalkberges. Die Gipfelschau ist nur deshalb so schön, weil ihr der Gang durchs berühmte Kaisertal voranging: weil der Kontrast zwischen senkrechten 1000-Meter-Wänden und sanftester Wald- und Wiesen-Idylle die menschlichen Sinne unmittelbar erregt und zu höchster Empfindsamkeit schärft. Der Wilde Kaiser ist der am meisten besuchte Münchner Klettergarten, die Ellmauer Halt ein echter Münchner Hausberg; auf der »Gaudi-Hütte«, der »Grutten«, der »Strips« und in »Bärenbad« traf und trifft sich das alpine München an allen Wochenenden: in nur 1 Std. fährt man heute vom Stachus zur Sparchenstiege am Kaiser-Eingang! Hinterbärenbad, unser Nachtquartier nach dem Vortagsbummel durch das Kaisertal, liegt nur 831 m hoch; es warten fast 1500 Höhenmeter – eine große Anstrengung. Aber schon nach einer Stunde Anstieg beginnt man, die Plage zu vergessen, immer wuchtiger dehnen sich die furchtbaren, in der ersten Morgenfrühe schier unabsehbaren Plattenwände in den Himmel; die Kleine Halt-Nordwestwand, eine schauerlich steile Riesentafel, reckt uns mächtige Überhänge entgegen, das verwitterte Gewänd des Sonneck abschreckende Furchen und Runsen . . . dann stehen wir schon auf 1239 m Höhe am Mirakelbründl, fassen Wasser, und sind bald im urweltlichen Riesensaal des Unteren Scharlinger Bodens, etwa 1400 m: das Langkofelkar kann nicht großartiger sein! . . . Glücklich befangen von diesem starken Eindruck, steigen wir in Serpentinen zum Oberen Boden an, 1665 m. Die drei Halten versammeln jetzt ihre felsige Macht über gespenstisch langen Geröllströmen zu einer drohenden Festung. Vor der Rote-Rinn-Scharte wird ein spitzer Kalkturm rechts umgangen (Vorsicht bei hartem Altschnee! Pickel!), Schutt dahinter führt zur Scharte, 2093 m, – wir treten in die Südflanke. Die Drahtseile beginnen, leiten über steile glatte Platten, durch Rinnen, mehrmals hin und her, und man hat meist Leute über oder unter sich. Steine fallen, Gefahr droht! Man kann nicht sorgsam genug die Tritte nützen, um keinen Stein, kein Geröll abzulassen! An der gelben Jägerwand mündet der Gamsängersteig von der Grutten-Hütte ein: wir merken ihn uns als kommenden Abstiegsweg! Nochmals Rinnen, der Grat, eine Nadel, viele rote Markierungszeichen, die tiefe Kluft der Achselrinne mit Stiften und Eisenleitern (bei Schnee rechts empor!), das Geröllband der »Maximiliansstraße«, und wieder Rinnen und Platten – und da steht schon das alte kleine, blitzbedrohte Babenstuber-Hüttchen, letzte kalte Zuflucht vieler erschöpfter Kopftörlgratbesteiger! – Beim Abstieg am Gamsängersteig ins Hochgrubachkar, zumeist am sichernden Drahtseil, droht immerzu Steinschlag! Vorsicht!

TALORTE Ausgang Kufstein, 484 m, ab hier 2½–3 Std. nach Hinterbärenbad, AV-Haus, 831 m. Nächtigung. – Abstieg nach Ellmau, 812 m, über Grutten-Hütte AV, 1620 m. Bus Ellmau-Kufstein (zum Kfz.).

CHARAKTER Überschreitung Hinterbärenbad, Rote-Rinn-Scharte, Ellmauer Halt, 2344 m, mit Abstieg Jägerwand, Gamsängersteig zur Grutten-Hütte: anstrengend, im Vorsommer gefährlich (Steinschlag!), mindestens 8 Std. (mit Abstieg nach Ellmau gute 9–10 Std.). Großartige Bergtour! Viel Besuch an Wochenenden. Nur für geübte, ausdauernde und besonnene Bergsteiger. Nicht vor Ende Juli! Dann bis Mitte Oktober.

FÜHRER/KARTEN AV-Führer Kaisergebirge (Rother). – AV-Karte 1:25 000 Kaisergebirge/»Im schweren Fels« v. WALTER PAUSE.

BILD In Bildmitte der klassische Stock Kleine Halt – Gamshalt – Ellmauer Halt; rechts darunter die Scharlinger Böden, links der Hohe Winkel unter den Karlspitzen. Im Bild rechts oben setzt an der Rote-Rinn-Scharte der versicherte Steig zum Gipfel der Ellmauer Halt an. Im Bild ganz rechts der Sockelfels des Sonneck.

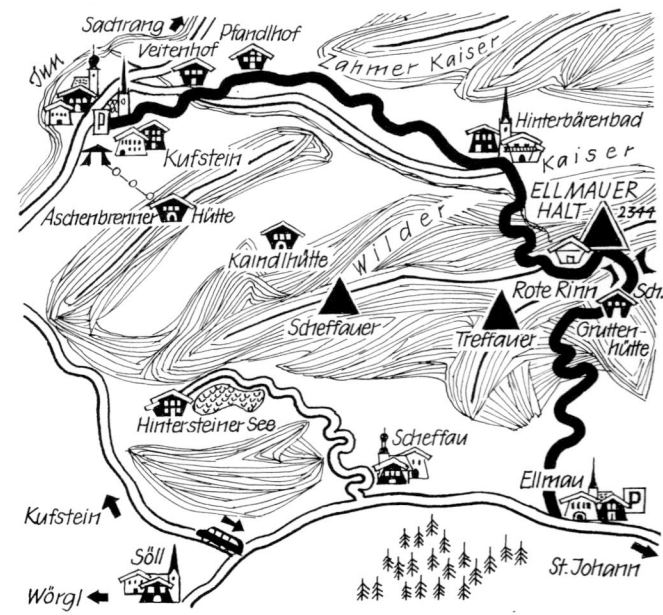

68 Steinerne Rinne und Goinger Halt

Unter Fleischbank und Predigtstuhl

Es ist nicht der Ausblick vom Gipfel der 2195 m hohen Hinteren Goinger Halt – nicht der interessante Tiefblick in die Schuttwelt des Griessner Kares, nicht der Nahblick auf die senkrecht gestellten Schichttürme ringsum, und auch nicht der aufregende Fernblick zu den Hohen Tauern – den der erhitzte Besucher aus Köln, Essen oder Hamburg ganz zu Recht kolossal nennt, enorm und gigantisch . . . der Höhepunkt des Erlebnisses liegt viel tiefer, nämlich in der Steinernen Rinne, die man am Wege zur Scharte durchsteigen muß. Hier findet niemand mehr starke Worte, hier verstummt der Besucher zwischen den zwei senkrecht auffahrenden, 700 Meter hohen Riesenwänden von Fleischbank und Predigtstuhl, die, nur auf Steinwurfsweite voneinander getrennt, zu schwanken scheinen vor dem schmalen Ausschnitt des Himmels. Wer genau hinschaut, sieht in der berühmten Ostwand die Kletterer wie Fliegen am glatten Fels kleben, hört aus dem dunklen Botzongkamin hallende Seilkommandos, entdeckt in dem überhängenden Dülferriß verkrallt einen Übermenschen aus München-Untergiesing. Da ist man arg froh, einen Steig unter den Füßen und ein Drahtseil in der Hand zu haben. Zum Trost aller Preußen sei aber auch gleich gesagt, daß sich den größten Ruhm an Fleischbank und Totenkirchl und Predigtstuhl kein Giesinger, sondern ein passionierter Musikfreund aus Norddeutschland erworben hat: Hans Dülfer. Der kühne Ersteiger von Fleischbank-Ostwand und Totenkirchl-Westwand zeigte 1912 den Bayern und Tirolern, was modernes Klettern ist . . . Es gibt zwei Wege auf die Hintere Goinger Halt: 1. von Ellmau über die Südflanke des Wilden Kaiser, also über die Gaudeamushütte und die endlose Schuttreiße zum Ellmauer Tor hinauf – eine harte Plage an einem Tage und mindestens vier Std. Steigen. Vom Ellmauer Tor führt dann ein harmloses Steigerl, das man absteigend keinesfalls vorzeitig verlassen darf, zum Gipfel der Hinteren Goinger Halt. Die Vordere Goinger Halt, 2243 m hoch, ist mäßig schwierig, erfordert also bereits etwas mehr als nur Trittsicherheit, nämlich leichte Kletterei. 2. Der schönste und kürzeste Anstieg führt aber von Norden, von der Griessner Alm, 1024 m, unterm Stripsenjoch (das man rechts oben liegen läßt) durch, überwindet den steilen Felssockel der Fleischbank am drahtseilgesicherten Egger-Steig und zieht in steilen kurzen Kehren (teils gesichert) empor (Bild) zum 1995 m hohen Ellmauer Tor. Das sind etwa 3 Std. Gehzeit, + 20 Min. zum Gipfel. Vor dem ebenfalls nur mäßig schwierigen Aufstieg zur Hinteren Karlspitze sei abgeraten: viel Schrofen, viel gefährliche, sehr steile Grasbänder. Wer sich mit einem Seilkameraden verbindet und wirkliche Erfahrung im Klettern besitzt, kann auch den Angermann-(Normal-)Weg auf den Hauptgipfel des Predigtstuhls, 2115 m, begehen, eine ganz reizende, manchmal kurz etwas ausgesetzte Kletterei in griffigem, nur etwas glattem, weil abgeklettertem Kalkfels (II, mäßig schwierig). – Mit Kindern ab 14 Jahren begehe man die Steinerne Rinne erst ab Mitte Juli, wenn keine Schneereste mehr auf den Fels-Stufen liegen. Da in den Grund der Rinne nur selten und kurz Sonnenschein dringt, sind die Firnreste meist gefroren, also gefährlich! Diese Warnung ist ernst gemeint!

TALORTE Griessner Alm, 1024 m (mit Kfz. über Grießenau/St. Johann oder Walchsee, Schwendt, Grießenau). – Evtl. Ellmau, 812 m, an der Straße Kufstein–St. Johann, Nächtigung evtl. Gaudeamushütte AV, 1240 m, 1½ Std. ab Ellmau. Oder Gruttenhütte AV, 1620 m, 2½ Std. ab Ellmau. – Evtl. Stripsenjochhaus, AV, 1580 m, 1½ Std. ab Griessner Alm, 4½ Std. ab Kufstein.

CHARAKTER Eindrucksvolle Bergwanderung im Wilden Kaiser, ohne Schwierigkeiten ab Ende Juli, der Steig ist teilweise mit Drahtseilen gesichert. Trittsicherheit, vor allem aber Besonnenheit! Kinder an Reepschnur nehmen. Im Juni – Juli mit Pickel ansteigen!

FÜHRER/KARTEN AV-Führer Kaisergebirge (Rother). – AV-Karte 1:25 000 Kaisergebirge. Evtl. FB-Wanderkarte, Blatt 30.

BILD Das schönste Kaiser-Bild: Steinerne Rinne zwischen Fleischbank-Nordgrat (rechts) und Predigtstuhl-Nordkante. Ganz links das Grießener Kar. Rechts vom Fleischbank-Nordgrat das »Schneeloch« im Sockelfels des Totenkirchl. Der Einstieg zur Predigtstuhl-Nordkante ist im Schatten durch einen besonnten Felsabsatz markiert. Am unteren Bildrand kommt von rechts her (Stripsenjoch) das Steiglein in die Steinerne Rinne.

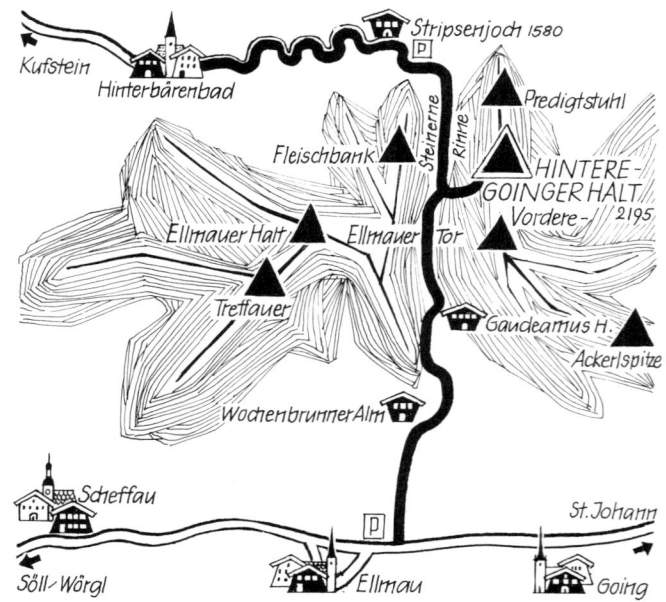

69 Stripsenkopf und Feldberg

Der Wilde Kaiser von zahmen Wegen

1 Tag   Anfahrt 120 km   Kinder ab 12 J.   Wanderung

Der zünftige Kaiserkletterer lacht über diesen Vorschlag . . . aber sicher nicht ewig. Hat er erst einmal ein Gschpusi oder eine Frau mit drei Kindern, vielleicht auch nur einen soliden Hexenschuß oder 60 Jahre am Buckel, dann geht er vom Stripsenjochhaus ganz gern einmal nordwärts statt südwärts. Vielleicht schon deshalb, weil er zwischen Stripsenkopf und Feldberg am schönsten Sommersonntag ganz allein ist, sich zehnmal faul in eine Grasmulde schmeißen darf und von dort aus, ohne Schweiß und tausend Ängste, die Predigtstuhl-Nordkante besteigen kann, die Fleischbank-Ostwand oder die schöne Nordwestwand der Kleinen Halt . . . Über die Autobahn–Inntalstraße–Walchsee–Schwendt ist man in 2¹/₂ Std. schon in der Griessenau und oben auf der Griessner Alm, 1024 m hoch: hier läßt man den Wagen stehen. Dann steigt man gemütlich unter der Steinernen Rinne hindurch zum Stripsenjoch auf und entzieht sich dort der großen Gesellschaft. In 25 Minuten spätestens steht man am Stripsenkopf, 1809 m hoch, und ist bereits verdutzt, wie schön still es mitten im Hochgebirg sein kann: man studiert den Kopftörlgrat Turm für Turm, traversiert die drei Halten oder bummelt in Gedanken die Scharlinger Böden hinab. Der Kopftörlgrat, Hand aufs Herz, ist, am Stripsenkopf oder Feldberg faul rastend bezwungen, kein sauberer Dreier mehr, sondern mindestens ein Vierer, genau: »äußerst angenehm, obere Grenze«. Fleischbank und Predigtstuhl stehen wie schlanke Säulen über der Steinernen Rinne, deren enorme Steilheit in der Draufsicht erschreckende Grade erreicht . . . Man marschiert weiter, den Nordostgrat hinab, immer brav am Steig, der rotweiß bezeichnet ist und am breiten Kamm zum Feldberg hinüber läuft. Man verliert dabei gegen 180 Höhenmeter und muß sie wieder einholen, während man einen Dolomitenturm und die Felsnocke des Tristecken, 1770 m, passiert. Am Feldberg ist es noch viel staader als am Stripsenkopf, und die Aussicht ist umfassender geworden. Unmittelbar gegenüber steht jetzt der ganze Ostkaiser, das Griessner Kar öffnet sich, und die nackten Kalkmauern zwischen Maukspitze und Totenkirchl, bis 900 Höhenmeter aus den Latschen und Reißen aufsteigend, und das düstere Schneeloch erwecken mehr beklemmende als frohe Gefühle: aber das gefällt den Augen. Wer ein Spektivi dabei hat, ein gutes Fernglas, ist jetzt der Ober und vergißt leicht, daß er wieder weitergehen muß . . . Vom Feldberg geht es am mählich absinkenden Kamm ostwärts zum Scheibenbühelberg hinab, dann wird eine Graskuppe vor der Oberen Scheibenbühelalm links und eine Kuppe nach der Alm rechts umgangen, an der Unteren Scheibenbühelalm auf 1280 m hat man gegen den Feldberggipfel schon gute 500 m verloren, bald darauf geht es am steilen Weg zickzack durch den Wald hinunter und zur Straße Griessenau–Griessner Alm. Hier wartet ein Problem: Erwischt man einen Jeep hinauf zum Parkplatz an der Griessner Alm? Oder geht einer die 50 Minuten hinauf? Nicht immer schön, wenn die Heimkehrer entgegenfahren. Also sollte man sich schon bei der Anfahrt überlegen, ob man den Wagen nicht besser in der Griessenau läßt und mit dem Jeep bzw. Kleinbus zur Griessner Alm auffährt. Zu Fuß geht's natürlich auch.

TALORT Griessenau, 727 m, bzw. Griessner Alm 1024 m, Parkplatz.

CHARAKTER Einfache Bergwanderung, 4¹/₂ Std. reine Gehzeit, Kammwanderung auf bez. Steig. Trittsicherheit erforderlich. Ungewöhnlich eindrucksvolle Höhenwanderung gegenüber den Nordwänden des Wilden Kaiser. Wenig begangen. Von Ende Mai bis Ende Oktober. Beste Zeit: September–Oktober. Ausrüstung A!

VARIANTEN Wer nicht vom geparkten Wagen abhängig ist, kann die Tour in umgekehrter Richtung machen, dann vom Stripsenkopf zum Haus absteigen, nächtigen, und am folgenden Tag den Höhenweg über Vorderkaiserfelden nach Kufstein begehen (also 2 Tage) – oder das schöne Kaisertal über Hinterbärenbad–Pfandlhof hinauslaufen.

FÜHRER/KARTEN AV-Führer Leuchs/Nieberl, Kaisergebirge (Rother). – AV-Karte Kaisergebirge, 1:25 000.

BILD Ausblick vom Stripsenkopf, 1809 m, auf den Nordgrat der Fleischbank (rechts) und den Nordgrat des Predigtstuhl (Bildmitte). Links unterm Predigtstuhl die Kare und Gipfel des Ostkaisers, hell beleuchtet das Griessner Kar.

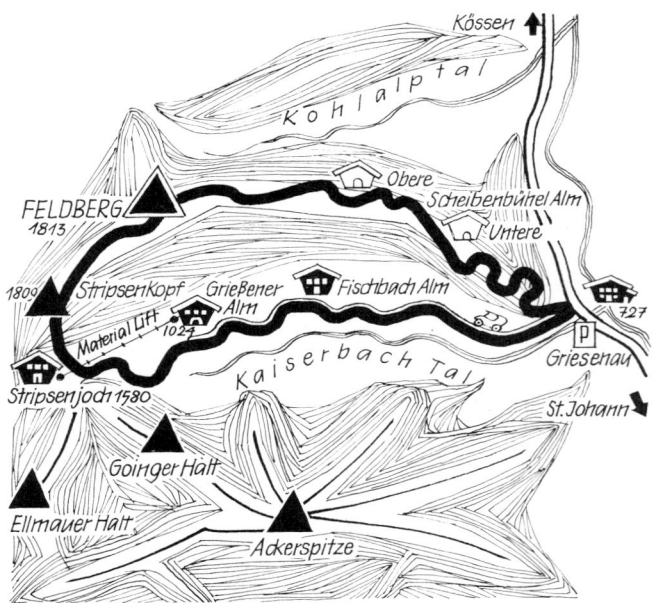

70 Der Pendling

Einsamer Spazierweg vor dem Wilden Kaiser

Die Stille unseres Bildes trügt nicht, der Pendling – von Kufstein her ein so markanter Kalkturm, das Innufer um mehr als 1000 m überragend – ist für den Bergwanderer vom Thiersee-Ufer bis hinauf zum 1565 m hohen Gipfel ein stilles, einsames Gefilde. Wenig besucht! Was verständlich ist in der unmittelbaren Nachbarschaft des magnetisch wirkenden Wilden Kaiser am anderen Innufer. Wer vom Pfarrwirt in Vorder-Thiersee in guten 2½ Std. über das Almwiesengelände des Mittellandes, beim Gschwent, 852 m, und an der Altmoosau vorbei, dann in den Bergwald hinein bis Kaltwasser, etwa 1200 m, wo die Wege von Kufstein-Zell und Hinter-Thiersee auf den unseren treffen, und abermals im Bergwald weiter ansteigt – dem wird plötzlich himmelangst: oh mei, sagt er als alter Skeptiker von der »Schwanthaler Hochebene«, da geht ja gar koa Gipfel nimmer her vor lauta Wald! Auch noch, wenn der Steig schon eben wird, immer noch Bäume rundum, bis zu den allerletzten Schritten, – da plötzlich öffnen sich die schattigen Kulissen, man tritt vor eine helle Weite und weiß nicht mehr, wohin schauen! Eine richtige Hetz, diese Überraschung! Das Beste ist, man macht erst Brotzeit, ehe man sich an den Rand des Gipfelplateaus setzt und, mit dem Lötkolben des Zeigefingers auf der Wanderkarte, versucht, das Sichtbare zu ordnen und zu begreifen. Der Pendling steht so günstig, daß man trotz Kufsteiner Stadtberg auch noch das grüne Kaisertal sieht, das die beiden Ketten wie feindliche Brüder trennt, das Latschen- und Schrofengebirge des Zahmen Kaiser, und das sich im Profil darbietende Getürme des Wilden. Man entdeckt westlich Wörgl den mit vielen Weilern besetzten »Angerberg« unter Hundsalmer Joch und Heuberg: eine ideale Ferien-Idylle. Nicht zu reden von Kitzbüheler Skigebirge und Tauern, Hoher Salve und Rettenstein . . . Wir halten auch später den Atem an, wenn wir südwestlich weiter wandern, eben, am hohen aussichtsreichen Kamm dahin, 2 Std. bis zum Höhlenstein-Haus, 1259 m. Von dort geht es steil ins Inntal hinab, doch nicht, ehe man »Manndl und Weibl« bewundert hat, zwei schrofige Felszapfen, 1291 m hoch, gleich hinter dem Haus, am Weg nach Mariastein oder Nieder-Breitenbach bei Unter-Langkampfen. In einem dieser Dörfer hab ich einmal, eben nach jenem Höhengang, echtes Tiroler Volksleben studiert, nachts nach schnellem Einschlafen von schrillem Lärm geweckt und ans Fenster gefesselt: da fiel unten ein Watschenbaum um! Eine jungbäuerliche Eifersuchtskomödie war im Gange: Eine flennende Dorfschöne schaute gschamig, aber auch respektvoll auf ihre beiden Verehrer, die wie Andreas-Hofer-Denkmale dastanden, und von denen keiner zurückzuckte, wenn die Watsche des anderen ankam, saftig, krachend, herrlich zu sehen für den im Fensterrahmen, herrlich gewiß auch für die anderen nächtlichen Gäste, von denen keiner eingriff, jeder dem gewaltigen Schicksal seinen Lauf ließ . . . Man muß diese Tour also einmal machen, am besten im Herbst. Und man muß auch einmal in jenen Dörfern nächtigen. Dort lebt kein vom Fremdenverkehr angekränkeltes Managervolk, dort leben noch gestandene Männer, mit Pratzen, deren Watschen wie Raketen ankommen! Ich hab da mal zugeschaut!

TALORTE Vorder-Thiersee (Pfarrwirt), etwa 700 m. – Oder Kufstein (Stimmersee), 522 m. – Oder Nieder-Breitenbach, 510 m.

CHARAKTER Eine überraschend schöne, sehr stille, sehr einsame Höhenwanderung hoch über dem breiten Inntalboden dahin, unmittelbar gegenüber dem Wilden Kaiser, mit Einblick ins Kitzbühler Skigemugel und Fernblick auf viele Tauerngipfel. Aufstieg Thiersee–Pendling, 1565 m, etwa 2½–3 Std. – Übergang Pendling (Kufsteiner-Hütte, bewirtschaftet) – Höhlenstein-Haus (privat bewirtschaftet), 1259 m, plus 2 Std. – Abstieg nach Nieder-Breitenbach oder Unter-Langkampfen gut 1½ Std. – Aufstieg Kufstein–Stimmersee–Pendling gute 3 Std. – Viel Waldsteige, keinerlei Schwierigkeiten. Wenig besucht. Von Ende Mai bis Anfang November. Ausrüstung A!

KARTE FB-Wanderkarte, Blatt 31, Tegernseer-, Schlierseer Berge.

BILD Aufblick aus dem unteren Inntal – nahe Kufstein – zum grüngesäumten Kalkgipfel des Pendling: Kontrastberg zum gegenüber liegenden Wilden Kaiser.

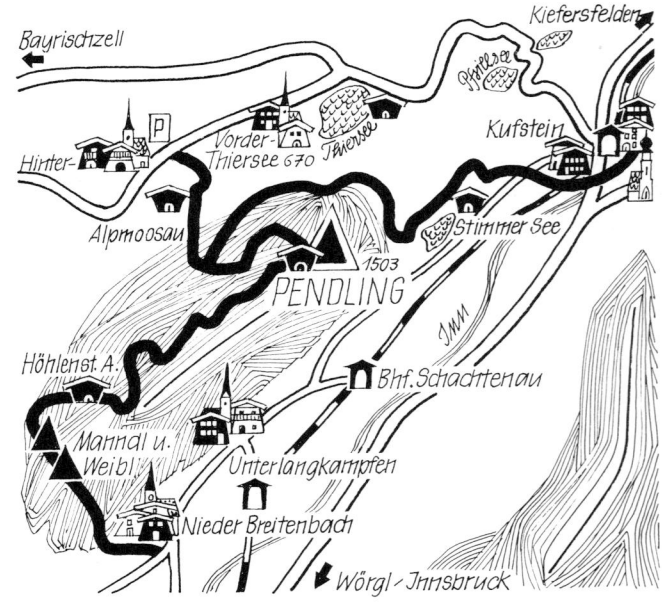

71 Auf den Hochkalter

»Schöner Fleck« oder »Eisweg«

2 Tage   Anfahrt 142 km   Kinder ab 14 J. (Seil)
Hochalpine Bergtour

Erst die neue Zeit hat ihn zum Hausberg der Münchner gemacht: In zwei Stunden fährt man leicht via Autobahn–Queralpenstraße in die Ramsau, und dann läßt man die Motorenwelt weit hinter sich und steigt auf gutem, aber oft etwas steilem Weg in 4 Std. hinauf zur neuen Blaueishütte auf 1750 m Höhe. Was der Anblick des Hochkalterstockes schon von der Schwarzbachwacht, dem höchsten Punkt der Queralpenstraße, her versprach, hält er: Kaum hat man die Schärtenalm passiert und tritt ins hohe schmale Felskar ein, da ist jeder Umblick und jeder Rückblick eine Freude. Auf der Hütte regiert Raphael Hang (der Sohn), ein erstklassiger Bergführer, als Wirt; er gibt gerne dem Auskunft, der partout übers steile »Blaueis«, einen der letzten deutschen Gletscher, auf den Hochkalter will. Dieser Weg übers »Blaueis« ist spaltenreich, der Übertritt auf den Fels an der Randspalte ist zuweilen etwas unangenehm: Steigeisen und Eispickel sowie Seil sind unerläßliche Voraussetzungen für diese kurze, doch sehr verlockende Eistour. Man sieht auf nebenstehendem Bild gut den Eisanstieg und die Randspaltenzone unter der Scharte. Die Kletterei von der Scharte zum Hochkaltergipfel ist mäßig schwierig, doch manchmal steinschlaggefährdet. Wem der Wirt vom Eisanstieg abrät, der steige über den »Schönen Fleck« hinauf (Bild) zum Nordnordwestgrat, überschreite den Gipfel des Rotpalfen, 2359 m, lasse die vielen Rasenpolster mit den zahllosen Steinbrechblüten ungeplündert und suche über den Kleinkaltergipfel den Hochkalter zu erreichen: bei Gutwetter »mäßig schwierig« für trittsichere Geher. Kaum Kletterei! Bei Nebel oder Schlechtwettereinbruch ist am Kalter stets sofortige Umkehr geboten! Zwischen Gipfel und »Schönem Fleck« haben sich sogar erfahrene Bergsteiger schon im Nebel verlaufen und biwakiert! Der Anstieg Hütte–Gipfel erfordert gute 3–4 Std. Zeit, der Abstieg auf dem gleichen Wege 2–2½ Std. – Wer sehr gut klettert und über große Ausdauer verfügt, wählt am Hochkalter die sogenannte »Blaueisumrahmung«, die bei gut 10 Stunden Dauer die Nordwand der Schärtenspitze einschließt vor der Überschreitung von Blaueistürmen, Blaueisspitze und Hochkalter. Da die Nordwand der Schärtenspitze aber vor einigen Jahren zusammengefallen und beinahe unbegehbar geworden ist, wird man heute die »Blaueisumrahmung« ab Hütte mit dem Ersten (leichten) Blaueisturm beginnen, auf den der etwas schwierige Zweite Turm folgt – auch er durch einen Felssturz etwas schwieriger zu ersteigen als noch vor 25 Jahren (III, mit IVer-Stelle). Nach Erreichen der Blaueisscharte (im Bild links oben) geht es durch eine der beiden parallel zum Hochkaltergipfel emporziehenden Steilrinnen (Vorsicht!) zum höchsten Punkt des Hufeisens. – Wer bei Schlechtwetter die Umrahmung abbrechen muß, steige nur dann über das steile Blaueis ab, wenn er einen Eispickel bei sich hat! – Auch am eisfreien Normalweg ist die Ersteigung des Hochkalter eine »stramme« Tour und, wie erwähnt, bei Einbruch von Schlechtwetter eine schwierige Unternehmung. Wer einen Wetterumschlag kommen sieht, steige lieber sofort ab und schaue sich Berchtesgaden an: Stiftskirche, Schloß, Heimatmuseum, Salzbergwerk und drei gute Wirte mit Watzmannblick.

TALORTE Ramsau bei Berchtesgaden, 688 m, bzw. Hintersee, 790 m, 2 Std. mit Kfz. ab München über Autobahn – Queralpenstraße.

NÄCHTIGUNG Blaueishütte DAV, 1750 m, im Eisboden 4 Std. ab Ramsau oder Hintersee über die Schärtenalm.

CHARAKTER Die Hochkaltertour wird von dem dramatischen Charakter des felsigen Hufeisens bestimmt, das den kleinen, steilen Gletscher birgt. Der Gipfel, 2607 m hoch, steht isoliert, bietet eine umfassende Aussicht auf Steinernes Meer, Watzmannstock und Reiteralm-Südwände. Seine Besteigung bei gutem Wetter darf als eine der schönsten Bergtouren im ostalpinen Kalk bezeichnet werden! Normalweg: kaum schwierig nur bei bestem Wetter! – Eisweg nur für Geübte, nur mit Seil, Pickel und Steigeisen! – »Blaueisumrahmung« schwierig (III und 1 St. IV), 10 Std.! Beste Zeit: Ende Juli bis Mitte September. Ausrüstung A bzw. C bzw. D!

FÜHRER/KARTEN »Berchtesgadener Alpen« v. Zeller/Schöner (Rother). – FB-Karte, Bl. 10. – Pause, »Im schweren Fels«, Führer 78.

Ausblick vom »Schönen Fleck«, 2028 m,
am Nordnordwestgrat des Hochkalter
auf Blaueisgletscher, Blaueisscharte
(links oben), Hochkaltergipfel und Rotpalfen (ganz rechts oben). Man sieht, daß
der spaltenreiche kleine und steile Gletscher einige Vorsicht erfordert. Auch
wenn man dort eine Spur verfolgt, so
wird man, auch mit Eispickel, Steigeisen
und Seil ansteigend, auf der Hut sein
müssen. Die unteren Spalten sind leicht
zu umgehen, wenn man sich in der Mitte
etwas links hält, oben aber wartet eine
manchmal etwas schwierige Randspalte;
man übersteigt sie meist am besten nicht
direkt unter der Scharte, sondern rechts
(westlich) davon, um den tiefsten Schar-
tenpunkt über Fels zu erreichen.

Er war mein erster Berg nach dem letzten Kriege. Arg hungrig stieg ich mit einem Kameraden aus dem grünen Boden der Scharitzkehlalm – andächtig die »Trichter« bewundernd – nach rechts den alten, verfallenen Jagdsteig durchs Pflugtal hinauf zum Pflughörndl, bis uns zwei Uniformierte, Gewehr im Anschlag, von weitem aufforderten, schleunigst umzukehren. Viel Geschrei, aber siegreicher Rückzug! ... Anderntags, diesmal das Alpeltal aufsteigend, entdeckten wir, von Dohlenschwärmen darauf gestoßen, die Überreste zweier Gemsen ... Wir verfluchten die uniformierten »Böcke«, die hier als Gärtner und Wegelagerer hausten, dann stiegen wir durch die mächtigen Karrenfelder der »Umgänge« zur Göllscharte und auf den Gipfel ... Volle 2000 Meter schaut man vom Hohen Göll hinab an das Salzachufer, hinaus nach Salzburg, hinüber zur Übergossenen Alm, hinein ins geheimnisvoll vereinsamte Hagengebirge. Ein überglücklicher alter Mann, der tags zuvor auf dem Purtschellerhaus unten seinen vermißten Sohn wiedergefunden hatte, überfiel uns mit Lobpreisungen der neuen Friedenszeit und überschüttete uns zugleich mit Proviant: welch ein Ereignis in jener Zeit! Seitdem verehre ich den Hohen Göll, hab ihn auch noch vom Torrenerjoch bis zum Eckerfirst überschritten und sogar auf Skiern besucht, durch den Steiltobel des Alpeltals aufsteigend und abfahrend. Den stärksten Eindruck muß wohl die große Überschreitung machen: vom Purtschellerhaus über den (teilw. gesicherten) »Salzburgersteig« auf den Hohen Göll, und dann südlich weiter über Archenköpfe und Hohes Brett, 2338 m, zum Stahlhaus am Torrenerjoch: gute 6–7 Std. – Für sehr geübte Bergsteiger mit hochalpiner Erfahrung empfehle ich den bereits erwähnten, kaum mehr begangenen Steig aus dem Endstal bei der Scharitzkehlalm durch das Pflugtal zu den Göllsanden, einen alten, etwas verzwickten, weil durch Felsgürtel ziehenden Jagdsteig, von dem aus man unter den Göll-Westwänden zur Göllscharte und auf den Gipfel gelangt: ein kostbar stiller schöner Weg! Nicht ganz so vereinsamt, aber wiederum selten begangen ist der Weg von der Straße (Kfz. und Bus) bei der Alpeltalhütte bzw. bei Vorderbrand, direkt vom Schliefsteinboden weg ins Alpeltal hinauf (ganz unten Felsabbruch, der am Drahtseil von rechts nach links einfach überwunden wird) und über Göllsanden und Göllscharte zum Gipfel. – Für beide Wege, durchs Pflug- wie durchs Alpeltal, muß man mit mindestens 4–5 Std. Aufstiegszeit rechnen! Und auch damit, daß ein Wetterumbruch verheerende Folgen haben kann! Wenn, wie im Sommer 1965, bis in den August hinein noch Schnee liegt, kommen auch am Göll weitere Erschwernisse hinzu. Der Gaudi halber sei auch auf den allerkürzesten und »modernsten« Anstieg verwiesen – nur erstaunliche 2¹/₂ Std. lang! Er führt vom Kehlsteinhaus (Bus von Berchtesgaden und Aufzug) als versicherter Klettersteig über die Mannlköpfe, sie einmal links, einmal rechts umgehend: er könnte »Führerweg« heißen, wären Vor- und Nachgeschichte um das »Teehaus« am Kehlstein nicht ein bisserl makaber. – Immerhin: auf diesem gspassigen Wege wird der Hohe Göll für tüchtige Münchner Bergsteiger mit glücklichen Augen sogar zur gemütlichen Ein-Tage-Tour ...

TALORT Berchtesgaden, 540 m. – Mit Kfz. bis Berghaus Vorderbrand, 1062 m, oder Alpeltalhütte (Nat.-Frd.), 1100 m (bewartet): beide für Nächtigung geeignet. – Für Normalanstieg über den »Salzburgersteig« mit Kfz. unters Purtschellerhaus AV, 1692 m, am Eckerfirst.

CHARAKTER Der Hohe Göll, 2522 m, ist kein ganz einfacher Gipfel, er wird meist zu leicht genommen. Der Normalanstieg am »Salzburgersteig« führt an Seilsicherungen über ausgesetzte Bänder und durch Kamine und Rinnen, erfordert Schwindelfreiheit, ist NUR bei ganz sicherem Wetter möglich. – Überschreitung Purtschellerhaus–Stahlhaus bei Wetterumschlag sehr gefährlich! Kein Berg für Anfänger, nur für geübte und gut ausgerüstete Bergsteiger. Beste Zeit: Mitte Juli bis Mitte September. Ausrüstung B!

FÜHRER/KARTEN Zeller/Schöner »Berchtesgadener Alpen« (Rother). – AV-Karte Berchtesgadener Alpen. – FB-Wanderkarte, Blatt 10.

BILD Blick von der Roßfeldstraße über Berchtesgaden gegen Süden auf Eckerfirst mit Purtschellerhaus (rechts) und den stark gebänderten Göll-Nordostgrat über dem Wilden Freithof.

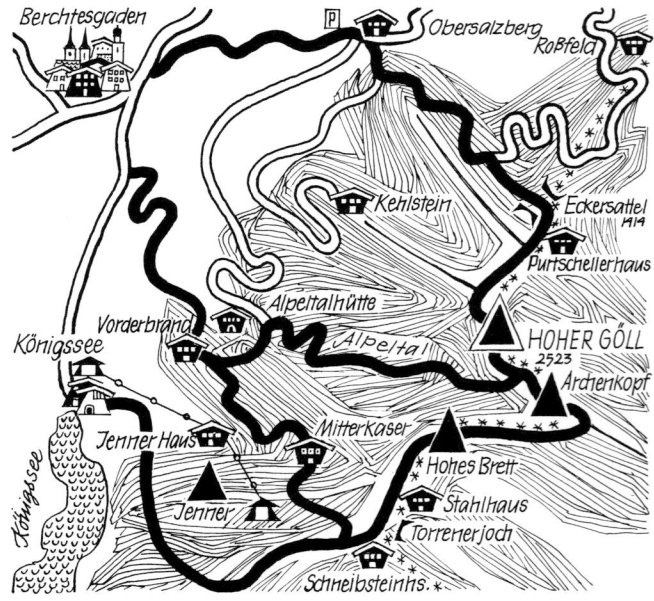

73 Auf den Watzmann

Zwischen Königssee und Wimbachgries

Der Watzmann über Berchtesgaden, eine der schönsten Berggestalten der Nördlichen Kalkalpen – romantisch, aber überzeugend dargestellt auf dem berühmten Gemälde von Ludwig Richter aus Dresden – ist jedem Münchner Bergfreund ein Begriff, ein latentes Ziel: der junge Kletterer will durch die herrliche Stufenfolge der Watzmann-Ostwand von der Eiskapelle aufsteigen, der erfahrene Bergsteiger will alle drei Gipfel überschreiten und hinterher den Abstieg ins Wimbachgries finden, der Bergwanderer möchte zum Watzmann-Haus der AV-Sektion München und auf dem gut instandgehaltenen und mit Stufen versehenen Steig wenigstens bis zum Hocheck auf 2653 m Höhe kommen. Hier Königssee, dort Wimbachgries, hier Göll, Hagengebirge, Dachstein und Gosaukamm, dort Hochkalterstock, Steinernes Meer, Leoganger Steinberge und Hohe Tauern – dazu der Rupertigau und das Land um Salzburg: welch eine Augenweide! ... Da der Watzmann, sowohl die Ostwand wie die Überschreitung, und ganz selbstverständlich die Hocheckbesteigung, schon vor unserer Zeit des »langen Wochenendes« oft gemacht wurden, nämlich stets in 1½ Tagen ab München, kann man den Watzmann getrost zu den Münchner Hausbergen schlagen, wenn einer ein Bezinfahrzeug hat. 1933 bin ich mit Freund Rolf, dem Münchner Maler Hermann Franke (abgestürzt am Grubenkarpfeiler) und drei jungen jüdischen Bergfreunden erstmals durch die Ostwand gestiegen, und nie vergesse ich die Rast über der Schöllhornplatte und jene am Südgipfel, als die drei jungen Juden, Münchner Oberschüler und Studenten, mit verschlossenem Mund und heißen Augen Abschied nahmen von den Bergen: sie wußten längst mehr als wir drei ... Zum 3. Mal stieg ich 1939 durch die Wand, vom Dritten Band an fiel Regen, dann Schnee, und prompt verfehlten wir oben die verschneite Abstiegsspur durchs unübersichtliche, steile, dazu felsdurchsetzte Schrofengelände ins hintere Wimbachtal und mußten – übermüdet, erhitzt und bald darauf durchfroren – biwakieren. Jahre später habe ich vom Dritten Watzmannkind, neben meinen Skiern sitzend, in die Watzmann-Ostwand geschaut und jene beiden Durchstiege wieder lebendig werden lassen. Nein, mir war er durchaus ein Hausberg! – Der trittsichere, geübte und schwindelfreie Bergwanderer kann ihn vom Watzmannhaus her ohne weiteres besteigen, wenn gutes sicheres Wetter herrscht. Der Übergang vom Hocheck zur Mittelspitze ist kurz, die Ausgesetztheit ist erträglich; einer Umkehr steht nichts im Wege, falls Nebel oder Regen einfällt. Wer aber nicht mehr ist als Bergwanderer, der unterlasse die weitere Überschreitung zum Südgipfel! Der Watzmanngrat ist berüchtigt durch die vielen schweren Unfälle, die plötzliche Vereisung der Gratfelsen, Neuschnee und eisiger Sturm Jahrzehnt um Jahrzehnt gefordert haben: Schon 1922 starben 3 erstklassige Münchner Bergsteiger am vereisten Grat im Schneesturm! Der Bergwanderer geht nicht der Kletterei wegen auf den Watzmann, er sieht vom Hocheck ebensoviel wie vom Mittelgipfel, und ihm kann – falls er glückliche Augen besitzt – der Einblick ins stille Watzmannkar und der Weg am Rinnendlsteig nach Bartholomä größere »Gipfelfreuden« einbringen als eine Rast am Gipfel.

TALORT Berchtesgaden, 540 m. – Königssee-P. 602 m. 3¾ Std. Aufstieg über Kührointalm, 1400 m, und Falzsteig (am unteren Watzmannkar vorbei) zum Watzmannhaus AV, 1927 m, am Falzköpfl. – Abstieg Rinnendlsteig (Abzweigung Kührointalm) – St. Bartholomä (Schiff zurück).

CHARAKTER Als 2-Tage-Tour nicht sehr anstrengend. Bis zum Hocheck, 2653 m, leicht auf gesichertem Steig (Unterstandshütte); bis Mittelgipfel, 2713 m, technisch leichte (I) Kletterei am teilweise mit Stiften und Drahtseilen gesicherten Steig! Bei Nebel, Vereisung, Neuschneefall sofort SEHR gefährlich! Zeit Hütte–Hocheck 2 Std., Hocheck–Mittelspitze 1 Std. – Die gesamte Überschreitung bis zur Süd-(Schönfeld-)Spitze, 2712 m, nur teilweise gesichert, markiert, aber pfadlos, nochmals 1½ Std. ab Mittelgipfel, NUR für Geübte! Der lange Abstieg von der Südspitze zum Wimbachgries über die unübersichtliche, steile, mit Abbrüchen gespickte Schrofenflanke nur für gute Bergsteiger! Beste Zeit: Juli–September. Ausrüstung B!

FÜHRER/KARTEN Zeller/Schöner »Berchtesgadener Alpen«. – AV-Wanderkarte, Bl. 39. – AV-Karte Berchtesgaden. – Topogr. Karte L 8542.

BILD Blick von Norden auf den Watzmannstock und das dahinter liegende Steinerne Meer. Vorne links das Watzmannhaus, links daneben das Watzmannkar mit den 5 Watzmannkindern. Der Normalweg verläuft vom Haus weg in Gratnähe, dann (links des großen Firnflecks) auf dem Grat.

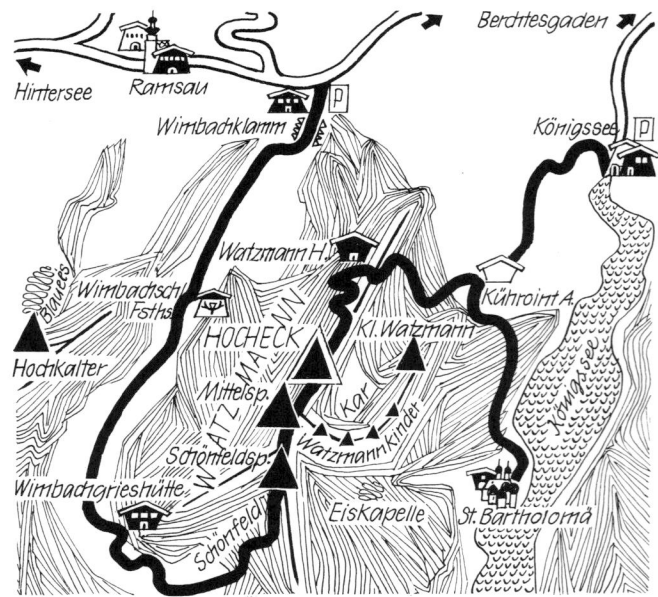

74 Zum Breiten Grieskogel

Vom Sulztal über das Zwieselbachjoch

Man könnte am Freitagabend München verlassen, aber es genügt vollauf, wenn man am Samstagmorgen fährt, um die zweitlängste Anfahrt in diesem Band hinter sich zu bringen: Garmisch–Fernpaß–Imst–Längental im Ötztal. Hier führt von der Ortsmitte links ein schmales Sträßlein kurvenreich hinauf und hinein ins Sulztal bis Gries, 1572 m, und hier beginnt unsere Tour, eine der schönsten Wochenendtouren, die ich jemals gemacht habe . . . Man steigt nur knappe 2½ Std. bis zur Winnebachsee-Hütte (könnte in München also auch erst am Samstagmittag abfahren), – steigt das schmale Winnebachtal östlich hinauf und von der Kapelle weg nördlich; der Weg sucht in kurzen Kehren eine Rampe überm Talgrund zu gewinnen und zieht dann gemütlich in den kleinen Talschluß hinein und über einen steileren Absatz direkt vor die Hüttentüre. Neben der Hütte, 2362 m, liegt der kleine Winnebachsee (Bildmitte unten), gegenüber stürzen die Wasser vom Bachfallenferner in den soeben verlassenen Talschluß, eine alpine Uröde von gewaltigen Ausmaßen umringt uns . . . Ich bin vor Jahren noch am Samstagnachmittag langsam westwärts auf den 2902 m hohen Gänsekragen gestiegen (1¾ Std.), habe von dort aus Schrankogl, Wilde Leck, Wildspitze und Hohe Geige begrüßt und rastend und schauend allerlei Großstadtballast abgeworfen. – Brave Wirtsleute weckten uns am anderen Morgen, und dann stiegen wir in 2½ Std. auf einem winzigen Steiglein das Winnebachkar nördlich hinauf zum 2870 m hohen Zwieselbachjoch, am halben Wege eine mächtige Felsstufe links umgehend. Unser Bild zeigt zwei Bergsteiger dicht vor dem Zwieselbachjoch mit Schrankogl und Putzenkarschneid gegenüber; jenseits ginge es nördlich den Zwieselbachferner hinunter zur Gubener Hütte. Dorthin gehen wir aber nicht, wir wenden uns westlich, betreten den nahen flachen Grieskogelferner und steigen gemächlich an der 3000-m-Grenze in einem großen Bogen an sein Südufer, um dort eine spaltenreiche Steilstufe des Gletschers bequem zu umgehen . . . Oberhalb der Stufe haben wir den vom Eis fast überwucherten Breiten Grieskogel, 3287 m, dicht vor uns und über seinen übergletscherten Nordgrat erreichen wir ohne Schwierigkeiten den höchsten Punkt. – Man kann ein Buch über die Aussicht schreiben, ein Superlativ schändet sie nur! . . . Ich war jedenfalls nicht nur einmal dort oben und gedenke das nächste Mal mit einem Enkel hinaufzusteigen. Denn von Joch bis Gipfel brauchten wir damals, auf Steigeisen gehend, nur noch 1½ Std., ab Hütte also insgesamt 4 Std. – Beim Abstieg zur Hütte (2¼ Std.) hatten wir das nebenstehende Bild vor Augen; von der Hütte liefen wir in einer knappen Stunde zum Auto nach Gries, und in der wilden Ötztaler Ache stellten wir uns gleich hinter Tumpen unter einen kräftigen Wasserschwall . . . Ich weiß, »Hausberg« ist zuviel gesagt, aber wo wüßte ich für eine – keineswegs anstrengende! – Wochenendtour so eine Prachtstour zu empfehlen! Große Urlandschaft und kein Mensch weit und breit! Wir haben das Glück dieser zwei Tage wieder einmal in Imst gefeiert, beim obligaten Stern-Gulasch. – Der Breite Grieskogel ist auch eine schöne Frühjahrsskitour: aber nur an sehr kalten Tagen – weil natürlich die Südhänge stark dominieren!

TALORT Gries im Sulztal, 1572 m (Abzweigung in Längenfeld im Ötztal!). Gries ist auch der Ausgangspunkt für die nahe Amberger Hütte.

CHARAKTER Großartige, nicht sehr anstrengende Hochgebirgstour mit Gletscherbegehung in einem wenig besuchten Gebiet der westlichen Stubaier Alpen. Bei richtiger Ausrüstung keine oder (je nach Firnbeschaffenheit) mäßige Schwierigkeiten bei der im Haupttext erwähnten Umgehung des spaltenreichen Steilabbruches am südlichen Grieskogelferner. Schöne Hüttenlage! Eindrucksvolle Aussicht schon auf ganzem Anstiegswege. Beste Zeit: Juli bis Mitte September. Ausrüstung D! Am Gletscher anseilen!

FÜHRER/KARTEN AV-Führer Stubaier Alpen (Rother). – AV-Karte Stubaier Alpen, Nordblatt (Sellrain). – Evtl. FB-Wanderkarte, Bl. 24.

BILD Rückblick vom Zwieselbachjoch, 2870 m, zum Winnebachsee (genau hinter den Köpfen der Bergsteiger) mit Hütte. Oben Mitte der Schrankogl, links darunter der Bachfallenferner, rechts die Putzenkarschneid.

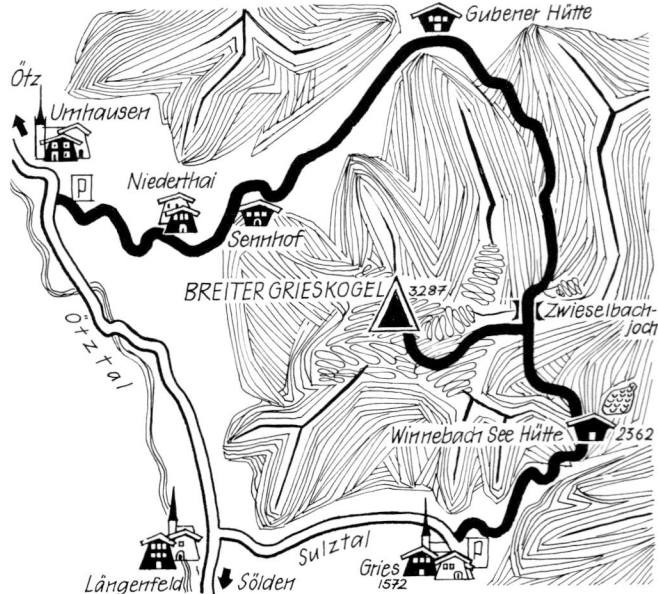

75 Der Pirchkogel über Kühthai

Schaukanzel zwischen Inntal und Stubaier Alpen

Aus dem Jagdschloß Kaiser Maximilians, an der 2000-Meter-Grenze gelegen und schon über der Waldgrenze, ist ein Hotel geworden, ringsherum hat man Hotels gebaut, daneben schockiert eine schlimme Kraftwerksszene. Im Winter gibt's hier etwas Pistenwirbel und sogar der Pirchkogel bekommt Besuch. Trotz seiner lawinösen Südflanken, an denen schon allerlei passiert ist ... Im Sommer aber ist diese Kühthaier Welt leer und fast ausgestorben. Nur Kaffeegäste kommen die neuen Straßen durchs Sellrain heraufgefahren, trennen sich aber nur widerstrebend von ihrem Autopolster. Zum Pirchkogel gehen nur wenige Wanderer hinauf, ich hab's ausprobiert. Höchstens gegenüber, zu den kaputten Finstertaler Seen, sieht man mal eine Innsbrucker Familie aufsteigen. Man kann unsere Tour in einem oder in zwei Tagen machen: fährt über den Zirlerberg und Kematen ins Sellrain hinein und gleich durch bis Kühthai. Hier läßt man den Wagen stehen und steigt nordwärts gute 2½ Std. auf, an freien Südhängen, schon nach der ersten Steilstufe in relativer Einsamkeit zu Hause. Die Stockacher Böden in der mächtigen Flanke leiten zu vier kleinen Seen im sogenannten Schwarzmoos, und dann geht es westlich ohne Schwierigkeiten zum 2828 m hohen Gipfel. Hier kann man drei Stunden rasten, ohne daß es einem langweilig wird. Denn die Situation ist einzigartig: der Pirchkogel beherrscht den westlichen Teil der vorderen Kühthaier Kette, die vom Roßkogel und Ranggerköpfl im Osten bis zu den Irzwänden und dem Pirchkogel im Westen reicht, einen eisfreien Vorgebirgskamm sozusagen, der wie ein gewaltiger Balkon gegenüber dem Stubaier Eisgebirge steht, – und der zugleich über 2000 Höhenmeter das nördlich tief eingeschnittene obere Inntal überragt ... Die Aussicht ist gar nicht zu bewältigen, weil man immer am schönen Einzelnen hängen bleibt, an den stillen Finstertaler Seen drüben, die blinde Innsbrucker Politiker den Kraftwerkslöwen auslieferten, – an den Launen des Innflusses, am kühnen Acherkogel ... Man kann den Aufstiegsweg absteigen, aber verlockend ist es auch, dem Kamm nach Westen zu folgen und von der Lacke oder der Feldringalm nach Marail oder Marlstein im Nedertal abzusteigen (40–50 Min. unterhalb Kühthai). Ist man vom Sellraintal hergekommen, dann kann man nun nach Ötz fahren und über den Fernpaß heim. Ein ganz Schlauer kann nach dem Pirchkogel auf der Dortmunder Hütte übernachten und anderntags in aller Herrgottsfrühe zum Acherkogel aufsteigen, da hätte er dann mit 3008 m einen richtigen Dreitausender derpackt ... Der Weg auf diesen eleganten Felsgipfel führt durch das Mittertal zur Mittertalscharte (2630 m) empor, die man überschreitet, um jenseits vom kleinen Maningsee aus südlich zum Firnfeld der Nordflanke aufzusteigen. Vom Firnfeld aus gewinnt man rechts die Nordwand, in der man sich rechts der ausgeprägten Felsrippe in gut gestuftem Urgesteinsfels zum Gipfelgrat durchschlägt: eine mäßig schwierige (II), viel begangene Route (Normalweg ab Bielefelder Hütte – Maningsee). – Abstieg durchs einsame Mittertal, Abfahrt nach Ötz, – und für den Kunstfreund vielleicht noch einen kurzen Besuch im großartigen Zisterzienserstift Stams am Inn, wo man noch einmal das Staunen lernt.

TALORT Kühthai, 1967 m, am Übergang vom Sellrain ins Ötztal (altes Jagdschloß Kaiser Maximilians, jetzt Hotelbetrieb), ringsherum Hotels der neuen Skistation, außerdem die Dortmunder Hütte (AV), Zufahrt von Zirl–Kematen–Gries im Sellrain auf guter neuer Straße, oder von Fernpaß–Imst–Ötz–Ochsengarten auf altem Sträßchen.

CHARAKTER Einfache Bergwanderung ohne Schwierigkeiten. Ganz ungewöhnlich aussichtsreicher Gipfel! Wenig begangen. Beste Zeit: Ende Juni bis Mitte Oktober. Ausrüstung A! Aufstieg Kühthai-Pirchkogel 2½ Std., Abstieg 1½ Std. Übergang Pirchkogel–Feldringalm–Marlstein 1 Std. mehr. – Der im Haupttext erwähnte Acherkogel ist mäßig schwierig, aber nur für erfahrene Bergsteiger, ohne Kinder!

FÜHRER/KARTEN AV-Führer Stubaier Alpen (Rother). – AV-Karte Stubaier Alpen, Nordblatt (Sellrain). Evtl. FB-Wanderkarte, Bl. 24.

BILD Ausblick vom Pirchkogel über den Hochtalboden von Kühthai (verdeckt durch den dunklen Grießkogelkamm) hinweg gegen Süden auf die Stubaier Berge um (von rechts) Sulzkogel, Finstertalerscharte, Kraspesspitze und Zwieselbacher Roßkogel. Die Finstertaler Seen sind dicht links neben dem dunklen Grießkogelkamm sichtbar.

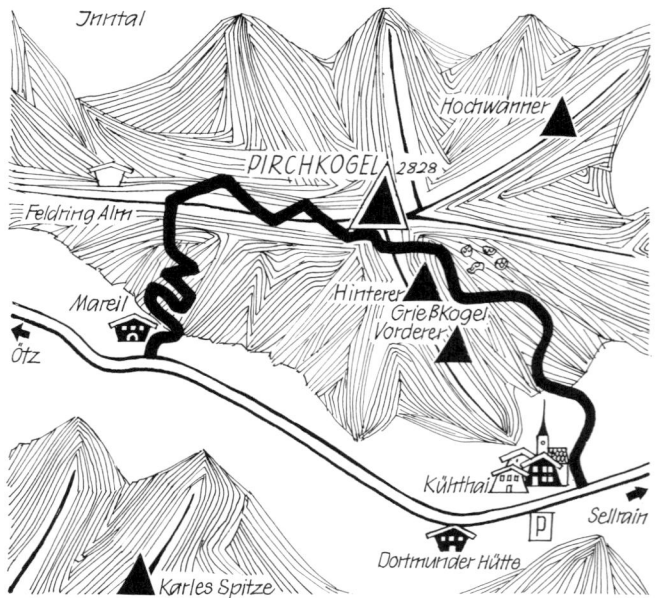

76 Über der Axamer Lizum

Überm Olympia-Revier unter den Kalkkögeln

1 oder 2 Tage   Anfahrt 145 km   Mit Kindern ab 14 J.
Lange Bergwanderung

Man ist natürlich schnell in Innsbruck und in der Axamer Lizum: 145 km, das sind über Garmisch–Seefeld und die neue Straße ab Zirl nur noch knappe 2 Fahrstunden ... aber die abendliche Rückfahrt und eine lange Bergwanderung von 6–7 Std. Dauer eingerechnet – das wird halt doch zuviel! Bergwandern und Autohetze vertragen sich schlecht. Ich bin also für die 2-Tage-Tour, für die gemütliche Fahrt nach Innsbruck und zwei anregende Stunden im Tiroler Volkskunstmuseum, für das Gulasch beim »Happ« und die anschließende Auffahrt übers Mittelgebirge hinein in die Axamer Lizum auf 1583 m Höhe. Hier nächtigt man im Skiheim oder im eigenen Zelt und steht so früh auf, daß man den ersten Sessellift zum Birgitzköpfl erwischt. Wer zum Birgitzköpfl auffährt, sollte unbedingt die Nockspitze (Saile) ersteigen, den prachtvollen, am weitesten gegen Innsbruck vorgeschobenen Stubaier Aussichtsgipfel, auf dem man Stunden verbringen könnte ... Dazu haben wir diesmal aber keine Zeit. Wir steigen vorsichtig nach Westen bis zum Halsl ab (Bild, Vordergrund), an das zur Schlick führende Joch, überschreiten es aber nicht, sondern streben rechts (Wegspuren im Bild) hinüber ins gewaltige Lizumer Kar unter Marchreisen- und Malgrubenspitze. Das ist ein hohes Geröllkar unter den wilden Nordwänden der »Nordtiroler Dolomiten«, aber im Boden dieses Kares und unter seinen gewaltigen Felskulissen, ohne Tiefblick auf Stadt und Inn und Lizumer Alm, ist man immer auf eine ergreifende Weise allein. Selten, daß man einem Innsbrucker Bergwanderer begegnet, vielleicht hört man an der Marchreisenspitze Kletterer ihre Haken schlagen, das ist alles. So steigt man wie auf einem anderen Stern, nicht nur optisch völlig ausgeschieden von der lauten, bunten Welt des Tales, langsam gegen den westlichen Widdersbergsattel an, überschreitet ihn in den bald noch einsameren Hochtennboden und besteigt die unbenannte Kuppe 2373 m. Hier schaut man westlich in das Senderstal und zur Kemater Alm hinab, sah aber schon vom Widdersbergsattel auf das Hoadl, dem wir nun zustreben müssen: Abstieg von P. 2373 m, vorsichtig erst gegen Süden, dann auf Spuren rein nördlich bis zum Hoadlsattel, 2264 m. Hier haben wir, im Geiste, versteht sich, die berühmten Damen-Abfahrtsstrecken Olympischer Winterspiele vor uns und können im Geiste schneidig alles Schuß abfahren – in lächerlichen 3 Minuten, wie die unvergeßliche Barbi Henneberger es uns vorgemacht hat. Vorsichtig aber heißt es dann, erst am Steig, dann durch Almböden in die Lizumer Grube absteigen und unter der Hüttenwand durch zum Hotel bzw. zum Parkplatz zurück. Diese Tour erfordert einschließlich Nockspitze (ab Birgitzköpfl) mindestens 6–7 Std., ohne Nockspitze gute 4–5 Std. Gehzeit, etwas Orientierungssinn und die übliche hochalpine Vorsicht. Nie den Weg und die Steigspuren verlassen, nie Abkürzer versuchen (auch nicht bei Wetterumschlag), da etliche von oben unsichtbare Felsabbrüche! – Wer einen Tag zulegen kann, sollte einmal die Parade der Kalkkögel GANZ abnehmen, nämlich folgenden Weg wandern: Lizum – Hoadlsattel (evtl. Lifthilfe) – Adolf-Pichler-Hütte AV – Schaflegerkogel (Kreuzjöchl) – Potsdamer Hütte AV – Sellraintal bei Rotenbrunn.

TALORT   Innsbruck, 574 m (Bus in die Axamer Lizum). – Mit eigenem Kfz. bis Axamer Lizum, 1583 m, unter den Kalkkögeln (neue Straße, Parkplatz, Hotel Skiheim). – Ab hier Sessellift zum Birgitzköpfl, 2035 m (hier Start zur großen Bergwanderung).

CHARAKTER   Diese lange Bergwanderung von 6–7 Std. Gehzeit ist trotz Sessellifthilfe auf 2035 m Höhe anstrengend. Wem die Mühe zuviel erscheint, läßt die Nockspitze (Saile) aus und wandert vom Birgitzköpfl direkt, unterm Halsl durch, ins Lizumer Kar. So oder so: dies ist eine großartige Bergwanderung über Innsbruck, ohne Schwierigkeiten, lediglich Trittsicherheit erfordernd und Vernunft, falls ein Wetterumschlag bevorsteht. Dann muß man schnellstens, aber stets auf dem richtigen Wege, das Tal zu erreichen suchen. Beste Zeit: Juli (meist noch Firn im Kar) bis Anfang Oktober. Ausrüstung B!

FÜHRER/KARTEN   AV-Führer Stubaier Alpen (Rother). – Umgebungskarte von Innsbruck (Sonderausgabe Olympische Spiele 1:25 000, etwas teuer, aber hervorragend!). – Etwas unzulänglich die FB-Wanderkarte, Blatt 24.

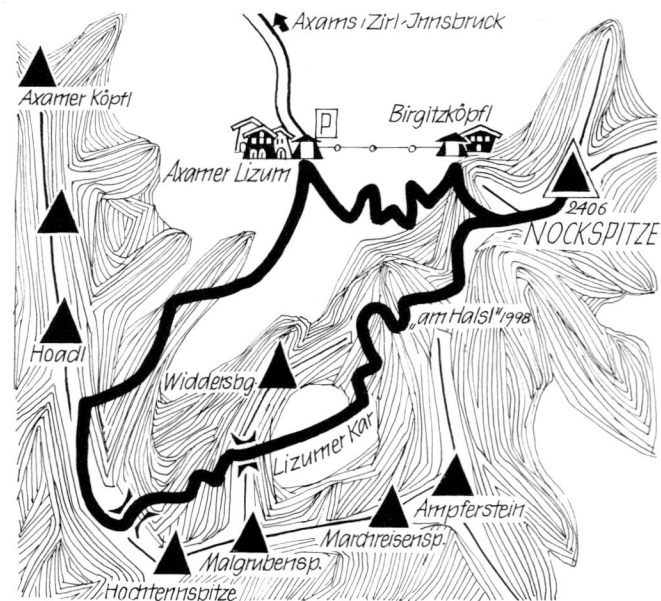

Einblick vom Nockspitze-Abstieg zum
Halsl in das einsame Lizumer Kar unter
den Nordwänden der Kalkkögelkette bei
Innsbruck. Links oben die formenschöne
Marchreisenspitze, 2620 m, nach rechts
Malgrubenscharte und Malgrubenspitze,
2571 m. Rechts am Bildrand oben der
von uns zu überschreitende Widderberg-
sattel, 2262 m, der in den Hochtennboden und zum Hoadlsattel leitet. Unser
Tourengipfel, die Nockspitze (Saile),
2403 m, liegt bereits im Rücken des Be-
trachters. Der ungewöhnlich aussichtsreiche Gipfel der Saile, auf gutem Felssteig leicht zu ersteigen, kann bei einer
1-Tage-Tour auch ausgelassen werden.
Man steigt dann vom Birgitzköpfl gleich
auf das Halsl zu (Eildmitte unten, Vordergrund).

77 Der Lisenser Fernerkogel

In Schutt, Eis und Urgestein über Lisens

Oft war ich schon auf dem Lisenser Fernerkogel, meist auf Skiern, und die ersten Male bevor man mit dem Fahrzeug bis zum Gasthof Lisens fahren durfte. Immer lieber habe ich später den uns Münchnern am nächsten gelegenen Gletscherberg im Sommer aufgesucht: ich traf auf dem ganzen Wege oft keinen einzigen Menschen! Das mag daran liegen, daß der »Normalweg« auf diesen Gipfel von der Franz-Senn-Hütte über die Innere Rinnennieder verläuft (4¹/₂ Std.) – aber die Senn-Hütte ist halt viel weiter entfernt als Lisens! . . . Man fährt über die Olympiastraße, Zirler Berg, Dorf Kematen und das reizende Kircherl von Rotenbrunn nur 2¹/₂ Std. bis Gries im Sellrain, und schindet den Wagen dann noch 20 Minuten nach Lisens hinauf, vor das einstige Hospiz, auf 1632 m Höhe. – Man hat aber mehr als genug Zeit, ab Gries zu laufen! Das wären nur 440 Höhenmeter, also knapp 1–2 Std., und die Passage der mächtigen, vom Freihut abgestürzten Riesenquadern unterm Wegrand, die Alpenblumengärten hinter den steinernen Alpzäunen, die Wasserspiele beim letzten Bauern, dem Kniepiß, und immerzu der Blick auf das scharfe schwarze Horn des Fernerkogels, – das alles macht diesen kurzen Aufstieg zu einem großen Erlebnis. In Lisens ist gut zu nächtigen, auch im Gasthof zu Praxmar, 1685 m, aber da hat man anderntags 30 Minuten länger zu gehen, um in den Fernerboden zu kommen. – Man könnte nun (fast wie im Winter) schnurgerade drauflossteigen, durch die beiden Felsgassen direkt zum Gletscher – aber unter dem stark zurückgegangenen Gletscher liegen allerlei steile und glatte Gletscherschliffe, die wenig gut zu begehen sind. Man nimmt also folgenden Weg: vom Hospiz weg nach Süden, der Melach entlang bis fast in den Fernerboden, hier passiert man ein Kreuz auf einem Moränenhügel: ebenda sieht man links, also südöstlich ein selten begangenes, überwachsenes Steigerl steil gegen die Felsen der Villerspitze ziehen. Dieses Steigerl überwindet geschickt eine Felsstufe, und über Schrofen und steile Grashänge gelangt man in das Kleine Horntal. Hier setzen wir über den kleinen Wasserlauf und steigen sofort südlich am Kamm der alten Moräne an. Bald schon können wir am Gletscherrand die Steigeisen anschnallen, und nun geht es zügig südlich, dann westwärts zum großen Fernerplateau; wir bleiben an diesem Ferner zunächst am orographisch rechten Ufer und erst ganz oben queren wir westwärts fast 2 km eben hinüber zum Fernerkogel, das heißt genau: zur Plattigen Wand, die den oberen Rotgratferner vom mächtigen Lisenser Gletscherbecken trennt – ein einzigartig schöner und einsamer Gletschergang! Die Plattige Wand weist in der Mitte Steigspuren auf, unschwer ist P. 3045 m zu erreichen, an dem der obere kleine Ferner ansetzt. Eine Querung hinüber zum Südgrat, und schon dürfen wir auf mächtigen Urgesteinsblöcken zum 3300 m hohen, sehr aussichtsreichen Gipfel turnen. Diese Kletterei ist leicht, man braucht kein Seil anzulegen. – Zeit Lisens–Gipfel freilich 5–7 Std.! Für den Abstieg sind noch einmal knappe 3 Std. zu rechnen, also kommt man rechtzeitig zum Gasthof, zum Inn-Ufer und nach München zurück. Vorbedingung für den vollen Genuß dieser großartigen Tour ist Aufbruch unbedingt vor Morgengrauen!

TALORT Gries im Sellrain, 1190 m, bzw. Alpengasthof Lisens, 1632 m, vor dem Talschluß des Lisenser Tales. Unterkunft evtl. auch im Praxmar, 1685 m (kurz vor Lisens rechts oben, ebenfalls mit Kfz. erreichbar).

CHARAKTER Diese wenig begangene hochalpine Tour mit einer kurzen (aber nicht schwierigen) Gletscherbegehung ist lang und im unteren Teil etwas anstrengend, dennoch eine ganz außergewöhnlich lohnende Unternehmung! Vorsicht, Abstand von Spaltenzone halten! Umkehr bei Nebeleinfall. Nicht bei unsicherem Wetter aufsteigen! Die Urgesteinskletterei am Gipfelgrat ist reizend und nicht schwierig! Bedeutende Aussicht. Ausrüstung D! Juli bis September!

FÜHRER/KARTEN AV-Führer Stubaier Alpen (Rother). – AV-Karte Stubaier Alpen, Nordblatt (Sellrain). – Evtl. FB-Wanderkarte, Blatt 24.

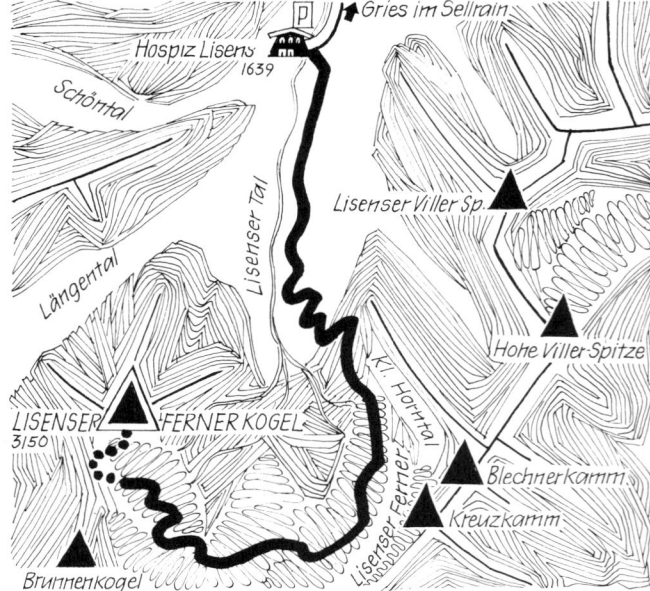

Das Sträßchen von Gries im Sellrain zum
Alpengasthof Lisens (vorne rechts) ist
seit einiger Zeit für Kfz. befahrbar.
Rechts oben das dunkle steile Urge-
steinshorn des Lisenser Fernerkogels,
3300 m, links die 3000 m hohe Eiskante
des mächtigen Gletscherplateaus. Unser
Anstiegsweg führt aus dem Fernerboden
(Talschluß) links, erst durch Erlenge-
büsch, dann über eine kleine Felsstufe
ins Kleine Horntal hinauf. Das weiße
ebene Firnplateau wird von links nach
rechts überquert, der Gipfelanstieg erfolgt von rückwärts (Süden) über einen
zweiten, aber sehr kleinen Gletscher
dicht vor dem Südgrat (rechts oben). Im
Winter fährt man in der Mitte des im Bild
sichtbaren Gletschers gerade herab zu
den Wasserspielen der jungen Melach.
Vor dem Fernerkogelmassiv verläuft
rechts der Anstieg zum Westfalenhaus.

78 Am Hohen Burgstall

Feldherrnhügel vor den Stubaier Fernern

Der Hohe Burgstall ist eine stumpfe Kuppe am südwestlichen Ende der berühmten Kalkkögel – oben selber aus Kalk, der aber auf einem Sockel von Urgestein aufliegt. Der Gipfelkalk ist mürbe, doch etwas brüchig. Aber die Gipfelposition ist einzigartig! 1600 Meter überm Talboden, unmittelbar überm Eingang des zur Franz-Senn-Hütte führenden Oberbergtales, das man bis auf den Alpeiner Ferner und bis Schrankogel und Ruderhofspitze deutlich verfolgen kann, während die Stubaier Hauptkette um Zuckerhütl, Pfaff und Freiger die Mitte der großen Szene füllt. Anderseits steht der ganze Habichtkamm südöstlich gegenüber. Für den Münchner, der in den Kalkalpen von Kaiser, Karwendel und Wetterstein »daheim« ist, tut sich hier am Hohen Burgstall eine erste neue Dimension auf, eine größere, ernstere Welt: das Urgestein mit seinen großen Gletschern und Eisbrüchen, bis auf 3500 m Höhe ansteigend! ... Fährt man am Samstagmorgen in München weg, dann kann man noch vor dem Gulasch beim »Happ« unter den Innsbrucker Lauben das »Tiroler Volkskunstmuseum« anschauen mit seinen 25 alten Stuben, um seine Begriffe von echtem Wohnbehagen zu schärfen und von modischen Manierismen zu reinigen, – dann fährt man über die neue Brennerautobahn und die Europabrücke ins Stubaital hinein (gute 40 Minuten) und parkt seinen Benzinesel direkt an der Sessellift-Talstation nach Frohneben in Fulpmes. Hier werden seit vielen Generationen Eispickel und Steigeisen hergestellt ... Der Weg von Frohneben zur Starkenburger-Hütte, über 840 Höhenmeter, bei etwa 2¼–2½ Std. Gehzeit, zweigt vom Schlicker Weg bald links ab und stellt sich als breiter Fahrweg dar; erst ab Kaserstatt-Alm wird er ein Steig: dieser Weg, für den man auch 4 Std. brauchen darf, ist eigentlich das Hauptereignis unserer Tour, denn indem wir zur Hütte aufsteigen, öffnet sich uns das Gefüge der Stubaier Alpen bis in seine innersten Falten. Und wie von einer Tribüne nimmt man die Parade ihrer berühmten Eisgipfel ab: Freiger, Zuckerhütl, Wilder Pfaff, Ruderhofspitze, Seespitzen, Schrankogel ... Nur kurz begleitet uns Wald, dann bummeln wir zwischen Latschen aufwärts, die letzten Zirben präsentieren sich als Fotokulisse, den längeren Teil des Hüttenanstieges gehen wir an freien Hängen dahin. – Anderntags haben wir nur knappe 1½ Std. auf den Hohen Burgstall zu steigen, müssen dabei aber Vorsicht walten lassen: der Steig zum Gipfel ist nicht instand gehalten, oft ist die Wegsuche schwierig, zuletzt kommen Steilschrofen, Rinnen, Geröll, am Ende gar noch ein paar Felsen, die leichte Kletterei verlangen. Vorsicht also, wenn man die Frau und größere Kinder mitführt! Man muß den Hohen Burgstall natürlich gar nicht besteigen, seine Umrundung ist beinahe noch ergiebiger, denn der Steig zum Seejöchl und oben am Hang in 10 Minuten zurück zum Schlicker Schartl, 2547 m, und dann, nach kurzem, steilem Abstieg, das Abfahren über die Geröllreißen in den Schlicker Boden, bringt genug Aufregendes ein für Augen und Wadenmuskeln ... – Wer den Wagen in Innsbruck gelassen hat, kann über das Seejöchl gleich zur Adolf-Pichler-Hütte im herrlichen Senderstal absteigen, um unter den Kalkkögeln hinaus zum Innsbrucker Bus zu marschieren.

TALORT Fulpmes, 935 m, im Stubaital. Ab hier Sessellift nach Frohneben, etwa 1400 m. Ab hier 2½ Std. zur Starkenburger-Hütte, AV, 2239 m, am Hohen Burgstall. – Wer eine gute Ausrede besitzt, kann den Sockel des Hohen Burgstall ab Schlicker Alm auch mittels Lift »ersteigen«!

CHARAKTER Der Hohe Burgstall, 2613 m, wird ab Starkenburger-Hütte in etwa 1¼ Std. auf ungepflegtem Steig bei schlechter Markierung ersteigen. Etwas schwierige Wegsuche, zuletzt Schrofengelände und einige Meter leichter Fels: Trittsicherheit und Schwindelfreiheit notwendig! Der Abstieg erfolgt östlich, ebenfalls etwas unübersichtlich (aber sichtbare Steigspuren), zu den Geröllhängen des Schlicker Kares, unter denen man auf den Steig trifft. Also: Keine Kletterei! Nur steile Schrofen und Rinnen, in denen man Frau und (größere) Kinder am besten an der Reepschnur sichert. Beste Zeit: Mitte Juli bis Anfang Oktober! Ausrüstung A!

FÜHRER/KARTEN AV-Führer Stubaier Alpen. – FB-Wanderkarte Bl. 24.

BILD Im Aufstieg von Fulpmes-Frohneben über die Schlicker Alm in die Schlicker Schaite, 2547 m, zwischen Kleinem und Hohem Burgstall, 2619 m. Das ist der Übergang aus dem (links) Stubaital des Granit in die Kalkkögelgruppe um die Adolf-Pichler-Hütte.

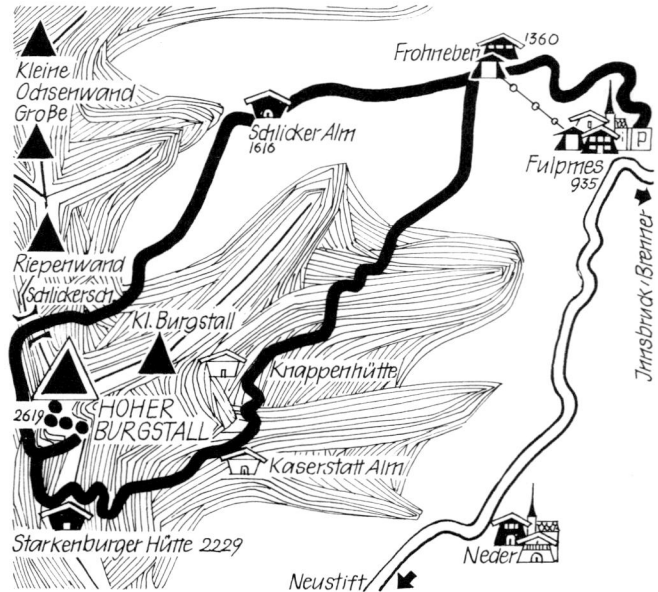

79 Der Habicht

zwischen Stubai- und Gschnitztal

Ich bin immer von Gschnitz aus auf den Habicht gestiegen, die drei Tribulaune gegen-über und die Feuersteine; und einmal auch 6 Std. über den schönen, jetzt neu instand gesetzten Höhenweg von der Bremer Hütte her . . . Aber wenn ich ihn jetzt als Münch-ner Hausberg empfehle, ist das stillere Gschnitztal zu weit. Und das lautere Stubaital ist nahe: gleich hinter der neuen Europabrücke zweigt man rechts ab und ist schon am späten Vormittag des Samstag in Neder, kurz vor Neustift, oder (mit Jeephilfe) sogar schon auf der Pinnisalm (Bild) in 1559 m Höhe. Schneller gehts nicht mehr! Wer den Jeep verachtet, steigt ab Neder 4 Std. auf und zwar am schönsten über die Herz-eben- und die Pinnisalm. Von der Pinnisalm hat man nur noch gute 2 Std. zur Innsbruk-ker Hütte, unserem Nachtquartier. Ist gutes Wetter, dann legt man sich am Nachmittag oberhalb der Hütte auf die Elefantenrücken abgeschliffener Urgesteinsrampen und träumt ins Sandestal hinüber und zu den Tribulaunen im Grenzkamm, oder gar zu den Feuersteinen überm westlichen Simmingjöchl . . . Der Normalaufstieg zum Habicht-gipfel, 2¹/₂–3 Std. ab Hütte, ist schön, anregend, zuweilen dramatischen Charakters: denn über einige karg umgrünte Felsstufen nähert man sich schnell einer südöstlich abfallenden, scharfen und steilen Gratrippe, die der meist mit Drahtseilen gesicherte Steig in vielen kurzen Kehren, einmal auch in der Pinniser Nordostflanke, überlistet. Plötzlich gelangt man zur Ostecke des Gipfelvorbaues, passiert den Gipfelblock vor Augen, ein kleines Firnfeld, drüben gibt es noch eine kurze, nicht schwierige Kletterei, und man steht am freien Gipfel . . . Die Aussicht kann triumphale Grade erreichen! An unseren Füßen setzt der steile Mischbachferner in zwei Wellen die Nordflanke hinab, auf der anderen Seite schmilzt der Glätteferner, der winzige Pinnisferner hängt wie ein Wulst in die Ostwand, südwärts überm Gschnitztal stehen die Tribulaune, west-wärts überm Stubaital vom Freiger bis zum Schrankogl die ganze Stubaier Eisprominenz, ostwärts die Zillertaler Riesen, – und weit unter uns die tiefen grünen wasser-treibenden Täler: Verstand und Gemüt ringen um die Fassung, das sogenannte höch-ste Glück des Bergsteigers wird Ereignis! . . . Hat man Kinder (ab 14 Jahren) bei sich, nimmt man sie ab Innsbrucker Hütte streckenweise an die Reepschnur und läßt sich Zeit. – Absteigend kann man wieder ausgreifen, wenn man in das schöne Pinnistal hinabrennt, rechts die Kletterwände von Ilmspitzen und Kirchdachspitze, links Elfer- und Zwölferspitze . . . Wenn Sie heimfahren, schauen Sie sich doch die drei wunder-schönen Stubaier Kirchen an, alle aus einer Hand, von Pfarrer Franz de Paula Penz, alle auf frühen gotischen Bauten errichtet, ländliche Triumphe des späten Barocks und seines dekorativen Überschwangs! Aber nicht in den nackten Riesenbau von Neustift gehen, sondern in die mit üppigem Stuck überzogene Kirche von Fulpmes, in die herrlich am grünen Lärchhang stehende Kirche von Telfes mit der frech, aber hinreißend aufgemalten Architektur außen und den Deckenbildern von A. Zollner in-nen; und endlich in die ärmste der drei Barockkirchen draußen in Schönberg mit der kleinen fröhlichen Orgel über dem alten schweren Renaissanceportal . . .

TALORTE   Neder, 964 m (kurz vor Neustift im Stubaital. Ab hier evtl. Jeep zur Pinnisalm, dann nur noch 2¹/₂ Std. zur Innsbrucker Hütte, ÖAV, 2369 m, am Pinnisjoch. Ohne Jeep gute 4 Std. zur Hütte). – Gschnitz, 1242 m, im Gschnitztal (ab hier 4 Std. zur Innsbrucker Hütte).

CHARAKTER   Normalweg oben teilweise mit Drahtseilen gesichert, den-noch Trittsicherheit und alpine Erfahrung nötig. Alles in allem also höch-stens mäßig schwierig; aber bei Wetterumschlag (Neuschnee) sofort sehr schwierig und gefährlich! Viel besuchter, berühmter Aussichtsberg! Vor-sicht vor allem beim Überqueren des kleinen Eisfeldes unterm Gipfel. Nie-mals abrutschen! Viele schwere Unfälle, weil das nur kurze, aber manch-mal harte Eisfeld steiler wird und abbricht! – Der Nordanstieg über den Mischbachferner ist eine mittelschwere, sehr elegante Eistour nur für er-fahrene Hochtouristen! Zustieg ab Wirtshaus Volderau anstrengend. – Beste Zeit für Normalweg: Juli bis Hüttenschluß, etwa Ende September! Ausrüstung B!

FÜHRER/KARTEN   AV-Führer Stubaier Alpen (Rother). – AV-Karte 31/1 Hochstubai (teilweise). Evtl. auch 31/3 (vergr.).

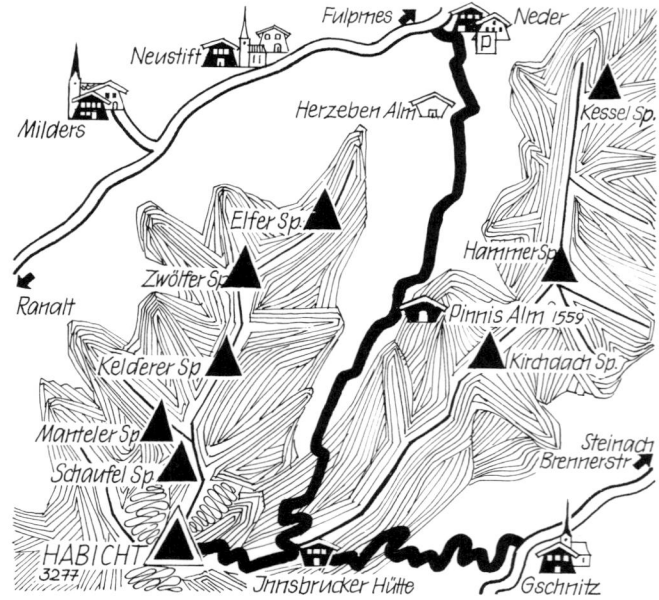

Aufblick von der Pinnisalm, 1559 m, zur Ostflanke des Habicht, 3277m, in den Stubaier Alpen. Der Habicht, im Zeitalter der langen Wochenenden und guten Straßen eine fast gemütliche Bergtour auch ab München, ist der bedeutendste, fast isoliert stehende Gipfel im Habichtkamm zwischen Stubai- und Gschnitztal. Die Innsbrucker Hütte (Nächtigung) liegt links oben, gerade noch außerhalb des Bildrandes; sie ist in guten 2 Std. ab Pinnisalm erreichbar. Von der Hütte zum Gipfel steigt man am teilweise gesicherten Felssteig etwa $2^1/_2$ bis 3 Std. auf. Bis zur Pinnisalm kann man neuerdings ab Neder mit dem Jeep auffahren. Beim Anstieg von Gschnitz her (gegenüber den Tribulaunen) gibt es keine derartige Erleichterung!

80 Über Maria-Waldrast zur Serles

Großer Bergaltar über Innsbruck

2 Tage   Anfahrt 155 km   Kinder ab 14 J.   Bergtour

Es wird vielen Münchnern ergangen sein wie mir: sie haben die Serles vom Patscherkofel aus gesehen, von Igls und aus der Innsbrucker Maria-Theresien-Straße und sie für den schönsten Felsberg Tirols gehalten – diese Serles, die wie ein Hochaltar über dem Brenner-Eingang steht, eine ebenmäßig ausgebildete Felspyramide mit je einer Schulter in den Seitengraten. Ich wollte immer hinauf . . . aber erst spät bestieg ich diesen »ausgeliehenen« Innsbrucker Hausberg, erstens wegen der Gleinser Mähder am Aufstiegswanderweg, zweitens wegen der vielen seltenen Bergblumen am nur wenig längeren Abstiegswege über den Blaser. Man hatte mir davon erzählt! Drittens, um endlich einmal die Tuxer Täler zu studieren, von denen ich seit 30 Jahren träume: Arztal, Navistal, Schmirntal. Die Felsburg der Serles ist, das entdeckt man erst am Ende, nur das attraktiv aufgemachte Ende des mächtigen Stubaier Serleskammes, der eigentlich Habichtkamm heißen müßte . . . Man kann auf ihrem Gipfel Stunden liegen, ich hab es ausprobiert: es wird einem einfach nicht langweilig. Da müßte man vorne, hinten und seitwärts Augen haben, um alles zu begreifen – auch die brav aneinander gereihten Kalkkögel, einmal von hinten her gesehen, auch den Zusammenhang zwischen Schlick und Oberbergtal, auch das gipfelreiche Tuxer Durcheinander zwischen Morgenkogel, Kreuzjöchl und Wildlahner. Wer kennt sich da schon gut aus? Da MUSS man doch mal hinauf! Dort wird es niemals Bergbahnen, Radau und Pleiten geben . . . Wir waren erst morgens in München weggefahren, hatten beim »Happ« gegenüber dem Goldenen Dachl unser unerläßliches k. u. k. Gulasch gegessen, dessen Qualität – Erbe des Kaiserreiches – immer gleich gut ist, sind den Berg Isel hinaufgejagt, haben die neue Europabrücke riskiert und den Wagen in Schönberg beim Schönachhof abgestellt. Hinterher gibt's keinen Parkplatz mehr! . . . Dann kam der Aufstieg über die Gleinser Mähder, eine totale Traum- und Fotografierlandschaft, lichte Lärchenflammen wie drüben über Telfes und unterm Nockhof, immer neue Ausblicke, und dann eine Stille, die man so dicht an der Brennerstraße einfach nicht wahrhaben will – und keine Leute! Verständlich, daß wir gut geschlafen haben in dem alten Wallfahrtsort. Am Sonntag sind wir schon vor 6 Uhr auf dem Weg gewesen und den etwas langen Steig in der Serles-Ostflanke bis zum Serlesjöchl hinauf gelaufen; erst hier wurde aus unserem leicht eintönigen Trott eine aufregende Sache: das machte der steile Weg mit den Drahtseilen zum Gipfel, wo man immer ein bisserl achtgeben muß. Wir sind 3 Std. gestiegen, ohne Rast, aber auch nicht schnell. Heimwärts sind wir vom Serlesjöchl weg nicht den Anstiegsweg gegangen, sondern zum Kalbenjoch hinunter und drüben über Peilspitze und Blaser. Das hat sich ausgezahlt, denn kaum einmal haben wir so viele seltene Bergblumen gesehen – nicht gepflückt! Dann ging's schnurgerade hinab nach Maria-Waldrast. Obwohl, nicht zu vergessen, wir lieber zum Kalbenjoch zurück und von dort über Kesselspitze, Roten Knopf und Wasenwand zum Padasterjochhaus und von da nach Trins im Gschnitztal hinunter gegangen wären; das müßte man vormerken! Es eilt nicht – die Berge warten ewig.

TALORTE Mieders im Stubaital, 952 m. – Oder Schönberg am Stubaital, 1014 m (Schönachhof). – Matrei im Wipptal, 993 m. (Nächtigung im Wallfahrtsort Maria-Waldrast, 1641 m. Priv. Gastbetrieb). 2½–3 Std. ab Mieders oder Schönberg über die berühmten Gleinser Mähder. Ausschließlich für Gäste von Maria-Waldrast wird Kfz.-Genehmigung für die neue Straße ab Matrei erteilt.

CHARAKTER Bis Maria-Waldrast ab Mieders oder Schönberg aussichtsreiche schöne Alm- und Waldwanderung, dann Schottersteige zum Serlesjoch, dann steiler bezeichneter Steig mit Drahtseilsicherungen. Hier Trittsicherheit und Schwindelfreiheit vonnöten! Bei der Abstiegs-Variante über den blumenreichen Blaser bitte keine geschützte Blume abreißen! Beste Zeit: Juni bis Oktober! Ausrüstung B!

FÜHRER/KARTEN AV-Führer Stubaier Alpen (Rother). – FB-Wanderkarte Bl. 24 Stubaier Alpen.

BILD Ausblick vom blumenreichen Blaser, 2241 m, auf die Serles, 2718 m, und ihren türmereichen Nordostgrat. Links oben das Serlesjöchl, 2384 m, von dem aus der teilweise gesicherte, etwas luftige Steig angenehm zum Gipfel führt.

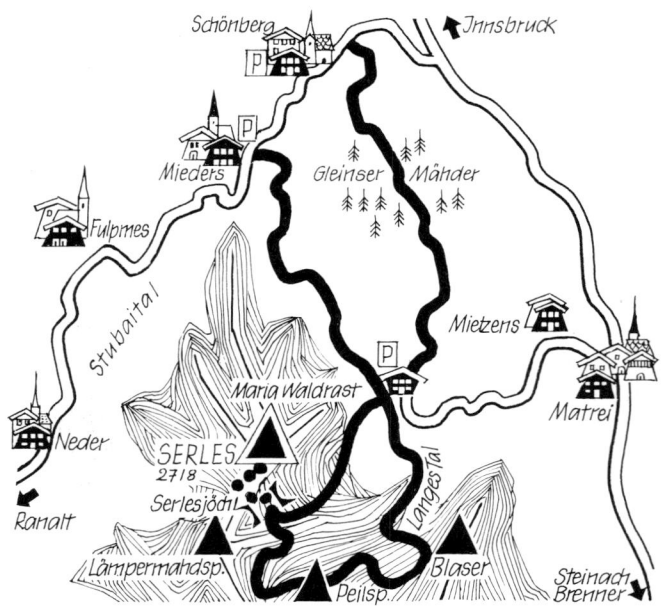

81 Die Ahornspitze überm Zillertal

Münchner Hausberg im Urgestein

Erst Auto und schnelle Straßen haben diesen schönen Urgesteinsberg und Möchte-gern-Dreitausender zum Münchner Hausberg gemacht . . . vordem war er ausschließlich Hausberg jener weniger Zillertaler Sommergäste, die wußten, wozu man Beine hat. Auf die Ahornspitze sollte jeder Bergfreund einmal steigen, der dem mächtigen Zillertaler Hauptkamm in die tieferen Gründe schauen will: das sind nämlich zugleich mit die schönsten und unberührtesten Alpentäler ostwärts des Brenner – Zillergrund, Stilluppgrund, Floitengrund, Zemmgrund, Schlegeisgrund, und wie sie noch alle heißen, diese endlos langen, einsamen, vom fettesten Grün bis ins ewige Eis ansteigenden Talschluchten. Vom Gipfel der Ahornspitze wirken die Eisberge gegenüber nicht mal sehr dominierend, wir sehen sie ja auch nicht mehr von unten. Dafür bekommt man von den Tälern neue, hoch interessante Eindrücke, auch von der Macht und Kraft der Bergwasser . . . Man fährt am besten früh in München weg, passiert Achensee und Zillertal, und stellt den Wagen gleich hinter Mayrhofen an die Hollenzbrücke: dann fängt man ganz langsam an zu gehen, erst links der Ziller entlang, dann nach rechts über Wiesen ansteigend in den Wald und dort in einen Graben. Zickzack führt der Steig in die Höhe und hinaus in die stillen Almgründe um ein gefährliches Wirtshaus namens »Alpenrose«: erst 1392 m hoch und zur Rast gerade recht. Dann steige man aber weiter, um mühselig die Edelhütte auf 2238 m Höhe im weiten Föllenbergtal zu erreichen, – hoch schon über dem Fichtensamt, hoch im Urgesteinskar. Man steige dabei langsam, weil es dann »schneller« geht. Von der Edelhütte (die man auch ab Bergstation Filzenkamm in 1–2 Std. erreicht) ist Trittsicherheit erforderlich, denn auf Gras und Geröll folgt der steile Aufschwung zum Gipfelstock. Der markierte Steig führt dort im Zickzack durch Blöcke in die Scharte zwischen Nord- und Hauptgipfel: von hier sind es nur wenige Schritte zu den beiden höchsten Punkten . . . Eine lange Rast, erschöpfte Augen am Ende, ein Knieschnackler dazu! – Nochmals die Zeiten: Aufstieg ab Talboden bis Gipfel gute 8 Std., ab Bergstation Filzenkamm aber nur 3–4 Std., ab Edelhütte 2 Std.! Unterm Doppelgipfel kommt man nahe an den Nordwestgrat heran, um in kurzen Kehren durch grobes Urgestein in die Gipfelscharte zu steigen, bzw. auf den 2976 m hohen Hauptgipfel. Wer Rotwand und Brauneck und selbst das Karwendel zu sehen gewöhnt ist, spürt hier, was große Alpen-Architektur ist: sechs steile Urgesteinsgrate stürzen in eine unabsehbare Tiefe, und in fünf entlegene Hochkare schaut man gebannt wie in fünf ferne Welten. Der Große Löffler gegenüber, 3376 m hoch, verspricht höchste Grade an hochalpinen Genüssen, der weiße Schwarzenstein rechts daneben droht mit hundert Spalten. Man studiert Mörchen- und Floitenkamm, die Reichenspitzgruppe, die Tuxer Schiefergebirge mit gespannter Neugierde . . . Wer klug ist, steigt nicht am Anstiegswege ab, sondern quert von der Edelhütte westlich zum einst gottverlassenen Filzenkamm, um dann erst wieder tief unten im Stilluppgrund beim Wasserfall Rast zu machen. Bis zum Filzenkamm hat man eine Kabinenbahn gebaut, die den »Gipfelsieg« leicht macht . . . Hübsche Aussichten!

TALORT   Mayrhofen im Zillertal, 628 m (Wagen südlich der Hollenzbrücke über die Ziller abstellen; auch wer durch den Stilluppgrund absteigt, kommt wieder hierher). 5–6 Std. Aufstieg zur Edelhütte AV, 2237 m, unterm Föllenbergkar. (Kabinenbahn jetzt bis 1900 m!).

CHARAKTER   Diese immer wieder überraschend schöne Bergtour war durch die vielen neuen Bahnen (Penkenbahn usw.) vereinsamt – aber dort gibt es jetzt auch eine Kabinenbahn bis zur Filzenalm, 1900 m! Ab hier 1 Std. zur Edelhütte! Ab Hütte ohne Schwierigkeiten für trittsichere Geher, nur bei Neuschnee gefährlich! Einzigartiger Einblick in die noch wohltuend unberührte Zillertaler Urgesteinswelt! Beste Zeit: Juli bis Ende September! Ausrüstung B! Abstieg 4–5 Std.

FÜHRER/KARTEN   AV-Führer Klier/Zillertaler Alpen. – AV-Karte Zillertaler Alpen, Mittl. Blatt 1:25 000. – FB-Wanderkarte, Bl. 15.

BILD   Ausblick vom Gipfelanstieg zur Ahornspitze zwischen Ziller- und Stilluppgrund gegen Großen Löffler (links) und Schwarzenstein. Im Mittelteil der Stilluppgrund, darüber der Floitenkamm, über diesem rechts der Mörchenkamm.

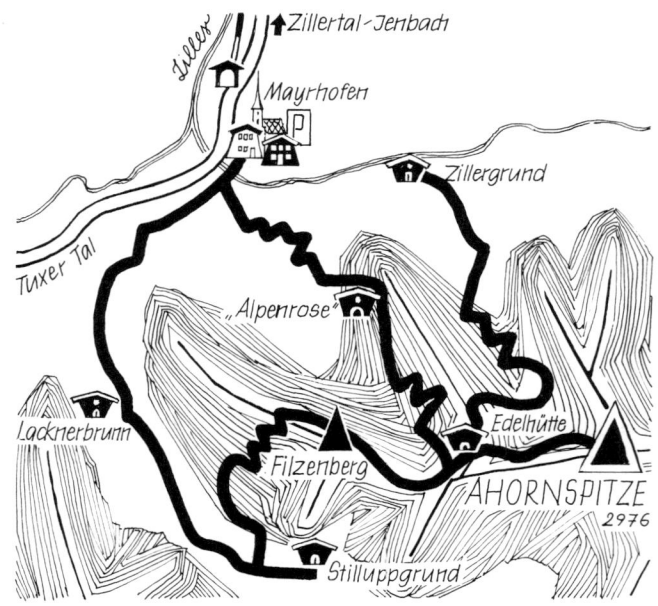

82 Überm Alpbachtal

Gratlspitz oder Galtenberg – das ist die Frage!

Innsbrucker und Münchner Skibergsteiger haben das Alpbachtal als erste entdeckt, das war ums Jahr 1925. Daraufhin galt es 15 Jahre lang als »Geheimtip« für Feinschmecker, und erst kurz vor dem letzten Kriege wurde es breiteren Kreisen bekannt. Nach dem Kriege erfolgte die zeitgemäße Invasion, die Hotels wurden dicker, die Preise höher, eine Europäische Akademie strahlte Alpbachs Ruhm in alle Welt aus – aber heute ist es doch beinahe wie am Anfang: oben in den Bergen um Gratlspitz, Wiedersbergerhorn, Lempersberg und Galtenberg ist es mäuserlstaad, weil die Invasion nur fußkranke Bergfreunde hinterlassen hat. Ich wette, daß man heute zwischen Galtenberggipfel und Farmbach-Alm vier Wochen lang in den mannshohen Alpenrosenstauden liegen kann, ohne je gestört zu werden . . . Vom Münchner Stachus bis zum Alpbacher Postwirt sind es etwa 125 km, die verkraftet man leicht, wenn man über den Achensee oder über die Inntal-Autobahn nach Brixlegg steuert, in 2 Std., Freitagabend oder am Samstag in aller Früh! Von Brixlegg aus fährt man über das hübsche Reith auf der ersten Mittelgebirgsterrasse in die Alpbach-Enge, und dann ganz hinten steil links hinauf auf den Sonnenhang mit dem alten schönen Dorf. Hier winken am andern Tag die schönsten Bergwanderfreuden: 1. für Eltern mit Kindern ab 8 Jahren die entzückende Gratlspitz, 1894 m, die man – mit höchstem Gewinn – auch in die Wildschönau überschreiten kann, über das stille unbekannte Thierbach hinab und durch die großartige Kundler Klamm hinaus zum Bus nach Brixlegg: 2–3 Std. Aufstieg, mit der Klammwanderung 3–4 Std. – ein Abstiegsbummel . . . 2. für Eltern mit Kindern ab 12 Jahren die Gratwanderung Schatzberg, 1901 m, Joel, Saupanzen, Lempersberg, 2297 m, – mit verschlossener Hütte am Schatzberggipfel! – Abstieg durch einen hohen Zirbenboden nach Inneralpbach, und Marsch am Bache hin nach Alpbach: bis Schatzberg 3 Std., Überschreitung 3 Std., Abstieg 2 Std. Leider kann man am Schatzberg nicht nächtigen, um das volle Vergnügen zu haben! . . . Oder 3. für Eltern mit Kindern ab 14 Jahren den Anstieg von Inneralpbach über den wunderschönen Nordkamm auf den absolut vereinsamten Großen Galtenberg, 2425 m, mit Abstieg über die Farmkehr- und Radinger-Alm nach Inneralpbach (Parkplatz!): alles zusammen gute 5–6 Std. – wer länger braucht, hat mehr . . . Von allen diesen Gipfeln – hoch überm nahen Innboden, gegenüber Rofan und Zillertaler Eis – hat man natürlich eine »herrliche« Aussicht, und doch wird mancher am Ende immer wieder gern ins stille Alpbachtal hinabschauen, denn da schaut er wie in eine heile Welt, da spürt er die Wärme einer kleinen dichten Region, die trotz »Kindstauf, Geschäften, Zwist und Streit« immer noch jenen Frieden bewahrt, der den Großstadtmenschen genommen wurde und der ihnen niemals mehr wiederkehrt. – Schauen Sie sich die schönen alten Bauernhäuser an! Vielleicht begegnen Sie dann dem Wast, der uns vor 12 Jahren, als er als 6jähriger Bub allein auf der Hochalm leben mußte, zeigte, wie man als Bergsteiger, um Kräfte zu sparen, nur den Schwanz einer Kuh in die Hand nehmen muß: die rennt dann nämlich immer bergauf davon, nie bergab! Wir haben gerne zugeschaut.

TALORT Brixlegg am Inn, 535 m. – Alpbach, 973 m (Bus von Brixlegg). – Inneralpbach, 1000 m (Bus und Kfz.). – Schatzberghaus (privat, selten geöffnet), 1901 m (3 Std. oberhalb Alpbach). – Evtl. Holzalmhaus (Bild), jenseits der Gratlspitz. – Galtenberghaus, 1000 m (priv.).

CHARAKTER Das Alpbachtal und seine Berge, durch die neuen Straßen in den Wochenendbereich der Münchner Bergfreunde gerückt, gehören zu den Westlichen Kitzbüheler Alpen und bieten allenthalben einsame, schöne und für trittsichere Bergwanderer ganz ungefährliche Bergwanderungen! Auf den Wegen und Steigspuren bleiben, wenn man am Galtenberg, Lempersberg, Gratlspitz Kinder bei sich hat! Warnung: Im Vorsommer Achtung auf alten Schneeresten, wenn gefroren! Beste Zeit: Juli bis Oktober! Ausrüstung A!

KARTEN Es genügt die FB-Wanderkarte, Blatt 31 (Tegernseer, Schlierseer Berge und Rofan).

BILD Blick von Norden auf die Umrahmung des Alpbachtales: im Vordergrund der hier schwarze Gratlspitz, hinter der sich Dorf Alpbach versteckt. Darüber ein Hauptberg des Alpbachtales: das Wiedersbergerhorn – von stählernen Pistenraupen arg verwundet. Am Horizont die Zillertaler Alpen.

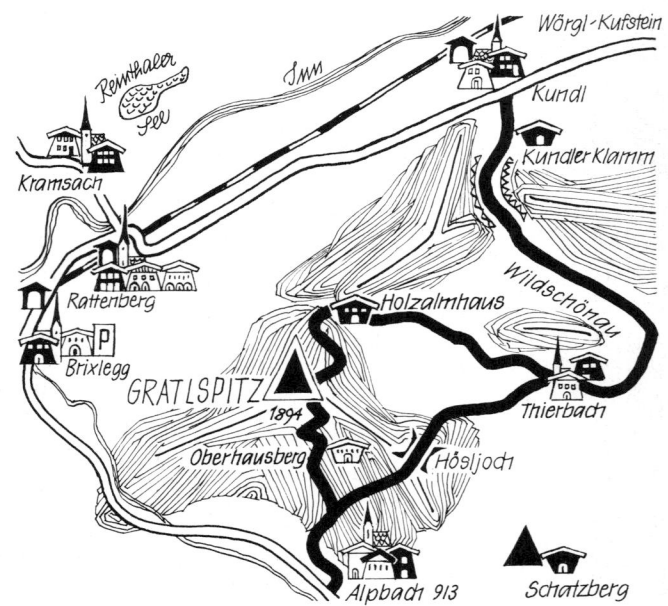

83 Die Wildkarspitze

über die Gerlosplatte

Ein großer und langer Tag im leichten Eis und Urgestein, eine meiner allerschönsten Leibtouren! Die Wildkarspitze, 3076 m hoch und letzte Zillertaler Bastion über dem Krimmler Achental, war bisher kein Münchner Hausberg – aber neue Achensee- und Gerlospaßstraße haben diesen einst vollkommen vereinsamten Berg nahegerückt, man braucht nicht einmal 2 Tage, 1½ genügen vollauf, um ihn gemütlich zu besteigen ... Am Vortag Anfahrt über Achensee, Zillertal und Gerlospaßstraße (150 Min.). Man kann bis zum Plattenhotel oder Haus Filzstein auffahren und legt sich dort sehr frühzeitig schlafen – hat man Zeit, bummelt man den Plattenkogel (2040 m, 1 Std.) hinauf, lernt einen neuen Begriff von Bergeinsamkeit, studiert das Wildkar, seinen Firn und den Grat, alles, was andertags wartet. Der folgende Tag ist lang! Man steigt am Plattenkogel zur Hälfte an und umrundet ihn dann westseitig, passiert die Hinterplatten-Alm, geht von der Breiten Scharte, 1923 m, westlich unter den Schneggenköpfen (hier im Frühjahr berüchtigte kurze Lawinenpassage) gegen das Wildkar und erreicht es durch einen Wildpark aus lichten Zirbelkiefern, Alpenrosenpolstern, Urgesteinswürfeln und Blumen. Ich wette, Sie begegnen kaum einem Menschen! Dieses Wildkar wird mühsam nach links oben durchstiegen bis zum wunderbaren Wildsee, 2500 m, dann quert man nach rechts zum kleinen Kees, legt aber keine Steigeisen an und ersteigt den Gletscher ziemlich mühelos nach rechts, wo man den Nordwestgrat unmittelbar erreicht: hier ist an der Randspalte manchmal Vorsicht, vielleicht Seilsicherung geboten! Gleich darauf beginnt das Hauptvergnügen dieser Tour, die schönste aller leichten Urgesteinsklettereien an rostbraunen rauhen Quadern, glattgeschnitten, gebankt, flechtig grün oder grau da und dort, ohne Menschenspuren ... Leider dauert dieser Genuß nur 1½ Std., dann schaut man von Venediger und Dreiherrnspitze bis in die Wilde Krimml, und studiert, weil ganz nah, den Eisbuckel am Gabler, den Ostanstieg zur Reichenspitze und den Weg zur Wildgerlosspitze. – Abwärts verfolgt man den gleichen Weg, falls man nicht zur Zittauer Hütte abklettern will, was orientierungsmäßig recht schwierig ist! Ich werde immer wieder diesen Grat abklettern, die Randspalte respektieren, den Firn hinabspringen und am kleinen versteckten Wildkarsee unter der Seekarscharte baden. Eintritt frei, Textilsparen gestattet. Hier kann einer allen Alltagskram vergessen und viel Gram loswerden. Der Heimweg ist ein gemütliches Beschließen, außer man wird wie ich einmal mit zwei Buben von einem schweren Gewitter verfolgt und muß, was man beschaulich zu erwandern gedachte, in Riesensprüngen hinter sich bringen. – Für den, der ohne Wagen kommt, ein Abstiegstip: Vom Gipfel am NW-Grat abklettern, den kleinen Gletscher zum Nordgrat hinüber queren und jenseits das Waldbergkarkees absteigen zum Seekarsee, hier baden, dann Almen- und Waldabstieg nach Krimml zum Bus! – Ab Plattenhotel 5–6 Std., + Abstieg 4 Std. – das sind Normalzeiten! Mit 16jährigen Buben kann man die Zeit gut einhalten, wenn man selten rastet, mit der Frau soll man 1 Std. drauflegen! Heimfahrt auch über Krimmler Wasserfall – Paß Thurn möglich (länger!).

TALORT UND STÜTZPUNKT Sporthotel Gerlosplatte, 1695 m. Evtl. Berghaus Filzstein, 1643 m. Beide mit Kfz. erreichbar. Almdorf Königsleiten, 1600 m.

CHARAKTER Eine lange, etwas anstrengende, doch großartige Bergtour in vollkommener Einsamkeit: 5 Std. Wanderung + 25 Minuten leichte Gletscherpassage + 1 Std. leichter, besonders schöner Urgesteinskletterei. – Rückweg gleich, etwa 4 Std. Sehr früher Aufbruch wichtig! Vorsicht beim manchmal etwas heiklen Randspalten-Übergang! Zeit: Ende Juni bis September. Ausrüstung D!

FÜHRER/KARTEN AV-Führer Zillertaler Alpen (Rother). – AV-Karte Zillertaler Alpen, Östl. Blatt, 1:25 000. Evtl. FB-Wanderkarte, Bl. 15

BILD Die 3076 m hohe Wildkarspitze über dem Gerlospaß, hier über dem Stausee des Wildgerlostales gesehen, an dessen erster Talstufe die Zittauer Hütte steht. Diagonal durch die Bildmitte von links nach rechts führt einer der stillsten Alpenwege von der Gerlosplatte, 2050 m, bis in die Mitte dieses Wildgerlostales zum Wirt in der Finkau (Rückbus Gerlos).

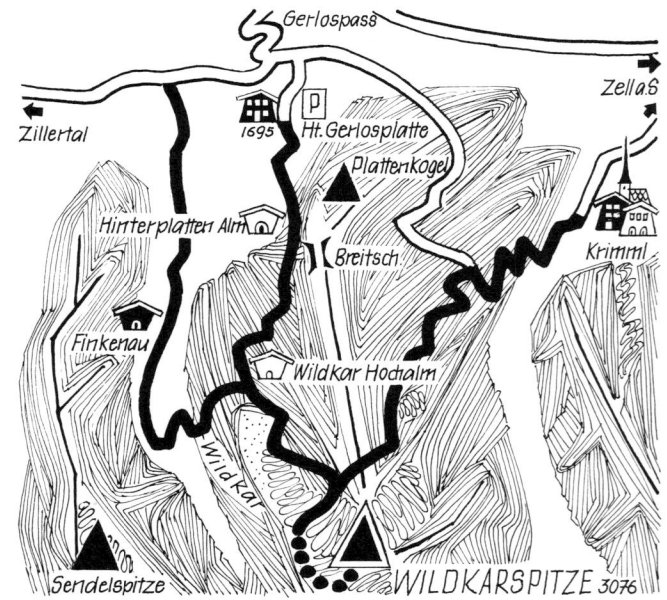

84 Großes Wiesbachhorn – Hinterer Bratschenkopf

Vom Mooserboden über das Heinrich-Schwaiger-Haus

2 Tage   Anfahrt 176 km   Nichts für Kinder   Gletschertour

Das Große Wiesbachhorn, das mit dem abschreckend steilen Eisschild seiner berühmten und berüchtigten Nordwestwand bis auf 3570 m Höhe ansteigt und von Norden her als überaus formenschöne Pyramide erscheint, – ist beileibe kein Münchner Hausberg. Auch bei ihm, in dessen Flanke höchst exponiert eines der beliebtesten Häuser Münchner AV-Sektionen steht, das eben neu ausgebaute Heinrich-Schwaiger-Haus auf 2802 m Höhe, haben erst Autobahn, neue Alpenstraße Ruhpolding–Lofer–Zell am See und – last not least – das lange Wochenende die große Wende bewirkt: man kann es in 2 Tagen ohne weiteres besteigen. Es gibt nur ein einziges Aber: das Risiko ist größer, denn ein überraschender Schlechtwettereinbruch während der Hüttennacht ist bei der langen Anfahrt überaus ärgerlich. Hier kann man nicht »trotzdem« auf den Gipfel! . . . Also nicht in aller Herrgottsfrühe, sondern erst am Morgen über die Ramersdorfer Kirche zur Autobahn, über den Irschenberg zum Inn, geschwind im Chiemsee gebadet, und dann auf der Alpenstraße, mit Mittagsrast in Lofer, nach Saalfelden, Zell am See, Kaprun, und gleich weiter bis zum Kesselfall-Alpenhaus mit Parkplatz auf 1033 m Höhe. Von hier mit Werksbus und Schrägaufzug hochinteressant zur Mooserbodensperre und nun in drei Std. etwas mühsam, aber bei aufregenden Ausblicken auf die Eiswelt unter Hoher Riffl, Kitzsteinhorn und Hocheiser zum Schwaiger-Haus. Hier wird genächtigt! Am nächsten Morgen frühzeitig aufgebrochen, durch die kaminartige Rinne (an Seilsicherungen) zum großen Steinmann hinauf und über das Firnfeld zum Oberen Fochezkopf, 3165 m. Hier stehen wir am Beginn des berühmten Kaindlgrates, schnallen unsere Steigeisen an und schauen mit Ehrfurcht und Wehmut zugleich mitten hinein in die grandiose Nordwestwand mit ihrem Eiswulst, in der unser Münchner Matterhorn-Nordwand-Erstersteiger Toni Schmid – mit dem überlebenden Freund Ernst Krebs am Seil – zu Tode stürzte . . . Der Kaindlgrat wird uns voll in Anspruch nehmen, er schwingt sich in elegantem Bogen steil zum Gipfel auf, und ist er durch Ausaperung auch zahmer geworden, es gibt kalte Tage, da kann die ausgetretene Trasse eisig und unangenehm sein, – auch Neuschnee, auch Sturm und Kälte, auch Nebeleinfall können die Besteigung jederzeit schwierig gestalten. Denken wir an den Sommer 1965: wie viele Bergsteiger haben auf Hütten umsonst gewartet und auf jahrelang ersehnte Gipfel verzichtet, – weil es ja meist mehr Schlechtwetter- als Gutwettertage gibt im Gebirge! Also beglückwünschen wir uns, wenn wir den Kaindlgrat bei Gutwetter begehen können, bis er sich verbreitert, bis rechts die flache Wielinger Scharte erkennbar wird und wir an den Gipfelstock gelangen. Noch vor der Scharte steigen wir links den steilen Gipfelhang hinauf, passieren eine apere Felspartie und kommen heil auf den hohen Gipfel. Vorsicht wegen der Ostwächte! . . . Wir haben nach dem 3stündigen Anstieg genügend Zeit, um nach dem kurzen Abstieg zur Wielinger Scharte auch noch den – bei guten Verhältnissen – einfach zu besteigenden Hinteren Bratschenkopf mitzunehmen, und erst dann zum Haus und hinab zum Mooserboden abzusteigen.

TALORT Kaprun, 786 m. Mit Kfz. Auffahrt bis Kesselfall-Alpenhaus, 1043 m, gestattet. Hier Bus und Schrägaufzug bis Heidnische Kirche, 2051 m, an der Mooserboden-Sperre. Dann zu Fuß in 3 Std. zum Heinrich-Schwaiger-Haus, 2802 m, in der Westflanke des Großen Wiesbachhorn.

CHARAKTER Gletschertour am Grat, ohne besondere Schwierigkeiten für Bergsteiger in kompletter Ausrüstung (Pickel, Steigeisen) und bei guten Verhältnissen. Äußerst schwierig bei Schlechtwetter und starkem Kälteeinbruch! Aufstiegszeit Hütte–Gipfel (3570 m) gute 2½ Std. Vorsicht in heißen Sommern wegen offener Spalten oberhalb der Wielinger Scharte! Beste Zeit: Juli bis Mitte September. Gipfelanstieg meist in guter Spur!

FÜHRER/KARTEN AV-Führer Glocknergruppe (Rother). – AV-Karte Glocknergruppe 1:25 000. – Nur zur allg. Orientierung auch FB-Wanderkarte Blatt 12!

BILD Blick (aus dem Flugzeug) von Nordwest auf das Große Wiesbachhorn und seinen berühmten »Kaindlgrat«: rechts am Bildrand sich aufschwingend. Das Heinrich-Schwaiger-Haus steht auf 2802 m Höhe in den Felsen des rechten unteren Bildeckes. Es ist von der Staumauer her in knapp 2½ Std. gut zu erreichen.

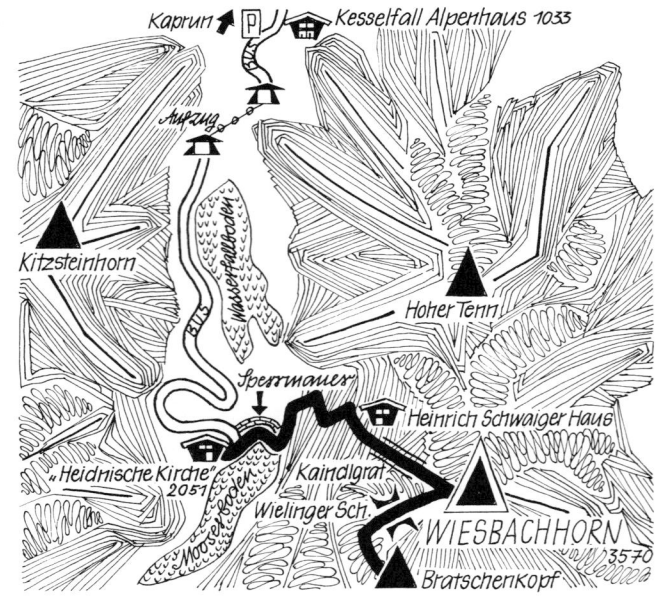

Ratschläge für Bergwanderer und Bergsteiger

Dieses Buch der 84 Münchner Hausberge – der vielen »echten« und »klassischen« und der wenigen neuen, durch Auto, Autostraßen und langes Wochenende hinzugekommenen – ist zum größeren Teil für Bergwanderer, insbesondere für wandernde Familien bestimmt, und zum kleineren Teil für richtiggehende Bergsteiger, ja selbst für Kletterer. Wie im Vorwort schon gesagt, unterscheiden sich diese 84 Touren wie folgt: 78 führen in die Nördlichen Kalkalpen, 6 ins Urgestein südlich des mittleren Inn. Es gibt, grob gesiebt:

18 einfache, leichte Bergwanderungen
  (z. B. Blomberg, Jochberg, Fockenstein, Rotwand, Breitenstein)

22 größere, leichte Bergwanderungen
  (z. B. Benediktenwand, Krottenkopf, Geigelstein, Schinder, Schafreiter, Schachen, Hochries-Spitzstein, Pirchkogel)

10 leichte Bergtouren
  (z. B. Guffert, Hochiß, Erlspitze, Hochplatte, Soiernspitze, Hohe Munde, Klammspitze)

22 mäßig schwierige Bergtouren
  (z. B. Östliche Karwendelspitze, Gamsjoch, Speckkarspitze, Alpspitze [Mathaisenkar], Hochwannig, Kreuzspitze, Scheffauer, Watzmann)

7 leichte bis mäßig schwierige Klettertouren
  (z. B. Ruchenköpfe, Plankenstein, Rumerspitze, Zugspitze, Wamperter Schrofen, Hoher Burgstall)

3 leichte Urgesteinstouren mit kurzer Gletscherbegehung
  (Habicht, Wildkarspitze, Breiter Grieskogel)

2 mäßig schwierige Urgesteinstouren mit größerer Gletscherbegehung
  (Lisenser Fernerkogel und Wiesbachhorn)

Alle diese Bergwanderungen und Touren sind in 1 oder 2 Tagen ab München leicht zu unternehmen, auch für die längste würden 1½ Tage für Anfahrt, Tour und Rückfahrt vollauf genügen. Die ungefähren Kilometer der Anfahrtstrecke sind im Titel jeweils angegeben. Ebenso eine Bemerkung über die Möglichkeit, Kinder mitzunehmen, z. B. »Mit Kindern ab 12 J.«. Dieser letztere Hinweis ist mit Verstand zu übersetzen! Es gibt trittsichere, naturnah erzogene Kinder von 8 Jahren, die man sogar auf eine 6stündige Bergwanderung mitnehmen kann; andere Kinder, zu wenig an Natur und Bewegung gewöhnt oder nur selten in die Berge kommend, können noch mit 12 Jahren auch auf einer 3stündigen Tour versagen. Über die Relativität des im Titel enthaltenen Hinweises »Bergwanderung« oder »Bergtour« sagt der zweite Teil meines Vorwortes genügend aus: er warnt, warnt mit dem Ernst der bitteren Erfahrung!

Bezüglich der WANDERSKIZZEN ist folgendes zu sagen: sie sind einfach gehalten, sollen nur geografische Anhaltspunkte geben. Die jeweils benötigte Karte ist stets genannt! Bei den in diese Wanderskizzen eingezeichneten Hütten sind die SCHWARZ ausgefüllten bewirtschaftet, die WEISSEN, also nicht ausgefüllten, NICHT bewirtschaftet.

Bezüglich des Hinweises »Ausrüstung A« bzw. B, C oder D ist zu sagen: Im allgemeinen gelten die nachfolgenden Ratschläge für sommerliches Bergsteigen in den Alpen. Sie sind ausführlich gehalten, aber sie müssen Satz für Satz begriffen und behalten werden! Hier nur ein knapper Ausrüstungs-Hinweis für die BESONDERE AUSRÜSTUNG!

Ausrüstung A (einfache Bergwanderungen im Vorgebirge, bis höchstens 2000 m Höhe): Es dürfen NIE fehlen: Gute, also hohe (nicht halbhohe) Leichtbergschuhe, fest, mit nicht zu dünner Profilgummisohle; ein leichter Wollpulli (allein für den kühlen Gipfelwind nach heißem Aufstieg!); ein dichter Anorak mit Kapuze – auch wenn's am Stachus noch so bacherlwarm ist! Merke: Nie Straßenhosen, auch nie Bluejeans, sondern feste Kniehosen mit guten Kniestrümpfen!

Ausrüstung B (für größere Bergwanderungen und Bergtouren mit Schrofenkletterei oder Steigen am Drahtseil, bis 2400 m Höhe etwa): Genau wie oben. Dazu aber: eine 20–30 m lange Reepschnur zur Sicherung von Kindern und Begleiterinnen, vor allem im Frühsommer an harten Schneeflecken, in brüchigen Schrofenrinnen usw. (Reepschnurstärke 7 mm). Notproviant! Evtl. einen leichten Biwaksack (500–600 g. NICHT Schlafsack!) mitführen.

Ausrüstung C (für Touren mit leichter bis mäßig schwieriger Kletterei): Wie vorher! Dazu noch ein 9- oder 11-mm-Seil, möglichst Perlonseil, 30 m lang. Dazu als Reserve für unvorhergesehene Vorhaben, etwa ein plötzlich notwendig werdendes Abseilen, 2 Haken, 2 Karabiner und 1 Kletterhammer.

Ausrüstung D (für Bergtouren mit Gletscherbegehungen, bei denen man nie allein, auch nie zu zweit, sondern immer zu dreien, also als DREIER-Seilschaft gehen soll): Wie oben, dazu Reservewäsche, Handschuhe. Ferner Leichtsteigeisen – nur im Notfalle Grodeln! – Seil, Reepschnüre, auf jeden Mann verteilt, leichten Eispickel für jeden Mann der Seilschaft. Ferner Sonnenschutzmittel für große Höhe, also Labiosan für die Lippen.

Allgemeine Ratschläge für das sommerliche Bergsteigen:

Das Hochgebirge ist wie das Meer eine extreme Landschaft. Noch vor 150 Jahren wurde es von den Menschen gefürchtet und gemieden. Heute gilt es als interessantes Ferienparadies für jedermann. Seine Gefährlichkeit wird gröblich verkannt. Unkenntnis der alpinen Gefahren und bodenloser Leichtsinn fordern jedes Jahr eine große Zahl an Todesopfern. Wer deshalb die besonderen Freuden einer Hochgebirgswanderung haben will, der muß auch deren besondere Gefahren kennen und meistern lernen.

Du mußt vorher wissen, was dir im Hochgebirge bevorsteht

Man fährt nicht ahnungslos in einem Faltboot auf das hohe Meer und man steigt nicht ahnungslos in Halbschuhen auf das Matterhorn. Beides rächt sich.

Das Bergwandern verlangt außer einem gesunden, widerstandsfähigen Körper auch einen gesunden und hellwachen Geist. Das ist wichtiger als heillose Begeisterung. Umsicht, Geistesgegenwart, zuweilen eine gewisse Kaltblütigkeit sind im Hochgebirge unerläßlich. Der Geist soll sich schon vor Antritt der ersten Bergwanderung mit dem Phänomen des Hochgebirges beschäftigen. Man muß den Führer und die Karte studieren, man soll über das Gebiet, in dem man Touren macht, Bescheid wissen. Die alpine Literatur ist reich, die spezielle Führer-Literatur gut. Was man nicht beim Buchhändler findet, kann man – als Mitglied – meist bei einer Alpenvereins-Bücherei entleihen.

Du mußt für die schlechtesten Umstände ausgerüstet sein

Man wähle stets die Bekleidung, die schlechtem Wetter entspricht! Dazu gehören auf Bergwanderungen (bis in Höhen von 1800 bis 2400 m): Gute, hohe Schuhe mit moderner Profilgummisohle. Niemals Halbschuhe! Dazu gehören ein guter Wollpullover, ein wetterfester Anorak, ein Paar gute Handschuhe, Kniehosen aus besonders widerstandsfähigem Stoff (von Cord ist abzuraten, weil er zu schnell Wasser saugt), ein Woll- oder Flanellhemd, eine Wollmütze zum Überziehen, dazu unbedingt gute ausreichende Unterwäsche.

In der Firn- und Eisregion sind außerdem vonnöten: Eine Ersatzgarnitur trockener Unterwäsche, Segeltuchhandschuhe zum Überziehen, Schneebrille, keine Fettcreme, sondern SOBRAGEL für Haut und Lippen; ein zweiter, etwas dünnerer Pullover, Ersatzstrümpfe. In diese Höhe nimmt man auch nicht den kleinen Tourenrucksack mit, sondern den größeren, am besten den »Tauernrucksack«. Außerdem ist ein Eiserner Bestand an Lebensmitteln unerläßlich. Am besten hat man immer bei sich: Knäckebrot (wird nicht trocken), Dörrobst, Nüsse, Schokolade, Traubenzucker und Speck.

In großen Höhen, also über 2800 m, und im Gletschergebiet braucht man zusätzlich: ein Perlonseil von 30 m Länge zur Sicherung, einen leichten Eispickel, leichte Steigeisen, eine Bussole (Kompaß). Auch sollte man bei langen Übergängen und in großen Karstlandschaften stets einen modernen Perlon-Zeltsack zum Überstülpen bei sich haben, er wiegt nur 500–600 Gramm. Er hat schon vielen vom Unwetter überraschten Bergwanderern das Leben gerettet. Auch eine feste Sturmhaube hat man bei sich.

Du mußt genau wissen, mit wem du gehst

Der Anfänger darf im Hochgebirge nie und nimmer allein wandern. Wer keinen Gefährten hat, vertraue sich einem Bergführer an. Man sucht sich keinen fremden Bergwanderer als Zufallsgefährten. Ein Begleiter, dessen Erfahrung und Fähigkeiten man nicht kennt, kann oft nachteiliger sein als gar keiner.

Man gehe auch nicht hinter fremden Seilschaften und Gruppen her, um sich solchermaßen »schwarz« einer Führung zu versichern. Das ist unfair, denn man ladet dabei fremden Menschen eine Verantwortung auf.

Auch der vielerfahrene Bergsteiger kann im Hochgebirge durch Wetterumschlag, Absturz, Verletzungen oder Unwohlsein in Gefahr kommen. Ist er allein, so kann die Gefahr tödlich werden. Mit einem Begleiter ist meist Hilfeleistung und Rettung möglich. Wer mit einer Frau oder mit jüngeren Gefährten wandert, richte Schwierigkeiten der

Tour und Tempo nach deren Leistungsvermögen. Im übrigen versteht es sich von selbst, daß eine Gruppe oder eine Seilschaft niemals einen einzelnen Mann allein zurückläßt (weil er verletzt, erschöpft oder willenlos geworden ist) – auch wenn die eigene Rettung dadurch gefährdet erscheint, muß wenigstens ein Kamerad bei dem Zurückbleibenden ausharren.

Du mußt rechtzeitig auf das Wetter achten

Bergwandern führt meist in einsame, entlegene Urlandschaft, wo man dem Wetter ausgesetzt ist, wie es kommt. Die Beobachtung des Wetters gehört deshalb zu den wichtigsten Aufgaben des Bergfreundes. Sehr oft kann eine einmal begonnene große Tour, etwa eine lange Gratwanderung, unterwegs nicht mehr abgebrochen werden: dann sitzt man im Wettersturz wie in einer Mausefalle.

Wetterstürze im Gebirge sind, vor allem im Frühsommer, zahlreich und stets gefährlich. Die Temperatur kann sich auch im Hochsommer auf je tausend Meter um 10 Grad und mehr verringern! Das wird immer wieder vergessen. Dabei sehen die Leute, wie es im August oft bis in die Almregion herab schneit.

Abendhimmel, Frühhimmel, die Farbe des Sonnenlichts, das Wolkenbild geben dem erfahrenen Mann stets Aufschluß über die Wetteraussichten. Wer in den Wolken nicht zu lesen versteht, frage Führer, Hüttenwirte oder Almhirten nach den Wetteraussichten. Bei bevorstehenden Wetterstürzen bleibe man in der Hütte oder im Tal. Dagegen soll man schlechtes Wetter nicht einfach fürchten, im Gegenteil: wir werden mit der Natur erst eins, wenn wir ihre Elemente auch in ihrer schaurigen Schönheit begreifen.

Du mußt objektiven Gefahren mit Besonnenheit begegnen

Objektive Gefahren nennt man, was durch die Gebirgsnatur bedingt ist: Steinschlag, Lawinen, Kälte, Nebel, Gewitter, Sturm, Sonnenstrahlung, Gletscherspalten.

Gegen Steinschlag hilft nur Vorsicht. Vorsicht in Rinnen und Schluchten, vor allem bei Regen und Sturm. Möglichst auf Rippen und Grate ausweichen. Den Kopf schützen durch gepolsterte Mütze oder übergestülpten Rucksack.

Neuschneelawinen gibt es auch im Hochsommer. Hier hilft nur Erfahrung und doppelte Vorsicht. Man meide gefährliche Hänge. Muß man sie anschneiden, dann nur einzeln, in großen Abständen und an ihrem oberen Ende.

Die Kälte ist der gefährlichste Feind des Bergwanderers, vor allem in Verbindung mit Wind und Sturm. Hier hilft nur Vorsorge. Eine Ersatzgarnitur trockener Unterwäsche kann ein Leben retten. Denn erst Erschöpfung und dazukommende Unterkühlung sind gefährlich. Wer durch Verirren oder Wettersturz zur Freinacht gezwungen ist, kann mit einem Perlonzeltsack leicht davonkommen – ohne ihn nur schwer. Muß man ohne Zeltsack und Schneehöhle biwakieren, dann ist Bewegung alles: nicht stillsitzen, ständig turnen, bis der Morgen kommt.

Bei Nebel ist Umkehr stets das Beste. Im Nebel, vor allem in großen Höhen und auf Eis, findet sich nur der erfahrene Mann zurecht, der den Kompaß richtig bedient und die Karte zu lesen weiß. Niemals eine Gruppe trennen! Stets zusammenbleiben!

Gewitter, vor allem Blitze, sind zu fürchten. Die Gefahr erhöht sich auf Graten und Gipfeln. Man meide Seilsicherungen, eiserne Gipfelkreuze und Verspannungsdrähte, man meide einzelne Bäume und wasserführende Rinnen und Kamine! Metallteile, Eispickel usw. muß man in einiger Entfernung deponieren. Auf freien Flächen lege man sich auf den Boden. Für den Sturm gilt, was bei der Kälte gesagt wurde.

Die Gefahren der Sonne werden von Anfängern immer unterschätzt. Man geht in Höhen über 2000 Meter nicht mit nacktem Oberkörper, auch nicht mit nackten Armen. Man trägt die Schutzsalbe **vor** dem Verlassen der Hütte auf, nicht, wenn man bereits den Schaden spürt.

Du mußt subjektive Gefahren gewissenhaft ausschalten

Subjektive Gefahren sind nicht in der Bergnatur, sondern stets im Menschen begründet. Sie heißen: mangelnde körperliche Leistungsfähigkeit, mangelndes Training, mangelnde Beherrschung der alpinen Technik, Nichtbeachtung alpiner Erfahrungsgrundsätze, Leichtsinn durch Unkenntnis der Gefahr, durch Übermut, Begeisterung, falschen Ehrgeiz.

Die schlimmste Gefahr wird heraufbeschworen, wenn das eigene Können überschätzt wird. Gegen die subjektiven Gefahren helfen nur Besonnenheit, Gewissenhaftigkeit und Fairneß. Man muß die Schule der Berge Rang für Rang absolvieren, um sie gründlich kennenzulernen und ihre Gefahren meistern zu können. Eines Tages werden die Berge zum Freund. Dann haben sie einen dazu erzogen, ihrer Natur mit Demut zu begegnen.

Du mußt Wächten, Firnfelder und Schrofen fürchten

Wächten können jahrelang den stärksten Stürmen standhalten, eines Tages brechen sie unter der geringsten Belastung ab. Meide Wächten! Betritt sie niemals ohne Seilsicherung!

Eine große Unsitte ist es, über steile Firn- und gefrorene Schneefelder abzufahren! Oft werden von oben unsichtbare Felsabstürze übersehen, oft wird das eigene Standvermögen überschätzt und man landet schwer verletzt im Geröll. Niemals sitzend – immer stehend abfahren! Nur abfahren, wenn das Gelände völlig zu übersehen ist! Am besten ist es, gar nicht abzufahren, sondern in Stufen abzusteigen.

Schrofengelände gilt als leicht. Deshalb passiert dort am meisten. Schrofen sind grasdurchsetzte Felsabsätze und Sockel, sie führen oft in anscheinender Harmlosigkeit über großen Abbrüchen dahin. Bei Nässe sind sie stets gefährlich. Hier hilft nur Vorsicht und ein gutes Auge.

Du mußt das alpine Notsignal kennen

Den SOS-Ruf der Bergsteiger wendet nur an, wer sich in absoluter Gefahr befindet: wer sich verstiegen hat, verirrt, verletzt. Das Signal besteht aus sichtbaren oder hörbaren Zeichen, je nach Sicht, Witterung und Örtlichkeit. Man ruft, schreit, pfeift **sechsmal in der Minute** in regelmäßigen Abständen, wartet eine Minute, dann wiederholt man das Signal. Oder man schwenkt ein Tuch, ein Hemd, man gibt Blinkzeichen mit einer Lampe oder einem Feuerbrand – aber auch hier gilt die Regel: sechsmal in einer Minute, dann eine Minute Pause, dann abermals das Signal, und so fort.

Die Antwort, bestehend aus **drei regelmäßigen Zeichen binnen einer Minute,** soll dem Verirrten oder Verunglückten zeigen, daß seine Rufe verstanden worden sind.

Orts- und Namensverzeichnis

Die Nummern beziehen sich auf die Touren

Fotonachweis

Die Nummern beziehen sich auf die Touren

Leopold Ammon, Berchtesgaden 72
Toni Angermayer, München 28, 45
A. Baumgartner, München 81
Foto-Beckert, Garmisch-Parten-
kirchen 43, 48
Cramers Kunstanstalt KG, Dortmund 1,
7, 8, 64
Wenzel Fischer, Garmisch-Parten-
kirchen 34, 36, 39
Hans Heckmair, Bayrischzell 21
Rudolf Henneberger, München 77
Lothar Hensel, München 60, 75
Alfred Kloske, Augsburg 4, 5, 15, 16, 18,
19, 27, 29, 32, 47, 51, 63, 65, 69, 70, 74,
78

Franz Nussbaumer, Innsbruck 79
Dr. Gerhard Pauli, Feldafing 2
H. van der Piepen, Rottach 10
Klaus Puntschuh, Garmisch-Parten-
kirchen 6
Dr. M. Rudolph-Greiffenberg, Inns-
bruck 76, 80
Hans Schmied, München 71
Foto-Thoma, Benediktbeuern 3
Franz Thorbecke, Lindau 9, 11, 12, 13,
14, 17, 20, 22, 23, 24, 25, 26, 30, 31, 33,
35, 37, 38, 40, 41, 42, 44, 46, 49, 50, 52,
53, 54, 55, 56, 57, 58, 59, 61, 66, 67, 68,
73, 82, 83, 84
Hans Wunderle, München 62

Für die 4 Luftaufnahmen von Fa. Cramers Kunstanstalt, Dortmund, und die 41 Luftaufnahmen von Fa. Franz Thorbecke, Lindau, liegen die Freigabevermerke vor.

Pause-Bücher für Bergfreunde und Skifahrer

Berg Heil

23., überarb. Auflage, 211 Seiten
100 ganzseitige Fotos
davon 32 von Franz Thorbecke
100 Tourenskizzen

Ich bin ganz sicher: Diese 100 Wanderungen und Bergtouren in den Alpen führen den besonnenen, auch den alpinen Gefahren gewachsenen Bergfreund durch alle Zonen elementarer Lebensfreude – und auf einen schönen Gipfel gesunden Selbstbewußtseins. 55 Touren im Kalkfels, 45 Touren in Granit und Firn des Alpenhauptkammes: unterschieden nach vier Schwierigkeitsgraden. Zu den 35 leichten (I) kommen 48 mittelschwere (II und III) und nur 17 etwas schwierigere (IV) Touren – beinahe alle sind sogenannte Normalwege, nur kurz sind die bei 20 Touren zu passierenden Gletscherstrecken . . . Alle diese Touren lehren dem von tausend kleinen Reizen übersättigten Menschen unserer Zeit wieder den Wert der einfachen Freuden: der Strapaze und der Gefahr!

Ski Heil

19., neubearb. Auflage, 211 Seiten
100 ganzseitige Fotos
davon 69 von Franz Thorbecke
100 Abfahrtsskizzen

Die 19. Auflage der »100 schönsten Skipisten der Alpen« – 1958 in 1. Auflage als Buch der »100 Skiabfahrten« vorgestellt – bietet sich hier als ideales Wintermärchenbuch an. Die Totalität des modernen – leider schon überzogenen, weil industrialisierten – Pistenbetriebes beweist sich hier in 100 Bildern, darunter sehr vielen erneuerten Luftaufnahmen, in klaren Skizzen und kritischen Texten. Möge jeder frohe Pistenfahrer doch auch an den hohen Preis denken, den wir Liebhaber der alpinen Urlandschaft für deren weitgehende Zerstörung durch den »Ski-Boom« bezahlen. Die Flucht von immer mehr Skifahrern von der Piste in die einsame Urlandschaft der Skitouristen bestätigt es. Dennoch sage ich aus vollem Herzen – Ski Heil!

Abseits der Piste

12. Auflage, 211 Seiten
100 ganzseitige Fotos
davon 85 von Franz Thorbecke
100 Tourenskizzen

100 stille Skitouren »Abseits der Piste« – das heißt »abseits des Rummels«, »abseits der Vielzuvielen«. Ein Buch der Sonderlinge? Ich glaube nicht. Ich empfehle es lachenden Herzens auch den Massen des modernen Pistentreibens. Denn so unverhofft plötzlich über 10 000 Stadtmenschen 50 Kilometer um ihre Städte laufen und Tausende von Skilangläufern die Wasa-Renner nachahmen, so unverhofft kann auch eine neue Wende im Skilauf kommen. Unter uns: ich hoffe nicht! Ich wünschte, daß meine Leser mit mir allein bleiben in der hohen Stille der entlegenen Kare, Gletscher und Firngrate, hoch oben im scharfen Licht der Sonne, hundertmal, so wie es die Luftfotos Franz Thorbeckes und meine Skizzen und Texte herausfordern! Deshalb Ski Heil!

Klassische Alpengipfel
100 Touren in Eis und Urgestein

7., durchges. Auflage, 211 Seiten
100 ganzseitige Fotos
davon 53 von Franz Thorbecke
100 Tourenskizzen

Gefährlich leben? Nur eine Sache der Umstände und der Umsicht. Diese 100 Gipfeltouren in Granit, Gneis und Firn des Alpenhauptkammes bedeuten jedenfalls die 100 Traumziele jedes Alpenfreundes. Natürlich sind hier die 100 »Normalwege« dargestellt, also die leichtesten Routen auf diese zwischen 3000 und bis 4800 m hohen Berge. Unter diesen »Normalwegen« sind 22 relativ leicht, 60 mittelschwer und nur 18 wirklich schwierig. Wobei erst die Umstände der großen Höhe, also Wetter, dünne Luft, Kondition und der Zustand von Firn und Fels über die Relativität entscheiden. Fast alle Touren sind schwieriger als die Gipfeltouren »im Kalkfels« der Voralpen, deren Gipfel nur 2000 bis 3000 m hoch und deshalb meist eisfrei sind . . . Berg Heil!

BLV Verlagsgesellschaft München

Pause-Bücher für den Bergfreund

Als ich 1960 dieses Buch der 100 versteckten Abstiegswege zwischen Chamonix und Wiener Schneeberg schrieb, hatte ich – als passionierter Bergsteiger – ein schlechtes Gewissen. Aber Seilbahnen hin, Charakterstärke her – schließlich habe ich keinem Absteiger das Aufsteigen verboten! Und Töchterchen Martina und ich, die wir zwischen Chamonix und Rätikon alle Abstiege brav abgelaufen waren, wir trugen damals anstelle eines schlechten Gewissens immer nur Hunger, Durst und diverse Frohgefühle ins Tal hinab. Zudem ist dieses Buch der stillen Abstiege ein Lieblingsbuch zahlloser alpennah und alpenfern wohnender Familien geworden: man »betrügt« die Seilbahnen . . .

Wandern bergab

15., neubearb. Auflage, 210 Seiten,
100 Fotos, davon 18 von Franz Thorbecke
100 Tourenskizzen

Man muß nicht immer auf hohe Gipfel ziehen! Der erfahrene Bergsteiger kann seinen Ehrgeiz ebenso gut über stille Höhenwege und Übergänge »von Hütte zu Hütte« tragen und dennoch ein triumphales Hochgefühl heimbringen. Das zyklopische Chaos der alpinen Urwelt genießt sich im Tal wie auf dem Gipfel, es kommt nur auf die Augen an. Meine 100 Bilder, Skizzen und Texte deuten auf 100 erlebnisreiche Höhenwege zwischen Dauphiné und Wiener Schneeberg. 64 Touren sind einfacherer Natur, 36 führen in große Höhen, aber nur stellenweise über Gletscher. Ob Anfänger, Bergwanderer oder Bergsteiger, jeder findet die ihm gemäßen Routen.

Von Hütte zu Hütte

21., durchges. Auflage, 211 Seiten
100 ganzseitige Fotos
davon 48 von Franz Thorbecke
100 Tourenskizzen

Den aktiven Kletterer anzuregen und dem alternden Kletterfreund tröstlichen Rückblick zu verschaffen: das hatte ich im Auge, als ich die »100 Genußklettereien« vorbereitete. Dieses Wort läßt ideale Kletterführer der mittleren Schwierigkeitsgrade III und IV erwarten, dazu festen griffigen Fels auf keiner gesuchten, sondern auf einer von der Bergnatur vorgezeichneten Route, und relativ geringe objektive Gefahren. Ich freue mich, daß dieses Buch beliebt geworden ist, ich habe es mit Passion – unter Austausch von 16 neuen Kletterführern – verbessert. Wer die hohe Schule der alpinen Kletterei beherrscht, der sollte an diesem Kletterbuch seine »extremen Freuden« haben: 100 Ziele in fünf Alpenländern führen auf hohe Gipfel der Lebensfreude.

Im schweren Fels

7. Auflage, 209 Seiten
100 ganzseitige Fotos
davon 25 von Franz Thorbecke
100 Kletterskizzen

Dieser vorletzte Band meiner Bergbuchreihe vereinigt alle hohen Ziele der europäischen Kletterer-Elite von heute: vom Kalkfels des Dachsteins und Gesäuse bis zum Granit von Dauphiné und Montblanc. Die Auswahl ist subtil. Ein ansehnlicher Kreis aktiver Extremkletterer aus fünf Alpenländern half mir bei der Auswahl und der »extrem schwierigen« Vorbereitung der Anstiegsskizzen. Sie berücksichtigen die letzten Erfolge der alpinen Extremkletterei, aber auch fällig gewordene Berichtigungen. Die Grade V und VI bestimmen den Rang der teils freien, teils mit künstlichen Mitteln zu bewältigenden Kletterei, am Begriff der »klassischen«, der logisch verlaufenden Führe wurde festgehalten . . . Diese 2. Auflage (1977) wurde 100fach bis ins letzte Detail überarbeitet, vor allem Skizzen und Text.

Im extremen Fels

2., neubearb. Auflage, 210 Seiten
100 ganzseitige Fotos
davon 6 von Franz Thorbecke
100 Kletterskizzen

BLV Verlagsgesellschaft München

Im Kalkfels der Alpen

5., neubearb. Auflage, 211 Seiten
100 ganzseitige Fotos
davon 33 von Franz Thorbecke
100 Tourenskizzen

Der griffige Kalkfels der »Vorgebirge« nord- und südwärts des aus Granit und Eis gebauten Zentralalpenkammes fordert vielfach zum Klettern heraus. Auch hier findet man klassische Gipfeltouren! Von 100 Zielen muß man bei 75 Hand an den Fels legen, vielfach im leichten Fels; bei 50 Touren hat man schon den Grad II (mäßig schwierig) und bei 15 Touren sogar den Grad III (schwierig) zu respektieren. An der Erfahrung darf es nicht fehlen! Man trifft auf berühmte Normalwege, macht beliebte Überschreitungen – genießt im sanften Rausch des »gefährlichen Lebens« den schönsten Kalkfels der Alpen: in den Dolomiten, im Dachstein und Karwendel, im Wetterstein, in den Lechtaler und Bündener Kalkbergen. Und dies alles nahe den großen Städten Wien, Salzburg, Bozen, München, Lindau und Zürich.

Der Tod als Seilgefährte

4. Auflage, 224 Seiten
15 Schwarzweißfotos

Eine Schule der alpinen Gefahren. Dieses Buch bietet einmal nicht die klassischen Verhaltensregeln des Alpinismus – im Gegenteil: es bietet in 56 Berichten und Erzählungen die unmittelbaren Erlebnisse am Berg. 35 Erzähler, zumeist namhafte Bergsteiger, haben hier Fehler und Sünden wider alpine Disziplin und Vernunft gebeichtet. Den Berichten mangelt es nicht an Dramatik, der Dichter Paul Alverdes hat es in einer einzigen Nacht ausgelesen . . . Bergführer Hans Hintermeier hat zu jedem Bericht einen kritischen Kommentar geschrieben. Ein für jeden Bergsteiger und Skifahrer ebenso notwendiges, wie fesselndes Lehr- und Lesebuch.

Schöne Bilder und amüsante Texte finden Sie im

Walter Pause Bergkalender

Umfang 37 Blatt
8 Farbfotos
29 Schwarzweißfotos

Auf den Vorderseiten bildhafte Bergfotos mit Kalendarium; auf den Rückseiten Bilderläuterungen, amüsante Geschichten, oft kleine Feuilletons, dazu Spruchweisheiten und streng ausgewählte Gedichte. Das ideale Geschenk für jeden Berg- und Walter-Pause-Freund.

BLV Verlagsgesellschaft München

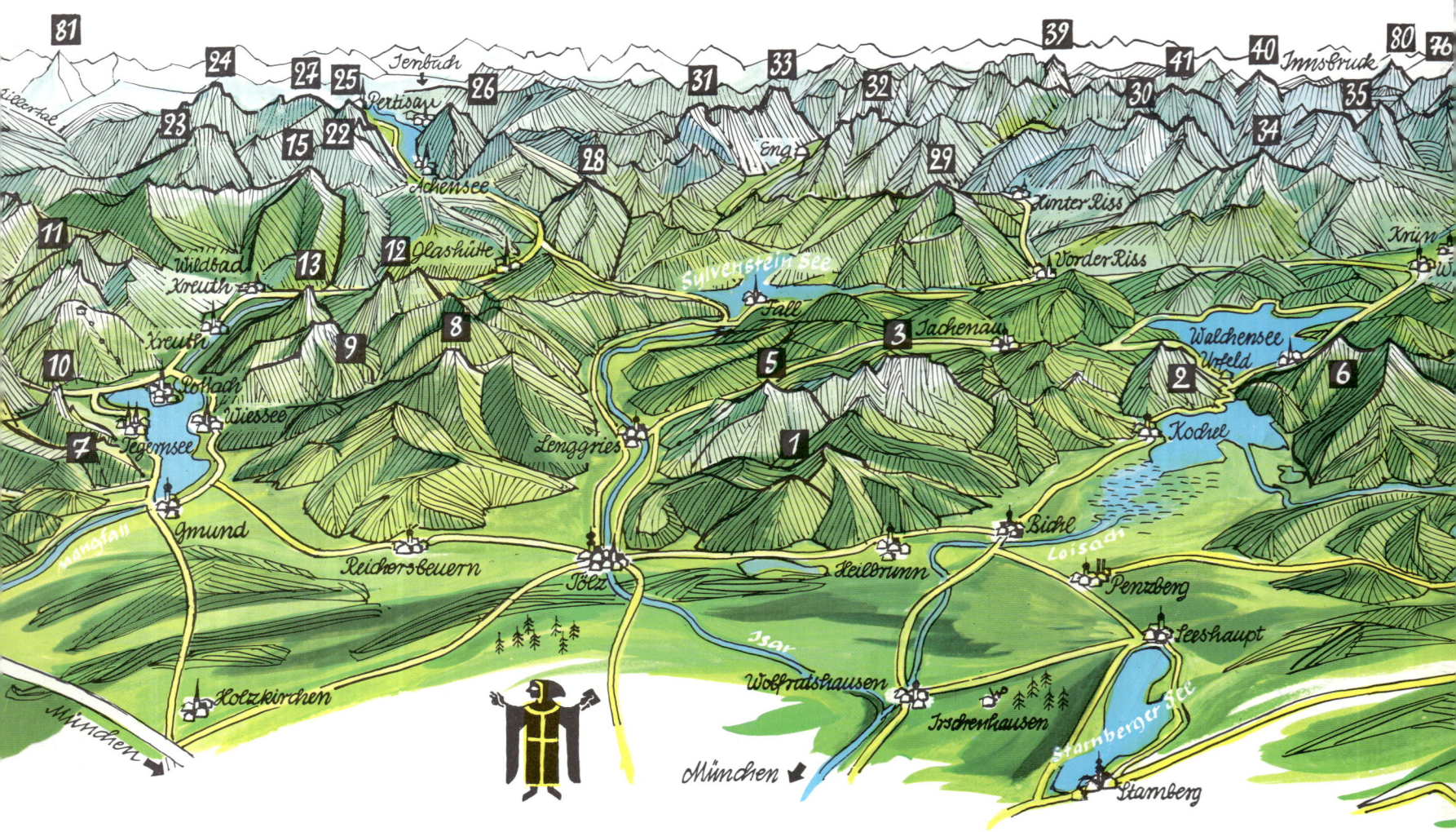

Zwischen Isar und Loisach

1 Blomberg
2 Jochberg
3 Benediktenwand
4 Krottenkopf
5 Brauneck
6 Herzogstand

Um Schliersee und Tegernsee

7 Neureuth
8 Fockenstein
9 Hirschberg
10 Baumgartenschneid
11 Plankenstein
12 Roßstein
13 Leonhardistein
14 Schinder

15 Schildenstein
16 Breitenstein
17 Brecherspitze
18 Jägerkamp
19 Ruchenköpfe
20 Rotwand
21 Ht. Sonnwendjoch

Über dem Achensee

22 Kotalpenjoch
23 Guffert
24 Rofanspitze
25 Hochiß
26 Seebergspitze
27 Sagzahn

Im Karwendelgebirge

28 Juifen
29 Schafreiter
30 Östliche
   Karwendelspitze
31 Sonnjoch
32 Gamsjoch
33 Lamsenspitze
34 Soiernspitze

35 Wörner
36 Brunnensteinspitze
37 Reitherspitze
38 Erlspitze
39 Speckkarspitze
40 Rumerspitze
41 Ödkarspitzen